JN494030

Understanding of Rental Housing Related Activities

주택임대관리업의 이해

김준환 지음

이프레스

이 저서는 2014년도 서울디지털대학교 대학 연구비의 지원으로 연구되었음.

Preface

머리말

2013년 6월 27일 주택임대관리업의 등록, 보증 상품의 가입, 주택임대관리업자에 대한 감독, 협회의 설립 및 각종 위반 사항에 대한 벌칙 등의 신설 내용을 담은 주택법 개정안이 국회를 통과했다. 이후 2014년 2월 7일 주택임대관리업이 본격 시행되었고 주택임대관리업이 시행된 지도 2년이 되어 가고 있다.

주택임대관리업 도입 초기에는 시장의 관심이 매우 높아 금방이라도 주택임대관리업의 시대가 도래할 것처럼 보였다. 하지만 현시점의 성적표는 그리 만족스럽지가 않다.

2014년 2월 주택임대관리업이 본격 시행된 이후 2015년 5월까지 총 144개 업체가 등록을 하였다. 이를 시기별로 살펴보면, 도입 초기인 2014년 8월까지는 100개의 업체가 등록을 마쳤고, 이후 2015년 5월까지는 불과 44개 업체만 등록한 상황이다. 또한, 주택임대관리업 등록 144여 개의 업체 중 불과 32%에 해당하는 46개 영업장만이 실제 영업 실적을 내고 있으며, 관리 호수도 8,839호에 그치고 있다. 결과로만 본다면 다소 기대치에 미치지 못하는 성적이다. 하지만 일본의 주택임대관리업의 역사가 40여년 이라는 점을 감안한다면 실망스러운 수치는 아니다.

최근 정부는 리츠를 활용한 임대주택 공급활성화 방안을 내놓고 뉴스테이 정책을 적극적으로 펼치고 있다. 이로 인해 민간 임대주택관리업체들의 관심과 참여가 높아지고 있는 등 주택임대관리업은 새로운 국면 전환을 맞고 있다. 하지만 한국의 주택임대관리업이 더욱 발전하려면 정책 및 법과 제도적 보완 등 풀어야 할 숙제가 많이 남아 있다. 이를 위해서 정부 및 주택임대관리업 관계자들은 충분한 시간을 가지고 장기적인 관점에서 노력해야 한다.

최근 임대주택시장의 급속한 월세 전환 추이를 감안하면, 주택임대관리업의 성장과 발전은 시대의 당연한 요구 및 흐름일지도 모른다. 이러한 시점에서 주택임대관리업에 대해 관심이 있는 학생들과 일반인, 그리고 관련 업무 종사자들에게는 주택임대관리업에 대한 기본서가 매우 필요한 시점이다. 하지만 현재 이와 관련한 기본서가 매우 부족한 실정이다. 본서는 이러한 문제의식에 부족하나마 집필하였으며, 이 책을 접하는 분들에게 다소 작은 도움이 되었으면 하는 바람이다.

끝으로 본서를 발간하기까지 많은 분들의 도움이 있었다. 먼저 이 책의 구성에 소중한 참고가 된 수많은 저술과 논문의 저자들과 연구자들께 감사드린다. 그리고 본인의 학문적 견해를 존중하고 공감하시어 출판을 허락해 주신 이프레스 최용구 대표님과 뒤에서 도움을 주신 직원분들께도 감사를 드린다. 그리고 이 책의 집필에 있어 연구를 지원해 준 서울디지털대학교와 지인분들께도 감사를 드린다.

마지막으로 항상 내게 든든한 버팀목이 되어 준 아내와 아들 현진에게도 고마움을 표한다.

2015년 8월

김준환

Contents

차례

Chapter 04 주택임대관리업의 업무

Chapter 05 주택임대관리업의 사업형태 및 변화

Chapter 06 주택임대관리업의 이해

| Chapter 01 |

임대주택의 이해

1. 공급 주체 및 법에 따른 분류
2. 임대료 지불방식에 따른 분류
3. 주택형태에 따른 분류
4. 취득 목적에 따른 분류
5. 제도권 편입에 따른 분류
6. 임대주택 현황

Chapter 01

임대주택의 이해

「임대주택법」에서는 임대주택의 개념에 대해 "임대를 목적으로 제공되는 건설임대주택 및 매입임대주택을 말한다.[01]"고 정의하고 있다. 하지만 임대주택에 대한 개념을 단순히 법으로만 이해한다면 사회적인 통념이나 시장 참여자들의 정서 등과 괴리감이 있을 수밖에 없다.

한국의 경우 일반적으로 임대주택이라고 하면 "세입자(임차인)가 거주하는 모든 주택"을 의미하는데, 이는 매우 포괄적인 개념이다. 한국에서의 임대주택은 공급주체가 누구든, 주택의 형태가 어떻든 간에 집주인이 직접 거주하지 않고 세입자(임차인)가 거주한다면 이를 모두 임대주택으로 간주한다.

하지만 일본의 경우에는 임대주택의 의미가 한국에 비해 다소 협소하다. 일본에서의 임대주택은 "임대차계약을 통해 타인에게 임대하는 것을 목적으로 건설되거나 운영되는 주택"을 의미하며, 이는 세입자(임차인)가 거주하는 주택이라도 건설할 당시 임대를 목적으로 건설되지 않았다면 이는 임대주택으로 간주되지 않는다. 예를 들면, 분양받은 아파트를 소유자가 직접 거주하지 않고 세입자에게 임대한 경우 이는 임대주택에 포함되지 않는다.

---

01 「임대주택법」 제2조 1.

이처럼 한국에서 임대주택의 의미는 매우 포괄적이기 때문에 임대주택의 분류에 대해서도 학자들과 전문가들의 시각에 따라 다소 차이가 있다. 따라서 본서에서 분류하고 있는 임대주택의 범위와 의미 등이 타 교재 등에서 분류하고 있는 임대주택의 분류와는 다소 차이가 있을 수 있으며, 이 점에 대해 미리 이해를 구하고자 한다.

본서에서는 임대주택을 다음의 4가지로 분류하였다.

첫째, "임대주택을 누가 공급하느냐"에 중점을 둔 공급 주체에 따른 분류

둘째, "어떤 방식으로 임대를 하고 있느냐"에 중점을 둔 임대방식에 따른 분류

셋째, "어떠한 형태의 주택인가"에 중점을 둔 주택 형태에 따른 분류

넷째, "기타 정식으로 임대주택으로 신고 및 허가를 받았느냐"에 중점을 둔 제도권 편입 여부에 따른 분류 등이다.

1. 공급 주체 및 법에 따른 분류

임대주택은 공급의 주체가 누구냐에 따라 공공임대주택과 민간임대주택으로 나뉜다. 공공임대주택은 국가나 지방자치단체, LH공사, SH공사 등 공공기관이 사업의 주체가 되어 공급하는 임대주택을 말한다. 이러한 공공임대주택은 저소득층이나 사회적인 배려 대상자 등 사회적 취약계층에게 우선적으로 공급이 이루어지고 있으며 임대료도 민간임대주택에 비해 매우 저렴하다. 따라서 입주 대상자에 대해 엄격한 기준을 적용하고 있다.

민간임대주택은 공급의 주체가 공공이 아닌 민간이 주체가 되어 공급하는 임대주택을 말한다. 민간임대주택은 사업의 성격에 따라서 매우 다양한 형태가 있으며, 이에 대해서는 다음 장에서 자세히 설명하겠다.

또한, 임대주택은 법에 따라 분류가 가능한데 이는 공급 주체와 매우 밀접한 관계를 가지고 있기 때문에 본서에서는 이를 별도로 분류하지 않고 공급 주체와 연관 지어서 살펴보겠다.

1) 공공임대주택

공공임대주택은 전술한 바와 같이 국가나 지방자치단체, LH공사, SH공사 등 공공이 사업의 주체가 되어 공급하는 임대주택을 말한다. 이러한 공공임대주택에는 공공건설임대주택, 공공매입임대주택, 전세 후 임대주택, 장기전세주택 등이 있다.

[공공임대주택의 지원 내용]

■ 공공건설임대
- 재정 지원
- 국민주택기금 지원
- 택지 지원

■ 공공매입임대
- 재정 지원
- 국민주택기금 지원 (※ 민간매입임대도 지원 가능)

2) 공공건설임대주택

건설임대주택에 대해서는 「임대주택법」상에 명시되어 있는데, 「임대주택법」상 "건설임대주택"이란 다음 중 어느 하나에 해당하는 주택을 말하며,[02] 공공건설임대주택과 민간건설임대주택으로 나뉜다.

---

02 「임대주택법」 제2조2. 공공건설임대주택과 민간건설임대주택으로 나뉜다.

> **[임대주택법상 건설임대주택이란?]**
>
> 다음 중 어느 하나에 해당하는 주택을 말한다.
> 가. 임대사업자가 임대를 목적으로 건설하여 임대하는 주택[임대사업자가 토지를 임차하여 건설 · 임대하는 주택(이하 "토지임대부 임대주택"이라 한다)을 포함한다]
> 나. 「주택법」 제9조에 따라 등록한 주택건설사업자가 같은 법 제16조에 따라 사업계획 승인을 받아 건설한 주택 중 사용검사 때까지 분양되지 아니한 주택으로서 제6조에 따른 임대사업자 등록을 마치고 국토교통부령으로 정하는 바에 따라 임대하는 주택

이 중 "공공건설임대주택"이란 다음 각 목의 어느 하나에 해당하는 건설임대주택을 말한다.[03] 다만, 대통령령으로 정하는 주택은 제외한다.

> **[임대주택법상 공공건설임대주택이란?]**
>
> 다음 각 목의 어느 하나에 해당하는 건설임대주택을 말한다.
> 가. 국가 또는 지방자치단체의 재정으로 건설하는 임대주택
> 나. 「주택법」 제60조에 따른 국민주택기금의 자금을 지원받아 건설하는 임대주택
> 다. 공공사업으로 조성된 택지에 「주택법」 제16조에 따라 사업계획 승인을 받아 건설하는 임대주택

공공건설임대주택은 공공이 지원하여 공공 또는 민간이 저소득층에게 공급하는 임대주택으로서 다음의 종류가 있다.

03 「임대주택법」 제2조2의2.

[공공건설임대주택의 종류]

- 영구임대주택: 국민기초생활 수급대상 도시영세민에게 공급
- 50년 임대주택: 국가유공자나 철거민 등에게 공급
- 국민임대주택: 도시근로자 가구당 월평균 소득의 100% 이하인 무주택 세대주에게 공급
- 5년 및 10년 임대주택: 청약저축 1~2순위에 해당하는 무주택 세대에게 공급

[주택법]

제9조(주택건설사업 등의 등록)

① 연간 대통령령으로 정하는 호수(戶數) 이상의 주택건설사업을 시행하려는 자 또는 연간 대통령령으로 정하는 면적[04] 이상의 대지조성사업을 시행하려는 자는 국토교통부장관에게 등록하여야 한다. 다만, 다음 각 호의 사업 주체의 경우에는 그러하지 아니하다. 〈개정 2010.4.5, 2013.3.23〉

1. 국가 · 지방자치단체
2. 한국토지주택공사
3. 지방공사
4. 「공익법인의 설립 · 운영에 관한 법률」 제4조에 따라 주택건설사업을 목적으로 설립된 공익법인(이하 "공익법인"이라 한다)
5. 제32조에 따라 설립된 주택조합(제10조제2항에 따라 등록사업자와 공동으로 주택건설사업을 하는 주택조합만 해당한다)
6. 근로자를 고용하는 자(제10조제3항에 따라 등록사업자와 공동으로 주택건설사업을 시행하는 고용자만 해당하며, 이하 "고용자"라 한다)

② 제1항에 따라 등록하여야 할 사업자의 자본금과 기술인력 및 사무실면적에 관한 등록의 기준 · 절차 · 방법 등에 필요한 사항은 대통령령으로 정한다.

③ 「임대주택법」 제17조제1항제2호에 따른 특수 목적 법인 등에 대하여는 대통령령으로 정하는 바에 따라 제2항에 따른 사업자 등록기준 중 인적(人的) 기준 등을 완화하여 적용할 수 있다.

---

04 "대통령령으로 정하는 호수"란 단독주택의 경우에는 20호, 공동주택의 경우에는 20세대(제3조제1항에 따른 도시형 생활주택의 경우와 같은 조 제2항제1호의 경우에는 30세대)를 말하며, "대통령령으로 정하는 면적"이란 1만 제곱미터를 말한다.

3) 공공매입임대주택

"매입임대주택"이란 임대사업자가 매매 등으로 소유권을 취득하여 임대하는 주택으로 「주택법」 제2조제1호의2에 따른 준주택 중 대통령령으로 정하는 오피스텔(이하 "오피스텔"이라 한다)을 포함한다.[05]

[임대주택법 시행령 – 대통령령으로 정하는 오피스텔]

제2조의2(오피스텔의 범위) 법 제2조제3호에서 "대통령령으로 정하는 오피스텔"이란 다음 각 호의 요건을 모두 갖춘 오피스텔을 말한다.

1. 전용면적이 85제곱미터 이하일 것
2. 상 · 하수도 시설이 갖추어진 전용입식 부엌, 전용수세식 화장실 및 목욕시설(전용수세식화장실에 목욕시설을 갖춘 경우를 포함한다)을 갖출 것

「임대주택법」상에서는 이러한 공공매입임대주택의 종류를 구분하고 있지는 않지만, [보금자리주택 업무 처리 지침]에서의 최저소득계층을 위한 기존주택의 매입 후 임대가 공공매입임대주택에 해당한다고 할 수 있다.[06]

즉, 공공매입임대주택은 [보금자리주택 업무 처리 지침] 제2절제47조와 같이 최저소득계층을 위해 기존주택을 한국토지주택공사나 지방공사 등이 매입하여 임대하는 주택을 말한다.

---

05 「임대주택법」 제2조3.

06 매입임대주택을 공공매입임대주택과 민간매입임대주택으로 구분하고 있다고 볼 수 있다.

[보금자리주택 업무 처리 지침]

제2절 최저소득계층을 위한 기존주택의 매입

제47조(기존주택의 매입절차 등)

① 시행자는 기존주택을 매입하여 최저소득계층에게 공급할 수 있으며, 매입대상 주택은 「건축법 시행령」 별표1 제1호의 단독주택 · 다중주택 · 다가구주택 및 제2호의 공동주택(「주택법」 제2조제3호에 따른 국민주택규모 이하에 한한다)으로 한다.

② 제1항의 매입주택은 일간신문, 인터넷 홈페이지 등을 통한 매입공고에 의해 매입하는 것을 원칙으로 한다. 다만, 필요시 부동산중개사무소를 이용하거나 경매 등을 통해서 매입할 수 있다.

③ 매입가격은 감정평가 가격을 기초로 매매 당사자 간의 협의에 의해 결정한다. 다만, 경매에 의해 주택을 매입할 경우 경락가를 매입가격으로 한다.

④ 제1항에 따라 매입한 주택의 소유권은 시행자에게 귀속된다.

제48조(공급 물량의 배분)

① 제47조에 따라 매입한 주택의 공급 방식은 일반가구용 임대, 공동생활가정용 임대, 2인 이하 가구용 임대로 구분하여 임대한다. 이 경우 2인 이하 가구용 임대주택은 전용면적 50제곱미터 이하의 주택으로 한다.

[보금자리주택 업무 처리 지침]

제4조(보금자리주택의 유형) 보금자리주택의 유형은 법 제2조제1호 및 영 제2조에 따라 구분하며, 임대주택의 세부적인 유형은 다음 각 호와 같이 구분한다.

1. 장기공공임대주택
   - 가. 영구임대주택: 「임대주택법」 제16조제1항제1호에 따라 영구적인 임대를 목적으로 건설한 임대주택
   - 나. 국민임대주택: 「임대주택법」 제16조제1항제2호에 따라 의무임대기간이 30년인 임대주택
2. 공공임대주택
   - 가. 10년 임대주택: 「임대주택법」 제16조제1항제3호에 따라 의무임대기간이 10년인 임대주택
   - 나. 분납 임대주택: 「임대주택법 시행령」 제22조제3항에 따라 임대보증금 없이 분양전환금을 분할하여 납부하는 임대주택
   - 다. 장기전세주택: 「임대주택법」 제16조제1항제2호의2에 따라 20년의 범위 안에서 전세계약을 통하여 공급하는 임대주택
   - 라. 5년 임대주택: 「임대주택법」 제16조제1항제4호에 따라 의무임대기간이 5년인 임대주택〈신설 2012.3.9〉

4) 전세 후 임대주택

"전세 후 임대주택"이란 국가, 지방자치단체, 「한국토지주택공사법」에 따른 한국토지주택공사(이하 "한국토지주택공사"라 한다) 또는 「지방공기업법」 제49조에 따라 주택사업을 목적으로 설립된 지방공사(이하 "지방공사"라 한다)가 전세계약의 방식으로 임차하여 공급하는 주택을 말한다.[07]

5) 장기전세주택

"장기전세주택"이란 국가, 지방자치단체, 한국토지주택공사 또는 지방공사가 임대할 목적으로 건설 또는 매입하는 주택으로서 20년의 범위에서 전세계약의 방식으로 공급하는 임대주택을 말한다.[08]

6) 토지임대부 임대주택

토지임대부 임대주택은 「임대주택법」 제3조2에 정의하고 있다.

[임대주택법]

제3조(다른 법률과의 관계)
① 임대주택의 건설·공급 및 관리에 관하여 이 법으로 정하지 아니한 사항에는 「주택법」과 「주택임대차보호법」을 적용한다. 다만, 오피스텔에 대하여는 「주택법」을 적용하지 아니한다. 〈개정 2012.1.26, 2013.6.4〉
② 토지임대부 임대주택에 대하여 이 법에서 정하지 아니한 사항은 「주택법」과 「주택임대차보호법」을 적용하되, 그 밖의 사항은 「집합건물의 소유 및 권리에 관한 법률」, 「민법」의 순으로 적용한다. 〈신설 2013.6.4〉

---

07 「임대주택법」 제2조1의2
08 「임대주택법」 제2조3의2

[임대주택법]

제16조의2(토지임대부 임대주택의 토지 임대차관계 등)
① 토지임대부 임대주택의 토지의 임대차관계는 토지소유자와 임대사업자 간의 임대차계약에 따른다.
② 임대사업자가 토지소유자와 제1항에 따라 임대차계약을 체결한 경우 해당 토지임대부 임대주택의 소유권을 목적으로 그 토지 위에 제1항의 임대차계약에 따른 임대기간(「민법」 제280조에 따른 지상권의 존속기간보다 단축하지 못한다) 동안 지상권이 설정된 것으로 본다.
③ 제1항에 따라 임대차계약을 체결하고자 하는 자는 국토교통부령으로 정하는 표준임대차계약서를 사용하여야 한다.
④ 공기업 등이 소유하거나 개발한 택지를 임차하여 토지임대부 임대주택을 건설하는 경우 토지임대료는 해당 택지의 조성원가 또는 감정가격 등을 기준으로 산정하되, 구체적인 토지임대료의 책정 및 변경기준, 납부 절차 등에 관한 사항은 대통령령으로 정한다. 이 경우 토지의 임대료는 월별 임대료를 원칙으로 하되, 토지소유자와 임대사업자가 합의한 경우 대통령령으로 정하는 바에 따라 임대료를 보증금 형태로 전환하여 납부할 수 있다.

7) 기타 공공임대주택

(1) 재개발임대주택

「도시 및 주거환경정비법」상 주택재개발사업, 도시계획사업에 따른 무주택 세대주인 철거민에게 특별 공급하는 주택으로서 분양전환 되지 않는 임대주택

(2) 희망하우징

서울특별시 및 SH공사에서 매입한 다가구주택을 활용하여 “대학생 기숙사형 임대주택”으로 공급하는 주거시설

(3) 장기안심주택

무주택시민의 주거불안을 해소하고자 서울특별시에서 세입자에게 전세보증금을 지원하는 장기안심주택

(4) 다가구매입임대

도심 내 최저소득계층이 현 생활권에서 현재의 수입으로 거주할 수 있도록 기존의 다가구주택 등을 매입하여 저렴하게 임대

(5) 원룸형 임대

1인 가구 증가 추세에 맞춰 서울특별시 및 SH공사에서 원룸형 주택을 건설 · 매입하여 저소득 1인 가구에 공급하는 소형 임대주택

(6) 협동조합형 임대

공동의 목적을 가진 지역주민이 주택협동조합을 구성하여 건설 단계부터 조합원의 욕구와 개성을 실제 설계에 반영하고 입주자 간 커뮤니티 활성화를 통해 주거문화의 질을 높일 수 있는 맞춤형 임대주택

8) 민간임대주택

민간임대주택은 그 주체가 법인과 개인이 될 수 있으며, 크게 민간건설임대주택과 민간매입임대주택으로 구분할 수 있다.

(1) 민간건설임대주택

"민간건설임대주택"이란 공공건설임대주택이 아닌 주택을 말한다.[09] 즉, 민간건설임대주택은 공공건설임대주택을 제외한 임대주택으로서 정부의 재정 지원, 국민주택기금 지원, 공공택지 지원 없이 순수하게 민간이 자체자금을 조달하여 건설한 임대주택을 말한다.

민간건설임대주택은 임대를 목적으로 주택을 건설하여 임대하는 주택으로서, 분양주택을 건설하여 미분양된 주택을 건설업자가 소유권을 가지고 임대하는 주택도 건설임대주택에 포함된다.

(2) 민간매입임대주택

"매입임대주택"이란 임대사업자가 매매 등으로 소유권을 취득하여 임대하는 주택 [「주택법」 제2조제1호의2에 따른 준주택 중 대통령령으로 정하는 오피스텔(이하 "오피스텔"이라 한다)을 포함한다]을 말한다.[10] 이 중 민간매입임대주택은 민간이 임대주택법에 의해 임대사업자로 등록하고 순수 민간자금 또는 국민주택기금을 지원받아 기존주택이나 미분양 신축주택의 소유권을 취득하여 임대하는 주택이다. 단, 임대사업자로 등록하지 않은 기타 임대주택에 대해서는 법령에서 정하는 바가 없다.

이러한 매입임대주택은 신규로 건설한 신축주택이나 기존주택을 매입하여 임대목적으로 사용하고 있는 주택으로, 자기가 거주하던 주택을 타인에게 임대하는 주택도 매입임대주택에 해당한다.

---

09 「임대주택법」 제2조3.

10 「임대주택법」 제2조3.

심화 학습 **일본의 주택시장**

일본의 경우는 주택을 건축 형태에 따라 단독주택과 공동주택으로 크게 나누며, 소유형태에 따라 분양주택과 임대주택으로 나눈다. 분양주택은 우리가 알고 있는 의미와 같이 건설회사 등이 주택을 건설하여 일반 소비자들에게 판매를 하는 주택을 말한다. 그리고 임대주택은 처음부터 임대를 목적으로 지어진 주택을 말하며, 임대주택은 100%로 임대하게 된다. 반면 분양주택의 경우에는 크게 단독주택과 공동주택으로 나뉘는데 공동주택 중 특히 만숀(mansion)의 경우에는 분양받은 소유자가 직접 거주하는 경우도 있지만 소유자가 임대를 하는 경우도 있다.

하지만 이러한 분양 만숀의 임대는 임대주택관리업체가 관리하는 것이 아니라 분양주택관리업체가 관리를 하게 되며, 전체 임대주택 호수에도 포함이 되지 않는다. 따라서 일본의 임대주택이라 함은 임대를 목적으로 건축된 임대주택만을 의미하며, 통계자료도 이들만을 집계한다.

(3) 준공공임대주택

"준공공임대주택"이란 국가, 지방자치단체, 한국토지주택공사 또는 지방공사 외의 임대사업자가 10년 이상 계속하여 임대하는 전용면적 85㎡ 이하의 임대주택(제2호의2의 공공건설임대주택은 제외한다)을 말한다.[11]

즉, 준공공임대주택은 민간임대사업자가 85㎡ 이하의 임대주택을 준공공임대주택으로 해당 자치단체에 등록하고 법에서 정한 일정기간 동안 임대하는 임대주택을 말한다. 그리고 준공공임대주택에 대해서는 「임대주택법」에 자세히 명시되어 있으며, 이에 대한 자세한 내용은 후술하고자 한다.

---

11 「임대주택법」 제2조3의3.

[임대사업자와 임대주택조합]

"임대사업자"란 국가, 지방자치단체, 한국토지주택공사, 지방공사, 「임대주택법」 제6조에 따라 주택임대사업을 하기 위하여 등록한 자 또는 제7조에 따라 설립된 임대주택조합을 말한다.

"임대주택조합"이란 주택을 임대하고자 하는 자가 임대주택을 건설하거나 매입하기 위하여 제7조에 따라 설립한 조합을 말한다.

2. 임대료 지불방식에 따른 분류

한국은 임대주택을 임대료 지불방식에 따라 분류할 수가 있다. 가까운 일본을 포함한 대부분의 나라에서는 한국의 순수월세에 해당하는 한 가지 임대료 지불방식만이 존재한다. 반면 한국의 경우에는 세계 유일한 임대방식인 전세를 포함하여 그 형태가 다양하다.

한국의 임대료 지불방식은 전세, 보증부월세, 순수월세, 깔세 등 크게 4가지로 분류할 수 있다.

1) 전세 임대방식

전세 임대방식은 세계에서 유일하게 한국에만 존재한다. 입주 시 주택가격의 일정액에 해당하는 금액을 보증금 형태로 일시불(전세금)로 지불하고, 계약이 만료하여 퇴거 시에 전세금 전액을 그대로 돌려받는 임대방식이다. 이때 전세금의 주택가격에 대한 비율을 전세가율[12]이라고 하는데, 이러한 전세가율의 수준은 지역별, 시기별로 다소 상이하다. 최근에는 전세가격이 급등하여 전세가율이 60~70% 이상

12 예를 들면 1억짜리 주택의 전세가격이 7천만 원이라 한다면, 이때의 전세가율은 70%이다.

인 지역이 대부분이며, 전세가율이 높은 지역은 90%에 육박하는 곳도 있다.

이러한 전세제도는 집값이 상승하는 시기에는 소유주인 집주인에게 매우 유리한 임대방식이 되지만, 주택가격이 하락하는 시기에는 집주인에게 매우 불리한 임대방식이 되기도 한다.

왜냐하면 전세금은 집주인이 무이자로 자금을 조달할 수 있는 매우 유리한 수단이다. 임대수익보다 매매차익이 높게 측정되는 가격상승기에는 전세금으로 집주인이 다주택을 보유할 수 있기 때문이다. 하지만 금리가 낮은 경우 제세공과금 및 유지보수비 등 주택보유에 따른 비용을 고려한다면 그 수익은 낮아질 수밖에 없다. 따라서 주택가격이 하락하는 시기에는 소유자는 전세 임대방식보다 월세 임대방식을 더욱 선호하게 되며, 이에 따른 전세 물량의 감소로 인해 전셋값이 급등할 가능성이 항상 내재되어 있다.

2) 보증부월세 임대방식

보증부월세 임대방식은 전세금 중 일정금액을 전세금과 같이 보증금 형태로 지불하고, 그 나머지 금액에 대해서는 월세 전환율(5~12%)을 기준으로 매월 월세형식으로 지불하는 임대방식이다. 세입자는 퇴거 시 보증금을 돌려받게 되는데 이러한 보증부월세 임대방식도 한국시장의 특이한 임대방식 중 하나이며 완전한 형태의 순수월세방식이 아니다.

3) 순수월세 임대방식

순수월세방식은 입주 시 일정금액의 보증금을 소유자에게 지불하고 매월 약정된 임대료를 지불하는 임대방식이다. 이 경우 지불하는 일정금액의 보증금은 보증부월세의 경우와는 성격이 다르다. 보증부월세의 경우 임대보증금이 전세금의 성격이 강하며 그 금액도 매우 높은데 반해, 순수월세의 임대보증금은 단순히 임대료 체납 등에 대한 보증의 성격이 강하며 그 금액도 월임대료의 3개월 치 내외로 매우 낮다. 일본의 경우는 임대보증금의 산정 및 반환기준, 그리고 사용목적(원상회복 비용을 위한 목적) 등이 명확하지만, 한국은 아직까지 순수월세 임대보증금에 대한 정확한 목적과 산정 및 반환기준이 명확히 설정되어 있지 않아 소유주에 따라 임대보증금의 수준이 많은 차이를 보인다. 향후 이에 대한 명확한 기준과 목적에 대한 논의가 필요하다.

4) 깔세 임대방식

깔세란 월임대료를 계약된 임대기간 동안의 임대료 전액을 입주 시 선불로 지불하는 6개월 미만의 단기 계약에 주로 이용되는 임대방식이다. 최근에는 이러한 임대방식은 일부 지역의 특정 임대주택의 경우에 한해서 일부 이용되고 있으며, 외국인 대상의 임대주택에 비교적 많이 이용되고 있다.

심화 학습 **일본의 임대료 구조**

일본은 임대주택에 최초로 입주할 때 보증금에 해당하는 시키킹(敷金), 집주인에게 감사하다는 사례금에 해당하는 레이킹(礼金), 월세에 해당하는 야칭(家賃), 그리고 중개수수료 등의 비용이 발생한다. 야칭은 1개월 임대료 선불금이고 중개수수료는 1개월 야칭에 해당하는 금액으로서 이는 모든 임대주택에 동일하게 적용된다.

하지만 시키킹과 레이킹은 지역 및 임대주택의 상태에 따라서 다르다. 새집의 경우와 위치가 좋은 경우에는 시키킹과 레이킹이 비싸지며, 반대일 경우에는 저렴해진다. 보통의 경우에는 시키킹이 월임대료(야칭)의 2~3개월 내외, 레이킹은 1~2개월 내외의 금액이 책정된다. 그리고 2년 후 재계약 시에는 중개수수료(월임대료의 50%) 비용만 발생한다.

만약 계약을 종결하고 퇴거할 때에는 사용한 주택의 상태를 점검하고 입주 시의 상태로 원상회복하는 데 필요한 비용만큼을 시키킹에서 제하고 돌려받게 된다. 물론 레이킹은 집주인에게 감사의 뜻으로 준 돈이라 돌려받을 수 없다.

통상적으로 시키킹의 일부 금액을 돌려받게 되지만, 주택이 심하게 파손된 경우에는 시키킹 이외에 추가금액이 발생할 수도 있다.

3. 주택형태에 따른 분류

임대주택은 주택의 형태에 따라서도 분류할 수 있다. 먼저 주택의 법적 분류에 따라 단독주택과 공동주택, 그리고 기타 주거용 오피스텔 등으로 구분할 수 있다. 두 번째는 주택의 건축 시기에 따라 신축주택과 기존주택인 재고주택으로 구분할 수 있다.

■ 법적 분류

– 단독주택: 단독, 다가구

– 공동주택: 다세대, 연립, 아파트

– 기타 주거용 오피스텔 등

■ 건축 시기

– 신축주택

– 기존주택

4. 취득 목적에 따른 분류

임대주택은 취득상의 목적에 따라 크게 2가지로 분류할 수 있다. 첫째는 취득할 당시부터 임대만을 목적으로 취득한 경우이다. 둘째는 취득할 당시에는 거주를 목적으로 구입하였으나 구입한 후 경제적인 이유 및 소유자의 사정에 의해 일부 또는 전부를 타인에게 임대하는 경우이다.

5. 제도권 편입에 따른 분류

한국의 경우에는 임대주택을 제도권 내에서 규제 및 지원을 받는가의 여부에 따라 제도권 임대주택과 비제도권 임대주택으로 분류한다.[13] 여기서 제도권이란 「임대주택법」의 적용을 받는 것을 의미한다. 통상 「임대주택법」은 임대주택과 임대사업자에 대해 정의를 내리고 있는데, 이 법의 범위 내에 있는 것을 제도권이라 한다.

제도권 임대주택은 「임대주택법」상 임대사업자로 등록한 공급자가 신고한 임대주택을 의미한다. 이러한 제도권 임대주택의 경우에는 정부로부터 일정 수준의 지원을 받기도 하지만 동시에 일정 수준의 규제도 받는다.

반면 비제도권 임대주택은 임대사업자로 등록하지 않은 공급자가 임대하는 임대주택을 의미하는데, 민간이 소유하고 있는 전세 및 월세 주택의 대부분이 해당된다. 이러한 비제도권 임대주택은 제도권 임대주택과 달리 정부의 지원이나 규제를 받지 않으나, 「주택임대차보호법」의 임차기간과 차임 등의 증액에 대한 법적인 규제는 받을 수 있다.[14]

---

13 김혜승 외 (2006). 임대주택 체계개편 연구. 국토연구원.

14 주택임대차보호법 제4조(임대차기간 등) ① 기간을 정하지 아니하거나 2년 미만으로 정한 임대차는 그 기간을 2년으로 본다. 다만, 임차인은 2년 미만으로 정한 기간이 유효함을 주장할 수 있다. ② 임대치기간이 끝난 경우에도 임차인이 보승금을 반환받을 때까지는 임대차관계가 존속되는 것으로 본다.

주택임대차보호법 제8조(차임 등 증액청구의 기준 등) ① 법 제7조에 따른 차임이나 보증금(이하 "차임 등"이라 한다)의 증액청구는 약정한 차임 등의 20분의 1의 금액을 초과하지 못한다. ② 제1항에 따른 증액청구는 임대차계약 또는 약정한 차임 등의 증액이 있은 후 1년 이내에는 하지 못한다.

| 표 1-1 | 제도권 및 비제도권 임대주택의 차이

구분	제도권 임대주택	비제도권 임대주택
임대사업자 등록	해당 지자체에 임대사업자 등록	불필요
사업자 등록	세무서에 사업자 등록	등록이 원칙이나 의무사항이 아님
임대주택 신고	해당 지자체에 임대주택 취득 · 운영 · 처분 신고	불필요
최소 임대기간	5년	2년(임차인과 합의 시 1년 또는 그 이하도 가능)
임대주택 조세감면	취득세, 재산세, 양도소득세 등 감면 및 종부세 합산 배제	없음
자가점유주택 조세감면	1가구 1주택에 따른 감면혜택	없음

* 출처: 현무준 (2014). 임대주택시장의 이해. p.19. 범론사.

[주택법상 도시형 생활주택]

제3조(도시형 생활주택) ① 법 제2조제4호에서 "대통령령으로 정하는 주택"이란 「국토의 계획 및 이용에 관한 법률」에 따른 도시지역[제2호의 경우에는 도시관리 또는 주거환경에 지장을 주지 아니하기 위하여 특별시 · 광역시 · 도 또는 특별자치도(이하 "시 · 도"라 한다) 또는 시 · 군의 조례로 정하는 구역은 제외한다]에 건설하는 다음 각 호의 주택을 말한다. 〈개정 2009.11.5, 2010.4.20, 2010.7.6, 2011.6.29, 2013.5.31, 2013.6.17〉

1. 단지형 연립주택: 「건축법 시행령」 별표 1 제2호나목에 해당하는 주택 중 제2호의 원룸형 주택을 제외한 주택. 다만, 「건축법」 제5조제2항에 따라 같은 법 제4조에 따른 건축위원회의 심의를 받은 경우에는 주택으로 쓰는 층수를 5층까지 건축할 수 있다.

1의2. 단지형 다세대주택: 「건축법 시행령」 별표 1 제2호다목에 해당하는 주택 중 제2호의 원룸형 주택을 제외한 주택. 다만, 「건축법」 제5조제2항에 따라 같은 법 제4조에 따른 건축위원회의 심의를 받은 경우에는 주택으로 쓰는 층수를 5층까지 건축할 수 있다.

2. 원룸형 주택: 「건축법 시행령」 별표 1 제2호가목부터 다목까지의 어느 하나에 해당하는 주택으로서 다음 각 목의 요건을 모두 갖춘 주택
   가. 세대별로 독립된 주거가 가능하도록 욕실, 부엌을 설치할 것
   나. 욕실 및 보일러실을 제외한 부분을 하나의 공간으로 구성할 것. 다만, 주거전용면적이 30제곱미터 이상인 경우 두 개의 공간으로 구성할 수 있다.

다. 세대별 주거전용면적은 14제곱미터 이상 50제곱미터 이하일 것
라. 각 세대는 지하층에 설치하지 아니할 것
3. 삭제〈2010.7.6〉

② 하나의 건축물에는 도시형 생활주택과 그 밖의 주택을 함께 건축할 수 없으며, 제1항제1호의 단지형 연립주택 또는 제1호의2의 단지형 다세대주택과 제2호의 원룸형 주택을 함께 건축할 수 없다. 다만, 다음 각 호의 경우는 예외로 한다.〈개정 2009.11.5, 2010.4.20, 2010.7.6, 2011.4.6〉

1. 제1항제2호의 원룸형 주택과 그 밖의 주택 1세대를 함께 건축하는 경우
2. 「국토의 계획 및 이용에 관한 법률 시행령」 제30조에 따른 준주거지역 또는 상업지역에서 제1항제2호의 원룸형 주택과 도시형 생활주택 외의 주택을 함께 건축하는 경우
[본조신설 2009.4.21]

[임대주택의 임대의무기간 등]

임대주택법 시행령 제13조

① 법 제16조제1항제4호에서 "대통령령으로 정하는 기간"이란 다음 각 호의 구분에 따른 기간을 말한다. 〈개정 2013.12.4〉

1. 준공공임대주택: 임대 개시일부터 10년
2. 그 밖의 임대주택: 임대 개시일부터 5년

[임대사업자의 범위 및 등록기준 등]

임대주택법 시행령 제7조

① 법 제6조제1항에서 "대통령령으로 정하는 호수"란 다음 각 호의 구분에 따른 호수(戶數) 또는 세대를 말한다. 〈개정 2008.11.26〉

1. 건설임대주택의 경우: 단독주택은 2호, 공동주택은 2세대
2. 매입임대주택의 경우: 단독주택은 1호, 공동주택은 1세대

② 법 제6조제1항에 따라 임대사업자로 등록할 수 있는 자는 다음 각 호와 같으며, 2인 이상이 공동으로 건설하거나 소유하는 주택의 경우에는 공동 명의로 등록하여야 한다. 다만, 등록신청일부터 과거 5년 이내에 임대주택사업에서 부도(부도 후 부도 당시의 채무를 변제하고, 임대주택사업을 정상화시킨 경우는 제외한다)의 발생사실이 있는 자(부도 당시 법인의 대표자나 임원이었던 자와 부도 당시 법인의 대표자나 임원 또는 부도 당시 개인인 임대사업자가 대표자나 임원으로 있는 법인을 포함한다)는 임대사업자로 등록할 수 없다.

1. 「주택법」 제9조에 따라 등록한 주택건설사업자
2. 「주택법」 제10조제1항 및 제3항에 따라 임대를 목적으로 주택을 건설하는 토지소유자 또는 고용자
3. 임대를 목적으로 주택을 건축하기 위하여 「건축법」 제11조에 따라 허가를 받은 자
4. 임대를 목적으로 주택을 소유하고 있거나 이를 매입하기 위한 계약(분양계약을 포함한다)을 체결한 자
5. 제14조제4항 각 호의 어느 하나에 해당되는 회사 등

[준공공임대주택의 등록기준]

임대주택법 시행령 제8조의2(준공공임대주택의 등록기준) 법 제6조의2제1항에 따라 준공공임대주택으로 등록할 수 있는 주택은 다음 각 호의 요건을 모두 갖춘 주택으로 한다.

1. 국가, 지방자치단체, 한국토지주택공사 또는 지방공사 외의 임대사업자가 공급하는 매입임대주택일 것
2. 전용면적이 85제곱미터 이하일 것

[본조신설 2013.12.4]

6. 임대주택 현황[15]

1) 임대주택 공급 추이

〈표 1-2〉는 2000년부터 2010년까지 11년간 임대주택 공급 추이를 나타낸 것이다. 이 기간 공공임대주택은 약 935천여 호가 공급되었고, 민간임대주택은 약 208천여 호가 공급되었는데, 전체 임대주택 중 약 81%에 해당하는 임대주택이 공공을

15 주택산업연구소 (2013. 6). 민간임대사업자 활성화 방안.

통해 공급되었다.

공공과 민간임대주택의 공급 추이를 살펴보면, 2000년과 2001년은 민간임대주택 공급 물량이 공공임대주택 물량을 상회하고 있었으나, 2002년 이후에는 민간임대주택 공급 물량이 크게 줄어들고 있다. 특히 2002년과 2007년, 2009년을 제외하고는 민간임대주택 공급 물량이 1만 호 이하로 크게 줄어들었다.

반면 공공임대주택은 2005년 이후부터는 2009년을 제외하고는 10만 호 이상씩 꾸준히 공급되었다. 결국 민간임대주택의 공급 기능은 2003년 이후 그 기능이 급격히 축소되고 있으며, 한국의 임대주택 공급은 결국 공공임대주택에 크게 의존하고 있음을 보여 준다.

| 표 1-2 | 주체별 임대주택 공급 추이 (단위: 호, %)

구분	지자체	LH	공공계	민간	공공비율	민간비율	계
2000	1,714	30,953	32,667	63,265	34.1%	65.9%	95,932
2001	2,438	40,908	43,346	59,211	42.3%	57.7%	102,557
2002	4,003	55,403	59,406	27,150	68.6%	31.4%	86,556
2003	10,106	64,686	74,792	9,976	88.2%	11.8%	84,768
2004	6,150	86,845	92,995	4,231	95.6%	4.4%	97,226
2005	18,533	84,476	103,009	2,778	97.4%	2.6%	105,787
2006	9,461	96,991	106,452	5,084	95.4%	4.6%	111,536
2007	15,769	117,351	133,120	13,445	90.8%	9.2%	146,565
2008	12,802	94,788	107,590	9,318	92.0%	8.0%	116,908
2009	10,501	66,527	77,028	12,575	86.0%	14.0%	89,603
2010	27,833	77,083	104,916	1,934	98.2%	1.8%	106,850
계	119,310	816,011	935,321	208,967	81.7%	18.3%	1,144,288

출처: 국토해양부 자료.

2) 임대주택 재고 현황

〈표 1-3〉은 임대주택 재고 추이를 나타낸 것이다. 2000년부터 2010년까지 11년간 전체 임대주택 재고는 645천여 호가 늘어나 85.7%가 증가했다. 이 중 민간매입임대는 194천여 호가 늘어나 296%가 증가했으며, 공공부문은 445천여 호가 늘어나 149.4%가 증가했다. 하지만 공공건설임대(민간)는 겨우 12천여 호가 늘어나 3.6%로 증가하는 데 그쳤으며, 사원임대는 오히려 6천여 호가 감소해 19.3%가 줄어들었다.

| 표 1-3 | 임대주택 재고 추이 (단위: 호)

구분	공공부문*	사원임대 (공공, 민간)	공공건설임대 (민간)	매입임대 (민간)	계
2000	298,036	35,132	354,614	65,730	753,512
2010	743,160	28,347	367,422	260,298	1,399,227

* 공공부문: 영구, 50년, 국민, 전세, 공공건설 등.
출처: 국토해양부 자료.

임대주택 재고 구성비도 2000년에는 공공건설임대(민간)의 재고가 47.1%로 가장 많았으나 2010년에는 26.3%로 크게 떨어졌다. 매입임대(민간)는 8.7%에서 18.6%로 재고 구성비가 크게 증가했으며, 다음으로 공공부문이 39.6%에서 53.1%로 증가한 것을 알 수 있다.

| 표 1-4 | 임대주택 재고 구성비

구분	공공부문	사원임대 (공공, 민간)	공공건설임대 (민간)	매입임대 (민간)	계
2000	39.6%	4.7%	47.1%	8.7%	100.0%
2010	53.1%	2.0%	26.3%	18.6%	100.0%

〈표 1-5〉는 2010년 기준 유형별 임대주택 재고 비율을 나타낸 것이다.

| 표 1-5 | 유형별 임대주택 재고 비율(2010년)

구분	비율
영구임대	13.6%
50년 임대	7.2%
국민임대	26.9%
전세임대	3.8%
공공임대(공공)	13.3%
공공임대(민간)	14.7%
매입임대	18.6%
기타	1.9%
민간	33.3%

* 공공임대: 5~10, 사원주택.

한국 임대주택시장에서 공공임대주택은 공급과 재고 측면에서 중요한 기능을 수행하고 있지만 공공임대주택은 몇 가지 문제점을 안고 있다.

첫째, LH공사 등 공공임대주택을 공급하고 있는 사업자가 재정건선성이 취약한 상태이며, 재원의 상당 부분을 정부의 재정에만 의존하는 구조를 지니고 있어 공급 물량에 한계가 있다.

둘째, 공공임대주택의 상당 물량이 낙후된 시설과 관리 소홀로 인해 공공임대주택은 저소득층이 거주하는 곳이라는 부정적인 이미지가 고착화되어 인근 지역주민들의 공공임대주택 기피현상이 심화되었다. 그리고 이로 인한 공공임대주택 세입자의 소외감, 낙인효과 등 사회적 문제가 빈번히 발생하고 있다.

셋째, 한국의 공공임대주택 재고율은 5%로 OECD 평균치 8.1%에 비해 낮은 수준[16]이다.

16 OECD (2011).

그리고 민간임대주택 또한 소규모 개인사업자 중심의 비공식적 시장으로 방치되어 있어 취약한 산업구조의 형태를 벗어나지 못하고 있다. 정부는 이러한 민간임대주택시장의 활성화를 위해 2014년 초부터 각종 법 개정과 지원책을 내놓고 있지만 아직 큰 효과를 거두지 못하고 있다.

| Chapter **02** |

임대주택 관련 시장 환경

Chapter 02

임대주택 관련 시장 환경

1. 민간임대주택사업의 개념 및 현황

1) 민간임대주택시장의 특성

1장에서는 임대주택에 대한 전반적인 내용에 대해서 살펴보았다. 2장부터는 그 내용의 범위를 민간임대주택에 한정하여 기술하고자 한다.

한국에서 민간이 참여할 수 있는 민간임대주택사업의 형태는 크게 3가지가 있다.

첫째, 공공건설임대 중 분양전환 임대주택을 국민주택기금 지원을 통해 참여하는 방법

둘째, 순수하게 민간의 자본으로 추진되는 민간건설임대주택사업

셋째, 민간이 기존주택을 매입하여 그 주택을 임대하는 매입임대사업 등이다.

그리고 현재 한국의 민간임대주택시장의 특징 3가지로는,

첫째, 비제도권 임대주택의 비율이 높은 매우 취약한 시장 구조

둘째, 민간임대주택의 공공임대주택 보완 기능

셋째, 향후 임대주택수요의 지속적 증가 등을 들 수 있다.

(1) 비제도권 임대주택의 비율이 높은 매우 취약한 시장 구조

1장에서 전술한 바와 같이 한국의 민간임대주택은 제도권 임대주택과 비제도권 임대주택으로 구분된다. 이 중 한국의 민간임대주택은 비제도권 임대주택이 대부분을 차지하고 있다.

비제도권 임대주택은 공급자가 임대사업자로 등록하지 않고 임대하는 임대주택을 의미하는데, 이러한 비제도권 임대주택은 정부의 지원이나 규제를 받고 있지 않아 사실상 정확한 실태를 파악할 수 없다. 반면 제도권 임대주택은 임대주택법상 임대사업자로 등록한 공급자가 임대하는 임대주택으로 법의 범위 내에서 일정 수준의 규제를 받게 된다.

제도권 임대주택의 경우에는 공적인 지원 및 각종 혜택과 더불어 법률적 규제를 함께 시행해 어느 정도 규모, 투명성과 예측가능성이 존재한다. 하지만 비제도권의 경우에는 공적인 지원 및 혜택, 그리고 법률적인 규제가 없어 전적으로 개개인에게 의존하고 있는 실정이다. 비제도권 임대주택의 규모가 전체 임대주택시장에서 큰 비중을 차지하고 있음에도 그 규모조차 제대로 파악하지 못하고 있는 것이다.

따라서 한국의 민간임대주택 대부분을 차지하고 있는 비제도권 임대주택시장은 매우 취약한 구조인 것이 현실이다. 이러한 비제도권 임대주택을 제도권으로 편입시키기 위한 정부의 노력, 즉 법률 · 제도적 보완 등이 매우 절실하다.

(2) 민간임대주택의 공공임대주택 보완 기능

1장에서 전술한 바와 같이 공공임대주택은 공공의 재원이 투입된 임대주택이기 때문에 해당 주택에 입주할 수 있는 대상자들을 일정한 소득기준 이하의 저소득층 및 취약계층에 한정하고 있다. 이러한 공공임대주택을 공급하기 위해서는 정부의 막대한 재정 부담이 필요하며, 현재 관리 · 운영에도 많은 적자를 보고 있기 때문에 물량을 공급하는 데 한계가 있다.

따라서 공공임대주택의 입주물량의 부족 상황에서 공공임대주택에 입주하기 위해서는 반드시 입주 자격기준에 해당되어야 하며 이 기준에 미적합한 수많은 서민층들이 사실상 입주가 불가능한 것이 현실이다.

이러한 임대주택의 부족분을 민간임대주택이 채워 주고 있으며, 결국 민간임대주택은 재정 부담이 큰 공공임대주택의 기능을 보완해 주고 있다.

(3) 향후 임대주택수요의 지속적 증가

부동산 전문가들은 한국의 주택보유율이 아직도 낮은 수준이라고 말하며 아직도 분양주택의 추가 공급의 여지가 있다고 예측하고 있다. 하지만 한국의 주택보유율은 이러한 전문가들의 생각과는 다르게 어느 정도 정점에 도달한 것이 현실이다.

또한, 자가주택보유율도 그리 낮은 수준이 아니다. 한국의 자가보유율은 2010년 60% 수준 이후 크게 늘지 않고 정체될 것으로 예상되며, 2020년에도 크게 늘지 않고 정체될 것으로 예상된다.[01]

일본의 경우, 1인당 국민소득이 1만 달러 미만이던 1978년도 자가보유율은 59.9%였다. 2008년 소득이 4만 달러로 증가했지만 자가보유율은 60.9%에 그쳤다.[02] 이는 소득의 향상이 자가보유율을 지속적으로 높여 주지 못한다는 것을 간접적으로 입증해 주고 있다.

일반적으로 대다수의 한국 부동산 관련 전문가들은 소득수준이 높아지면 자가주택보유율도 높아질 것으로 예측하고 있으나, 일본의 사례[03]를 본다면 이는 잘못된

---

01 김근용 외 (2012). 부동산정책의 과제와 정책 방안. 국토연구원.

02 주택도시연구원 (2010).

03 2008년 일본의 자가주택보유율은 전국 평균 62.4%, 도쿄 45%, 오사카 52% 수준이다.

예측임을 알 수 있다. 소득이 증가해도 자가주택보유율이 정체되는 것은 젊은 층의 취업난, 소득의 양극화, 주택가격의 정체 및 하락 등이 주요 원인으로 지적되고 있으며, 1~2인 가구 수의 증가[04] 및 가족 세대수의 감소, 그리고 주택가격의 상승과 가처분 소득 감소로 인한 주택 구입능력의 감소 등이 원인으로 지적되고 있다.

따라서 향후에는 분양주택에 대한 수요는 크게 증가하지 않을 것이며, 임대주택에 대한 수요는 지속적으로 증가할 것으로 예측된다. 이러한 주택에 대한 수요 변화는 한국의 주택시장에 새로운 변화를 가져올 것으로 예상되며, 임대주택 관련 시장 및 산업의 확대와 지속적 성장이 기대된다.

2) 민간임대주택 현황

(1) 민간임대주택 거주가구 현황

〈표 2-1〉은 자가, 차가, 민간임대 거주가구 현황을 나타낸 것이다.

한국의 자가보유율은 2005년 60.3%에서 2010년 61.3%로 미비하게 증가했다. 그리고 자기소유의 주택을 임대하지 않고 직접 거주하는 자가거주율은 2010년 54.2%로 자가보유율보다 7.1% 낮게 나타났다.

2010년 총가구 수 17,339천 호 중 자가주택 거주가구를 제외한 총임차가구 수는 7,941천 가구로 전체 가구 수의 45.8%이다. 이 중 주택을 소유하고 있는 임차가구 수는 약 1,231천 가구로 전체 가구 수의 약 7.2%에 이른다.

또한, 이 중 무주택 임차가구 수는 6,710천 가구(전체 가구 수의 약 38.7%)이며, 공공임대주택에 거주하고 있는 무주택자 가구 수는 1,399천 가구(전체 가구 수의 약 8.1%), 그리고 민간임대주택에 거주하는 무주택자 가구 수는 5,371천 가구(전체 가

04 2005년부터 2010년까지 1~2인 가구는 165.5만 가구 증가하였고 같은 기간 동안 주택공급은 145.5만 호 증가하였다.

구 수의 약 40%)이다.

| 표 2-1 | 자가, 차가, 민간임대 거주가구 현황 (단위: 천 호)

		1980	1990	2000	2005	2010
총주택		5,318	7,202	11,472	13,222	14,456
총가구		7,969	11,354	14,312	15,887	17,339
자가보유율(%)		–			60.3	61.3
자가거주율(%)		58.6	49.9	54.2	55.6	54.2
차가거주율(%)		41.4	50.1	45.8	44.4	45.8
자가가구 수		4,670	5,666	7,757	8,833	9,398
임차 가구 수	소계(a)	3,299	5,688	6,555	7,054	7,941
	무주택자 차가(a)					6,710
	공공임대 주택거주 가구			754	1,243	1,399
	민간임대 거주가구 (b)	3,299	5,688	5,800	5,811	5,371
	b/a(%)	100	100	88.5	82.4	80.0

출처: 김근용 외 (2012). 부동산정책의 과제와 정책 방안. 국토연구원.

(2) 민간임대주택 공급 경로

전술한 바와 같이 한국의 무주택자 민간임대주택 거주가구 수는 2010년 기준으로 전체 가구 수의 약 40%에 해당하는 약 537만 가구에 이른다. 그러면 이러한 총 가구 수의 약 40%가 거주하고 있는 임대주택은 어떤 경로를 통해 공급되고 있는 걸까?

한국의 경우 크게 3가지 경로에 의해서 공급된다.

첫째, 1가구 2주택자 이상 소유자가 자신이 소유한 주택을 임대주택으로 시장에 공급하는 경우이다. 2주택 이상 보유한 가구 수는 약 1,443천 가구이며 이들이 보유한 주택 수는 약 1,674천 호로 추정된다.[05] 이 경우에는 소유자의 환경 변화에 따라 언제든지 자가로 전환될 수 있으며, 이는 임대주택시장을 불안하게 하는 요인이 될 수 있다.

둘째, 다가구주택 소유자가 본인이 거주하고 있는 곳 외의 주택을 임대용 주택으로 활용하는 경우이다. 이러한 경우의 주택은 약 272만 호로 추정된다.[06] 다가구주택은 한국의 임대주택 중 유일하게 건축 당시부터 임대를 목적으로 건축된 유일한 임대주택이라 할 수 있으며, 자가로 전환될 가능성은 매우 낮다.

셋째, 기타 비거주용 주택에 거주하거나 오피스텔 등을 임대용 주택으로 활용하는 경우이다.

〈표 2-2〉는 건설임대사업자 및 매입임대사업자 현황을 나타낸 것이다. 2011년 현재 등록된 매입임대사업자는 39,326명이고 이들이 임대하는 임대주택은 총 274,587호에 이른다. 이는 민간임대주택에 거주하는 무주택자의 전체 가구 수 5,371천 가구(전체 가구 수의 약 40%)의 약 5.7%에 해당되며, 결국 제도권 임대주택인 매입임대주택의 공급 물량은 전체 임대주택 공급량의 일부에 지나지 않는다는 것을 알 수 있다.

| 표 2-2 | 건설임대사업자 및 매입임대사업자 현황

		사업자 수	임대호수
		48,435	1,459,513
건설임대사업자	주택건설사업자	1,374	1,053,017
	건축법허가자	7,735	131,909
매입임대사업자	매입임대사업자	39,326	274,587

출처: 김근용 외 (2012). 부동산정책의 과제와 정책 방안. 국토연구원.

05 2010년 센서스 자료. 2주택 이상 소유한 가구의 평균 소유주택 수는 1.16호(주거실태조사, 2010).

06 다가구주택 수는 886,109호이고 다가구주택 거주가구 수는 3,605,099가구이므로 이 차이만큼을 임대주택 물량으로 추정함(김근용 외, 2012).

2. 민간임대주택의 제도화 필요성과 문제점

1) 민간임대주택의 제도화 필요성

(1) 공공임대주택의 보완 역할의 충실한 수행

공공임대주택은 도시근로자 월평균 가구 소득 100% 이하의 저소득층을 주요 대상으로 공급하고 있어 그 대상층이 매우 제한적이다. 또한, 사업 초기에 막대한 재정투입이 이루어짐으로 단기간에 공급량을 확대하는데 제약이 따른다. 일본의 경우에는 모든 저소득층에게 공공임대주택을 제공하는 것이 아니라 UR도시기구의 임대주택과 민간임대주택을 저소득층에게 제공하고 주거비를 지원하는 형태를 병행하고 있다.

또한, 공공임대주택은 공급량으로 볼 때 전체 임대주택시장의 일부분의 수요를 담당하고 있기 때문에 임대주택시장의 안정을 위해서는 민간임대주택시장의 활성화가 중요한 관건이 될 수 있다.

(2) 비제도권 임대주택을 제도권 임대주택으로 전환

현재 한국 임대주택의 약 90% 내외가 비제도권 임대주택으로 전체 임대주택시장에서 큰 역할을 담당하고 있다. 하지만 비제도권 임대주택은 제도권 임대주택과 달리 「주택임대차보호법」의 임차기간과 차임 등의 증액에 대한 법적인 규제 이외에 정부의 지원이나 규제를 받지 않고 있다. 때문에 규모가 매우 영세하고, 관리도 어려우며 정부의 정책방향과의 불일치도 심화되고 있는 상황이다. 따라서 비제도권 임대주택의 제도권 임대주택으로 전환에 대한 내책 마련이 시급하다.

(3) 소유에서 거주 개념으로 주택정책 방향 전환 필요

주택은 과거 주택가격의 급등기때 소유를 통한 자산증식과 투자의 개념으로 인식되어 왔으나, 최근에는 소유에서 거주의 개념으로 변화해 가고 있다. 자가보유율이 60% 전후에서 정체하고 있는 사실이 이를 뒷받침하고 있다. 일본의 경우에는 이미 오래전부터 임대주택 공급량이 분양주택 공급량을 추월하였고, 신규 분양시장의 규모가 지속적으로 축소되고 있는 상황이다. 따라서 향후 정부정책은 주택소유(분양주택) 중심에서 거주(임대주택) 중심으로 정책적 방향의 전환이 필요하다.

(4) 민간임대주택시장으로 건전한 투자자금 유입 촉진

현재의 민간임대주택시장은 대부분 개인 투자 중심이다. 민간임대시장의 규모에 비해 기관 투자자들의 자금 유입은 극히 제한적이고 그 금액도 매우 적다. 이는 투자자금이 유입될 수 있는 제도적인 여건이 아직 제대로 갖추어져 있지 않기 때문이다. 따라서 민간임대주택시장의 활성화를 위해서는 민간 부분의 풍부한 투자자금이 많이 유입될 수 있는 제도적 지원이 필요하다. 또한, 이러한 투자자금들을 소화해 낼 수 있는 공신력 있는 관리 주체가 필요하다.

일본의 경우에는 이러한 역할을 임대주택관리업체가 담당하고 있는데 한국도 주택임대관리업체를 활성화시켜 이러한 역할을 담당해 나가야 할 것이다. 이를 위해서는 주택임대관리업의 활성화를 위한 보다 실질적인 정책적 대안이 필요할 것이다.

2) 민간임대주택시장의 문제점

현재 한국 민간임대주택시장은 여러 가지 문제점이 있다. 대표적으로는 첫째, 민간임대주택시장의 영세성 및 법과 제도적 정비 미흡, 둘째, 민간임대주택사업에서 적정 수익을 확보하기 곤란한 점, 셋째, 임대주택 관련 정보의 통합적 관리부재 등을 들 수 있다.

(1) 민간임대주택시장의 영세성 및 법과 제도적 정비 미흡

① 비제도권 임대주택 중심의 영세성

현재 민간에 의해 공급되는 임대주택의 총호수는 약 530만 호에 달하고 있다. 하지만 제도권 내에 있는 매입임대사업자로 등록된 주체가 공급하는 호수는 겨우 27만여 호에 불과하다.

나머지 민간임대주택은 비제도권에 있기 때문에 시장의 조사 및 파악이 어렵다. 또한, 민간임대주택시장의 대부분을 차지하고 있는 비제도권 민간임대주택시장에 대한 임대차계약, 임대료, 임대기간 등 관련 정보에 대한 기본 정보망 구축도 매우 미비하기 때문에 정보가 완전히 공개되고 있지 않다. 그리고 이러한 민간임대주택의 대부분이 개인이 분양 또는 구입하여 직접 주택을 임대하고 유지 · 관리까지 수행하고 있다.

② 전세 중심의 임대차 관련 제도

최근의 임대주택시장의 추이는 순수월세 중심의 시장으로 급격하게 전환되고 있으며 정부도 주택임대관리업의 활성화를 위해 노력하고 있다. 하지만 한국의 임대차 관련 각종 제도는 전세 중심으로 재정 · 운영되고 있다. 따라서 이러한 구조가 순수월세 중심으로 발전하는 데 많은 제약이 되고 있다.

주택가격의 상승이 멈추고 하락기조에 있는 시장상황에서 소유자인 임대인은 매매차익에 대한 기대가 사라지면서 전세보다 월세에 의한 임대수익을 확보하려는 경향이 강하게 나타나게 된다. 또한, 저금리 기조로 인해 순수월세에 대한 선호가 더욱 확대됨에 따라 향후 한국의 임대시장은 월세 중심의 시장으로 전환이 가속화될 것으로 생각한다.

하지만 이렇게 민간임대주택시장이 수익형 월세 중심으로 급속하게 재편이 되고 있음에도 현재 관련 제도 등은 아직도 전세 중심으로 되어 있어 급변하는 민간임대주택시장의 변화에 적절히 대처하지 못하고 있다.

공공임대주택의 경우에는 「공공건설임대주택 관리지침」이 적용되며, 영구임대주택도 「영구임대주택 입주자 선정기준 및 관리지침」이 적용되는 등 공공임대주택에 대한 관리규정이 정비되어 있다.

이에 비해 민간임대주택에 대해서는 별도의 관리규정 등에 대한 정비가 전혀 이루어지지 않는 상황이다. 또한, 임대인과 임차인에 대한 책임과 의무, 특히 시설의 유지 · 보수 및 수리비 등에 대한 비용의 책임 소지 등에 대한 명확한 기준이 없어 이들 간의 잦은 분쟁이 일어나는 원인이 되고 있다.

일본의 경우에는 원상복구 비용에 대한 부분은 원칙적으로 임차인에게 부담시키는 등, 세부적인 기준의 조례가 있는데도 이에 대한 분쟁이 가끔 일어나고 있다. 따라서 한국도 이러한 기준에 대한 법적 · 제도적 장치의 마련이 시급하다.

(2) 임대주택사업의 적정 수익확보 곤란

민간임대주택시장의 활성화를 위해서는 적정 수익을 확보해야 한다. 하지만 한국은 높은 토지비와 건축비 등으로 투자 비용 또한 높아 임대수익의 수익률이 매우 낮은 수준이다. 최근 저금리 기조로 인해 수익률에 대한 기대치가 다소 낮아졌지만 감가상각비, 제세공과금, 유지보수비 등을 감안한다면 아직도 수익률이 낮은 수준인 것은 부정할 수 없다.

일본 도쿄의 경우 주거용 부동산의 평균 수익률이 5~6%대인데 비해 한국의 경우 서울 · 수도권 지역에서의 수익률은 이에 미치지 못하는 경우가 상당히 많은 것으로 추정한다.

일본과 한국의 금리수준 및 소득수준을 고려한다면 한국의 수익률이 일본보다 더 높아야 정상이지만 현실은 그렇지 않다.

결국 이렇게 낮은 수익률이 민간임대주택시장을 활성화하는 데 가장 큰 걸림돌이 되고 있다. 이를 위해서는 정부의 정책적인 노력과 지원이 필요하지만 민간임대주택의 높은 가격수준과 월세 지불 금액의 한계 등 근본적인 문제가 먼저 해결되어야 할 것이다.

(3) 임대주택 관련 정보의 통합적인 관리부재

현재 한국 민간임대주택시장은 물건, 임대계약 조건, 임대료 수준 등 임대주택 물건에 대한 정보가 통합적으로 관리되고 있지 않은 상황이다. 따라서 지역별, 물건별로 관련 조건들이 매우 상이하다. 이는 현재 전문적인 임대주택 관련 주체들이 적고 소유자들도 소득 및 정보의 노출을 기피하는 등 여러 가지 요인에 기인한 것으로 생각한다.

따라서 향후 통합적인 시스템에 의한 민간임대주택 관련 정보들에 대한 수집, 관리, 공개를 위한 제도적 장치를 시급히 마련해야 할 것이다.

3. 임대주택시장 환경 변화[07]

1) 인구 및 세대수 변화

(1) 인구 변화

통계청의 장래인구 추계자료에 의하면 한국의 인구 수는 2030년 52,160,065명

07 김준환 (2013). 일본의 임대주택관리업. 이프레스.

을 정점으로 감소세로 돌아설 것으로 예측하고 있다. 물론 예측치지만 현재 저출산 기조를 감안하면 가까운 장래에 인구가 감소할 것이란 것은 대다수의 전문가들이 예측하고 있다. 따라서 인구가 감소하는 시점은 2030년 이후가 될 수도, 아니면 2030년 이전이 될 수도 있다.

여기서 더욱 중요한 점은 바로 인구 구성비 추이이다. 〈표 2-3〉은 연령별 인구 구성비 추이를 나타낸 것으로 예측치이지만 65세 이상의 고령화 인구의 급속한 증가가 특징이다. 2012년 13.8%에 불과했던 65세 이상 인구의 비중은 2030년에는 28.3%로, 그리고 2050년에는 45.5%로 급속히 증가할 것으로 예측하고 있다. 이대로라면 한국은 2020년 이후에 초고령화 사회[08]로 진입하여 2050년에는 전체 인구의 절반에 가까운 45.5%가 고령 인구가 될 전망이다.

이러한 인구 감소와 급속한 고령화는 향후 주택시장(임대주택시장 포함)에 큰 영향을 미칠 것으로 예상한다. 첫째, 인구의 감소는 주택에 대한 총수요의 감소를 초래하여 전체 주택시장 규모의 축소를 가져올 것으로 예상된다. 둘째, 고령화 인구의 급증으로 노인주택문제 및 관련 시장의 급속한 확대가 예상된다. 셋째, 경제활동 인구의 급감은 주택구입수요의 감소로 이어져 주택구입시장(신규분양 및 기존주택 구입)이 축소할 것으로 예상된다.

| 표 2-3 | 한국 연령별 인구 구성비 추이

구분	2012년	2020년	2030년	2050년
65세 이상	13.8%	18.8%	28.3%	45.5%
15세~64세	71.5%	68.5%	59.7%	45.8%
14세 이하	14.8%	12.7%	11.9%	8.6%
계	100.0%	100.0%	100.0%	100.0%

출처: 통계청 (2011). 12월 작성 장래인구 추계 자료.

08 초고령화 사회는 UN기준에 따라 전체 인구 중 65세 이상의 고령 인구 비율이 20% 이상인 사회를 말한다.

심화 학습 일본의 인구 변화

[그림 2-1]은 일본의 연령별 인구 추계를 요약한 표이다. 일본의 장래 인구는 2005년 127,768천 명을 고점으로 감소 추세로 돌아섰다. 2012년에는 126,605천 명, 그리고 2055년에는 89,930천 명까지 줄어들 것으로 추정되고 있다. 2055년에 현재 인구보다 약 30%가 감소될 것이란 예측 결과를 보면 일본의 총주택수요는 지속적으로 감소할 것이며, 그 감소폭도 매우 클 것이란 예측이 가능하다.

더욱 놀라운 것은 65세 이상 고령 인구의 급속한 증가추세이다. 고령 인구가 차지하는 비율은 2005년 20.2%에서 2055년에는 두 배가 증가한 40.5%에 이를 전망이다. 2055년에는 10중 4명이 고령 인구가 되는 셈이다. 또한, 고령 인구 수도 2005년 25,809천 명에서 2012년에는 30,765천 명으로, 그리고 2030년에는 36,641천 명으로 고점을 이룬 뒤 2050년에는 36,422천 명에 이를 전망이다. 이는 2005년부터 2030년까지 26년간 고령 인구 수가 연평균 416천 명씩 증가하여 총 10,832명이라는 어마어마한 숫자가 증가한다는 것이다. 이에 비해 14세 이하와 15세~64세 인구 수는 급격한 감소 추이를 나타내고 있다.

따라서 이러한 전체 인구의 감소와 고령 인구의 급속한 증가는 일본의 주택시장 및 임대주택시장뿐만 아니라 경제 전체에도 매우 큰 영향을 미칠 것으로 예상한다.

이러한 인구 변화가 향후 일본 주택시장에 미칠 영향으로는

첫째, 인구 감소로 인한 전체 주택시장 규모의 축소, 둘째, 고령화 인구 급증으로 인한 노인 주택문제 및 관련 시장의 확대, 셋째, 신규주택 구입 인구의 감소로 인한 신규주택시장의 축소, 넷째, 공가(빈집)문제 심화 등이 예상된다.

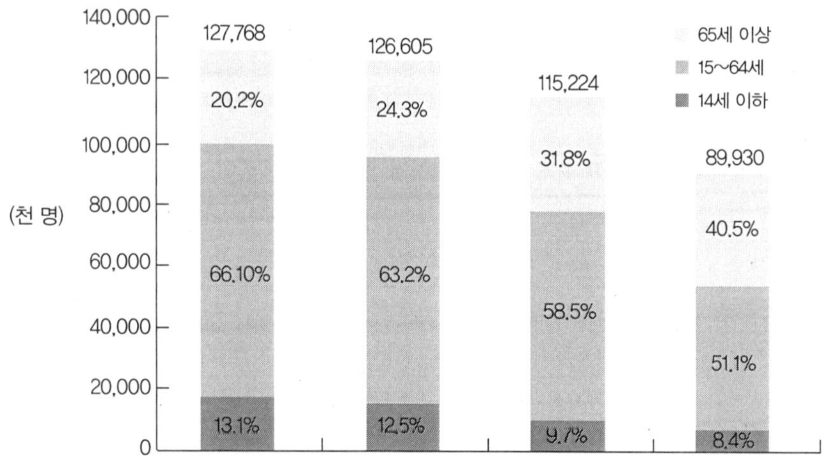

| 그림 2-1 | 연령별 인구 추계

출처: 일본 국세조사 (2005). 일본의 장래인구 추계.

(2) 지역별 인구 변화

〈표 2-4〉는 2005년에서 2010년의 5년간 지역별 인구 변화 추이를 나타낸 것이다.

기간 내 인구 변화를 살펴보면 전국 3.3% 증가했으나, 지역별로는 전국 평균 증가율을 상회하는 지역도 있고, 낮은 지역도 있는 것을 알 수 있다.

기간 내 인구 증가가 가장 높은 지역은 경기도로 전국 평균의 3배 이상인 10.0%가 증가했으며, 그 다음으로는 충남 7.9%, 인천 5.8% 순으로 증가했다. 이외에 전국 평균 증가율 이상으로 증가한 지역은 광주 · 대전(4.4%), 충북(4.0%), 경남(3.9%) 등이 있다. 특이한 점은 부산광역시와 대구광역시가 기간 내 각각 2.8%와 0.4%가 감소했으며, 서울은 0.3% 증가에 그치고 있다는 점이다.

결국 기간 내 인구 증가는 서울을 제외한 수도권지역과 충남지역이 높았으며, 서울과 부산 · 대구광역시 등 한국에서 가장 큰 3대 도시에 해당하는 지역의 인구는 감소 추세에 있는 것을 알 수 있다. 이러한 추세가 지속된다면 한국의 도시별 주택 수요 및 주택시장에 있어서 큰 변화가 생길 것이다.

| 표 2-4 | 지역별 인구 변화

구분	2005년	2010년	증감율(2005~2010)
전국	47,041,434	48,580,293	3.3%
서울특별시	9,762,546	9,794,304	0.3%
부산광역시	3,512,547	3,414,950	−2.8%
대구광역시	2,456,016	2,446,418	−0.4%
인천광역시	2,517,680	2,662,509	5.8%
광주광역시	1,413,644	1,475,745	4.4%
대전광역시	1,438,551	1,501,859	4.4%
울산광역시	1,044,934	1,082,567	3.6%
경기도	10,341,006	11,379,459	10.0%

강원도	1,460,770	1,471,513	0.7%
충청북도	1,453,872	1,512,157	4.0%
충청남도	1,879,417	2,028,002	7.9%
전라북도	1,778,879	1,777,220	-0.1%
전라남도	1,815,174	1,741,499	-4.1%
경상북도	2,594,719	2,600,032	0.2%
경상남도	3,040,993	3,160,154	3.9%
제주특별자치도	530,686	531,905	0.2%

출처: 통계청.

같은 기간 내 서울과 경기지역의 총인구의 증가를 살펴보면, 20,103,552명에서 21,173,863명으로 5.3% 증가한 1,070,211명으로 전국 인구 비중도 42.7%에서 43.6%로 0.9% 증가했다. 또한, 인천광역시를 포함한 서울 · 수도권지역의 인구는 22,621,232명에서 23,836,272명으로 5.4% 증가한 1,215,010명이 됐으며, 전국 인구 비중도 48.1%에서 49.1%로 1%로 증가했다.

반면 6대 광역시의 인구는 12,383,372명에서 12,584,048명으로 1.6% 증가해 200,676명에 그치고 있다. 이는 전국 평균 증가율인 3.3%의 절반 수준에 미치는 수치이다. 또한, 전국 인구 비중도 26.3%에서 25.9%로 0.4% 감소하고 있다. 이는 부산과 대구광역시의 인구 감소에 기인한 것으로 생각한다.

마지막으로 부산과 인천광역시의 인구 변화를 살펴보면 부산은 3,512,547명에서 3,414,950명으로 2.8%인 97,597명이 감소했으나, 인천은 2,517,680명에서 2,662,509명으로 5.8% 증가한 144,829명이 되었다.

이러한 추이를 통해 향후 서울을 제외한 수도권 인구의 증가와 부산과 대구광역시의 인구 감소가 예상된다. 그리고 현재 제2의 도시인 부산과 인천의 인구가 역진될 가능성도 조심스럽게 예상된다. 이는 일본의 요코하마와 오사카의 인구 구조 변화를 참고하면 될 것이다.

심화 학습 일본의 지역별 인구 변화

[그림 2-2]에 나타난 것과 같이, 일본의 인구 구성비 추이의 특징은 첫째, 3대 도시권[09]의 인구 구성비는 1980년 47.8%에서 2010년 51.1%로 지속적으로 증가하고 있으나, 지방권[10]은 지속적으로 감소하고 있다. 둘째, 3대 도시권 중 도쿄권[11]과 나고야권[12]은 계속 증가하고 있으나 오사카권[13]은 감소와 정체를 반복하고 있다는 점이다.

총인구 수의 증감에 있어서도 2005년 이후 감소 추세로 돌아서서 2010년 인구가 592천 명이 감소했음에도 불구하고, 같은 기간 도쿄권은 858천 명(연평균 약 172천 명), 나고야권은 75천 명 증가했으나, 오사카권은 –213천 명, 지방권은 –1,439천 명(연평균 약 288천 명)이 감소했다. 결국 수도인 도쿄권을 중심으로 한 지역의 인구 수가 크게 증가하고 있다는 것을 알 수 있다.

만약 이런 추세가 지속된다면 일본 주택시장에 미칠 영향으로는,

첫째, 지방 중소도시의 주택시장의 수요가 지속적으로 감소하여, 주택공급의 위축과 공가 문제가 심각해질 것이란 것과 둘째, 대도시권(특히 수도권) 주택시장 규모의 증가가 예상된다.

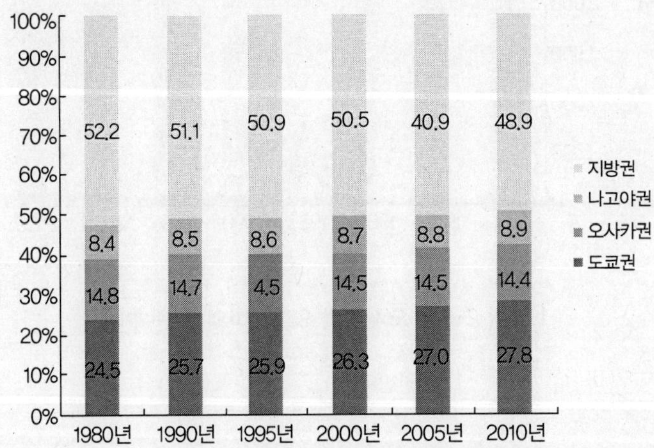

| 그림 2–2 | 지역별 인구 구성비 추이

출처: 통계국 (2011). 일본 국세조사.

---

09 일본의 3대 도시권은 도쿄권, 간사이권, 나고야권을 말한다.

10 지방권은 3대 도시권을 제외한 나머지 지역을 말한다.

11 도쿄권은 도쿄도(구부와 시부), 치바켄, 가나가와켄, 사이타마켄을 말한다.

12 나고야권은 미에켄, 아이치켄을 말한다.

13 오사카권은 오사카부, 쿄토부, 효고켄을 말한다.

심화 학습 **오사카와 요코하마의 인구 역전**

오사카는 일본의 제2도시이다. 하지만 인구 수에 있어서는 요코하마보다 적다는 것을 아는 사람은 그리 많지 않을 것이다.

오사카는 1970년 290만여 명에서 인구가 감소 · 정체되어 2010년에는 266만여 명 수준에 머물고 있다. 하지만 요코하마의 인구는 1980년 오사카의 인구를 추월한 이후 현재 360만여 명으로 오사카의 인구를 100만여 명 이상 상회하는 도시로 성장했다.

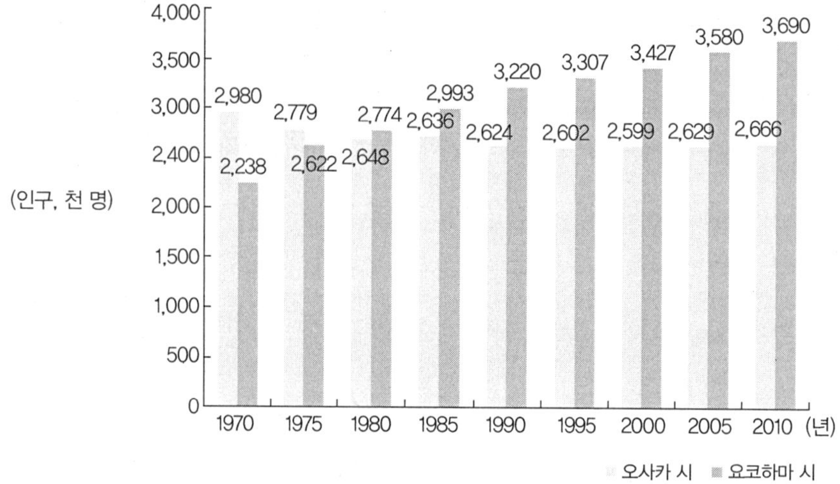

| 그림 2-3 | 오사카와 요코하마의 인구 추이

출처: 통계국 (2011).

(3) 세대수 변화

〈표 2-5〉는 2020년까지의 통계청 세대 구성별 가구 수 예측 추이를 나타낸 것이다. 총가구 수는 2010년 17,359,333명에서 2015년 18,705,004명, 2020년 19,878,399명으로 지속적으로 증가한 것으로 나타났으며, 10년간 14.5%인 약 252만 가구가 증가할 것으로 예측했다.

하지만 세대 구성별로 세분화했을 때는 조금 특이한 결과가 나온다는 것을 알 수 있다.

먼저 부부 세대의 경우에는 그 가구 수가 2010년 2,665,712가구에서 2020년 3,703,937가구로 38.9%인 약 104만 가구가 증가했고, 전체 세대수에 대한 구성비도 15.4%에서 18.6%로 증가하고 있는 것을 알 수 있다.

1인 가구 수의 경우도 같은 기간 내 41.5%인 약 172만 가구가 증가하였다. 또한, 부+자녀가구의 수는 33.9%인 약 12만 가구가, 모+자녀가구의 수는 17.3%인 약 22만 가구가 증가하여 한부모 가정의 가구 수는 20.9%인 33만여 가구가 증가하였다.

이에 반해 부부+자녀가구의 수는 기간 내 12.1%로 78만여 가구가 감소했다는 것을 알 수 있다.

이러한 특징을 정리하면 전체 가구 수는 증가하는데 부부+자녀가구의 수만 급격히 감소하는 것을 알 수 있다. 또한, 1인 가구와 부부 단독가구, 그리고 한부모 가정 등의 가구 수가 급격히 증가하고 있어 향후 이들 세대의 구성비가 더욱 높아질 것으로 예상한다.

이러한 세대 구성별 가구 수의 변화는 향후 한국의 주택시장에 큰 영향을 미칠 것이며, 특히 임대주택시장에 있어서도 커다란 변수로 작용할 것으로 예상된다.

| 표 2-5 | 세대 구성별 가구 수 예측 추이

구분	2010년		2015년		2020년	
	가구 수	구성비	가구 수	구성비	가구 수	구성비
계	17,359,333	100.0%	18,705,004	100.0%	19,878,399	100.0%
부부	2,665,712	15.4%	3,178,917	17.0%	3,703,937	18.6%
1인 가구	4,153,077	23.9%	5,060,551	27.1%	5,876,740	29.6%
부부+자녀	6,427,417	37.0%	6,059,333	32.4%	5,650,818	28.4%
부+자녀	347,117	2.0%	409,532	2.2%	464,758	2.3%
모+자녀	1,247,507	7.2%	1,374,350	7.3%	1,462,970	7.4%
한부모 가정	1,594,624	9.2%	1,783,882	9.5%	1,927,728	9.7%
기타	2,518,503	14.5%	2,622,321	14.0%	2,719,176	13.7%

출처: 통계청.

심화 학습 **일본의 세대수 변화 추이**

[그림 2-4]에 나타난 것과 같이, 일본의 세대수는 2015년을 정점으로 감소 추세로 돌아설 것으로 예측된다. 세대수 변화의 특징을 살펴보면, 첫째, 단독 세대수의 급속한 증가이다. 단독 세대수는 2005년 14,474천 세대(구성비 29.5%)에서 2015년에는 17,406천 세대(구성비 34.4%)로 급증할 것이며, 세대수 감소 추세인 2030년에도 18,252천 세대(구성비 37.4%)로 증가할 것으로 예측된다.

둘째, 가족형 세대인 부부+자녀 세대의 급속한 감소이다. 부부+자녀 세대는 2005년 14,670천 세대(구성비 29.9%)에서 2015년에는 12,448천 세대(24.6%)로 급감한 뒤, 2030년에도 10,541천 세대(구성비 21.6%)로 감소할 것이다.

또한, 세대수가 지속적으로 증가했던 1980년부터 2005년까지 과거 25년간 세대 유형별 증감을 살펴보면, 총세대수는 1.37배, 단독 세대수는 2.03배, 부부 세대수는 2.16배, 한부모+자녀 세대수는 2.00배 증가하였지만, 부부+자녀 세대수만 -2.89% 감소하였다. 이는 세대수가 지속적으로 증가했던 시기에도 가족형 세대인 부부+자녀 세대수는 증가하지 않고 오히려 감소해 왔으며 2005년 이후에는 급감하고 있는 것을 알 수 있다.

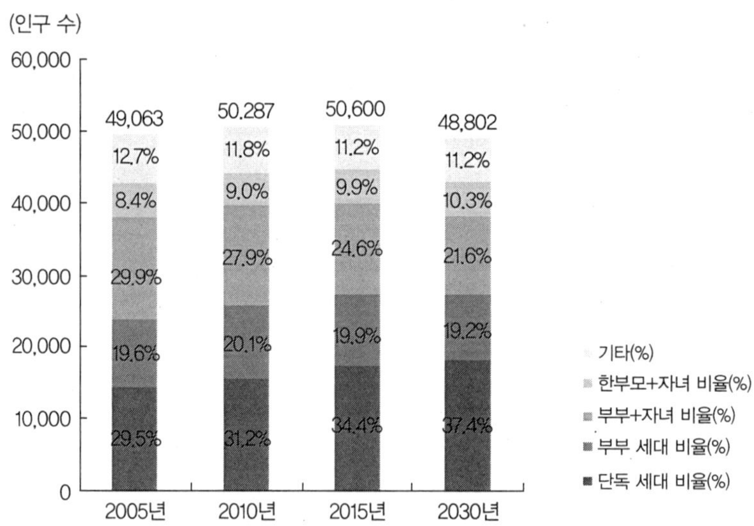

| 그림 2-4 | 세대수 변화 추이

출처: 일본 국세조사, 일본의 장래추계인구 (2005).

그럼 이러한 세대수 변화는 일본 주택시장에 어떤 영향을 미쳐 왔고, 향후 어떤 영향을 미칠 것인가?

첫째, 단독 세대형 주택시장의 확대이다. 즉, 소형 원룸형 주택의 수요가 급증하여 이러한 주택시장의 확대가 불가피할 것으로 전망된다. 단독 세대의 경우에는 주택구입보다 임대를 선호하기 때문에 임대주택시장도 더욱 확대될 것으로 예상된다.

둘째, 가족형 주택시장의 수요 감소로 인해 중 · 대형 주택시장의 축소가 불가피할 것으로 예상된다. 특히 일본 주택시장의 단독주택 비율이 높은 점, 그리고 가족형 세대가 단독주택을 선호한다는 점을 고려한다면, 향후 단독주택시장도 더욱 축소될 것이다.

2) 일본의 임대주택시장 환경 변화

지금까지 한국의 임대주택시장 환경 변화에 대해서 살펴보았다. 하지만 한국의 임대주택시장이 비제도권 임대주택시장 중심이어서 그 통계 내용 등 관련 자료 수집에 한계가 있다. 또 주택임대관리업 등 관련 산업 또한 초보적인 단계에 있어서 과거 및 향후 변화를 살펴보기에도 한계가 있는 것이 현실이다.

따라서 한국보다 임대주택 관련 산업이 30여 년 앞서 있고 관련 법규 및 제도, 시장 환경이 유사한 일본의 임대주택시장 환경의 변화를 살펴보는 것이 필요하다고 판단된다. 따라서 지금부터는 일본의 임대주택시장 환경의 변화에 대해서 살펴보도록 하자.

(1) 주택 공급 추이와 임대주택시장

일본의 임대주택 공급 물량은 버블기 이전인 1980년대 초부터 이미 분양주택의 공급 물량을 초과하기 시작하였다. 물론 현재까지도 임대주택의 공급 물량이 분양주택의 공급 물량보다 많은 상황이다.

문제는 임대주택 공급이 버블기부터 과잉 공급되어 버블 붕괴 후인 1990년대 중반까지도 줄지 않고 계속되었다는 점이다. 이는 결국 심각한 임대주택의 공실문제를 야기하게 되었다. 따라서 이 시기부터는 경쟁력이 없는 임대주택의 경우에는 공실이 점점 높아져 경영상의 어려움을 겪기 시작했다.

결국 이 시기의 일본 임대주택시장은 '소유자 중심의 시장에서 입주자 중심의 시장'으로 크게 변화했고, 임대주택의 소유자는 세입자를 구하는 것이 점점 어려워졌다.

따라서 이 시기 이후 임대주택의 소유자들은 이러한 임대주택 경영의 어려움을 타계하기 위해 전문적이고 체계적인 임대주택경영 · 관리의 필요성을 절감하기 시작했다. 이로 인해 임대주택을 전문적으로 관리해 주고 경영리스크를 줄여 줄 수 있는 전문적인 임대주택관리업에 대한 수요가 점차 생겨나기 시작했다. 일본의 임대주택관리업은 이러한 시장의 변화에 따른 자연스러운 수요의 발생에 의해서 발전하기 시작했으며, 이 시기를 기점으로 급속하게 발전했다. 또한, 이후 임대주택의 공실률의 지속적인 증가로 인해 대형화된 기업형 임대주택관리업체가 생겨나기 시작해 점차 시장을 장악하기 시작했다.

그리고 이는 현재 한국의 주택임대관리업이 시작된 상황과는 매우 상이하다.

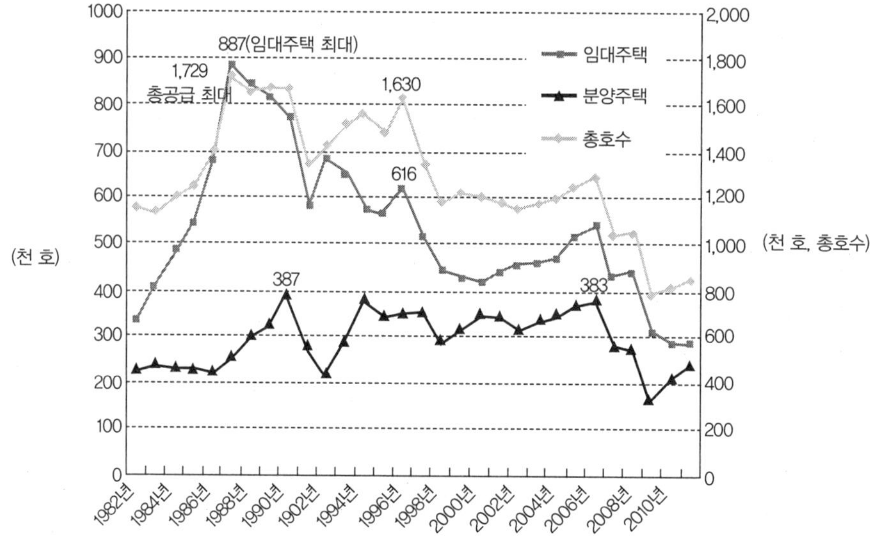

| 그림 2-5 | 신규주택 착공 호수 추이[14]

출처: 국토교통성 (2012). 월간 주택착공 통계. 미쓰이 부동산 (2013). 부동산 관련 통계집.

14 그래프의 변화 추이 비교를 용이하게 하기 위해 총호수는 우측 단위를 나머지는 좌측 단위로 이원화하였다.

(2) 분양주택의 주택유형별 공급 추이

전술한 바와 같이 일본의 주택은 한국과 같이 분양주택과 임대주택으로 구분된다. 이 둘의 차이점은 먼저 임대주택은 건설 당시부터 임대를 목적으로 지어지는 주택으로 100% 임대하는 주택이고, 분양주택은 건설 당시부터 분양을 목적으로 지어지는 주택으로 일부만 임대된다는 점이다.

다음은 이 중 분양주택인 단독주택과 만숀(mansion)의 공급 추이가 어떤지 유형별로 알아보고자 한다.

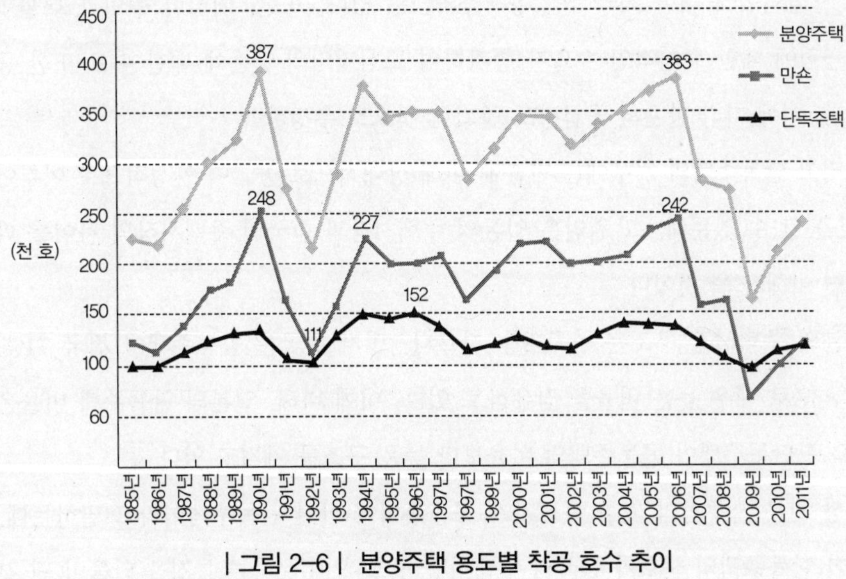

| 그림 2-6 | 분양주택 용도별 착공 호수 추이

출처: 미쓰이 부동산 (2012). 월간 주택착공 통계; 미쓰이 부동산 (2013). 부동산 관련 통계집.

[그림 2-6]은 일본 분양주택의 유형별 공급(착공) 추이를 나타낸 것이며, 그 특징을 요약하면 크게 세 가지로 정리할 수 있다.

첫째, 만숀의 경우 공급 증감의 폭이 크게 나타났으나 단독주택의 경우에는 그 폭이 크지 않고 비교적 안정적으로 공급이 이루어졌다.

둘째, 만숀의 경우 버블 붕괴 직전이라고 할 수 있는 1990년경에 약 248천 호가 공급되는 등 공급의 최고점을 보인 후 급감하였다. 그리고 그 이후인 1994년에 공급량이 회복되어 2006년까지 비교적 안정적으로 공급되었으나, 그 이후 다시 공급량이 감소하였다.

셋째, 단독주택의 경우에는 버블 붕괴 전후에 그 공급량이 다소 감소했으나 이후 매년 10~15만 호의 수준에서 만숀보다는 안정적으로 공급이 이루어졌다.

위와 같은 특징을 보인 원인은 여러 가지가 있다. 그중 대표적으로 버블 붕괴 이후 공동주택의 공급이 증가한 원인으로 도심 주변 외곽지역의 주택가격 하락과 정부의 도심회귀에 대한 적극적인 정책을 들 수 있다. 또한, 이러한 원인과 더불어 직주근접에 대한 원천적인 수요가 증가하여 도심지역의 만숀에 대한 수요 또한 증가했다. 이에 따라 만숀의 공급량도 증가한 것으로 추정한다.

그리고 단독주택의 경우에는 만숀에 비해 상대적으로 공급이 안정적으로 이루어진 것을 알 수 있는데, 그 원인은 일본의 주택시장과 한국의 주택시장의 차이를 파악하면 이해가 될 것이다.

일본의 주택시장 구조는 한국과는 다르다. 먼저 한국은 공동주택이 전국 71%, 서울 83%로 매우 높은 비율을 점유하고 있다. 이에 비해, 일본의 단독주택 비율은 55.3%로 단독주택이 공동주택의 비율보다 높은 구조를 가지고 있다.

통상 일본은 주거의 최종 목적지가 공동주택이 아닌 단독주택이라고 말하는데, 이러한 단독주택의 선호가 한국의 주택시장 구조와 매우 다른 특징을 만들어 낸 것으로 생각된다.

따라서 목적지가 아닌 경유지에 해당되는 공동주택인 만숀은 시장 환경의 변화에 따라 그 수요가 민감하게 변화하는 데 반해, 최종 목적지에 해당하는 단독주택은 시장 환경에 덜 민감하게 변화함으로써, 그 공급량도 만숀보다는 비교적 안정적이었던 것으로 추정된다.

최근에는 임대주택시장에서도 단독주택의 수요가 점점 늘어나고 있다고 하니 일본의 주택시장은 한국의 사정과는 사뭇 다르다고 할 수 있다. 하지만 최근에는 한국에서도 단독주택에 대한 수요가 점점 증가하고 있는 추세이니 향후 단독주택의 시장규모가 더욱 늘어날 것으로 생각된다. 또한, 공동주택의 시장성장률보다 높을 가능성도 충분히 있다고 할 수 있다.

심화 학습

| 표 2-6 | 한국과 일본의 주택유형별 호수 (단위: 만 호)

구 분	단독주택	공동주택	기타	계
전국	4,089	10,426	161	14,676
서울	405	2,095	24	2,524
일본	27,450	20,684	1,488	49,622

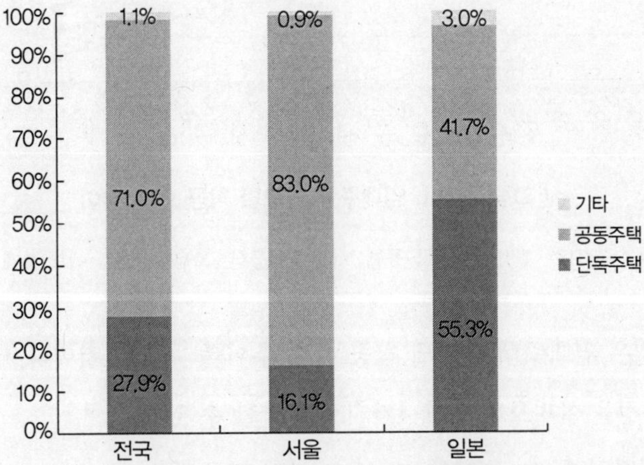

| 그림 2-7 | 한국과 일본의 주택유형별 구성비

(3) 임대주택 공급 추이

일본의 임대주택 공급에는 어떤 변화가 있었을까? 그리고 그 변화가 임대주택시장에 어떤 영향을 미쳤을까? 지금부터 일본의 임대주택 공급 추이와 이에 따른 임대주택시장의 변화에 대해서 살펴보기로 하자.

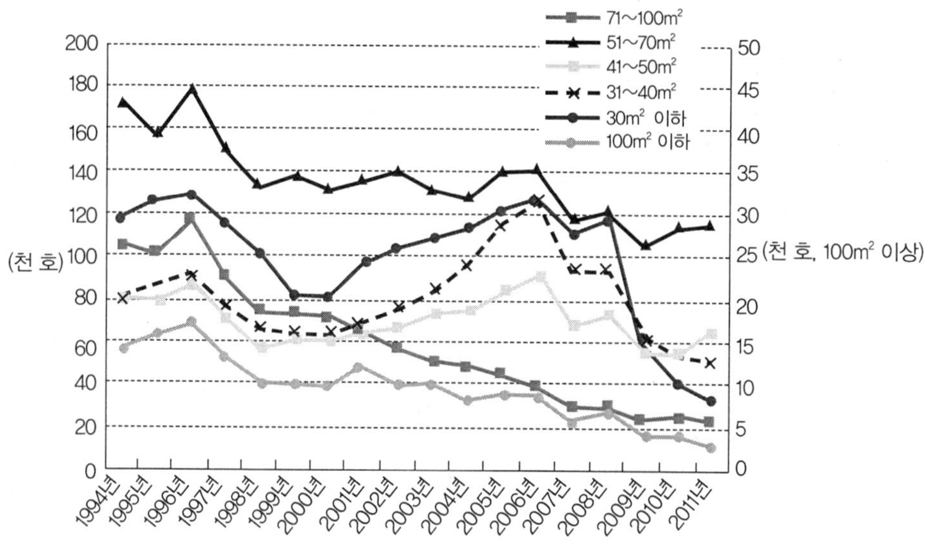

| 그림 2-8 | 임대주택 규모별 착공 호수 추이

출처: 미쓰이 부동산 (2012). 월간 주택착공 통계; 미쓰이 부동산 (2013). 부동산 관련 통계집.

[그림 2-8]은 임대주택 규모별 착공 호수 추이를 나타낸 것이다. 일본의 임대주택 공급의 특징을 살펴보면 크게 4가지로 요약할 수 있다.

첫째, 중대형평형(100m² 이상, 71~100m²)의 경우에는 1996년 고점 이후 지속적으로 하락 추세를 보이고 있다는 점이다.

둘째, 중소형평형(51~70m²)은 고점 이후 2008년까지 120~140천 호 내외의 비교적 안정적인 공급이 이루어졌다는 점이다.

셋째, 소형평형(50m² 이하)의 경우에는 1996년 고점 이후 하락하다가 2000년 이후에 공급이 급증했는데, 그 공급량도 더 적은 평형일수록 공급량이 많았다는 점이다.

넷째, 글로벌 금융위기 이후 2009년부터 소형주택의 공급이 급감했다는 점이다.

일본의 임대주택 공급의 원인은 매우 다양하지만 주요 원인은 크게 3가지가 있다.

첫째, 가족형 세대수가 감소하고 단독 세대수가 증가하고 있는 일본의 세대수 구성의 변화이다.

둘째, 중소형 규모에 해당하는 51~70m²의 주택에 대한 수요가 꾸준한 것은 핵가족화 및 한부모 세대의 증가, 그리고 주택시장 장기 침체에 따른 주택의 소형화 추세(다운사우징화) 등에서 그 원인을 찾을 수 있다.

셋째, 1996년 이후 소형주택 공급의 급감은 글로벌 금융위기에 따른 부동산 경기 침체 재현에 대한 우려와 소형주택의 공급 과잉 등에서 그 원인을 찾을 수 있다.

이렇듯 임대주택의 시기별 공급의 특징 변화는 당시의 사회 · 경제적 변화와 매우 밀접한 관계를 가지게 된다. 특히 인구 및 세대수의 변화와 이에 따른 수요의 변화는 임대주택 공급 변화에 큰 영향을 미치게 된다.

한국의 경우, 최근 1인 가구의 급격한 증가 등으로 소형주택에 대한 수요가 급증하고 있다. 이는 중대형주택의 가격하락과 단독 세대의 증가가 소형주택의 수요를 증가시키고 있는 것이다.

하지만 지금과 같이 소형주택에 대한 수요가 끝없이 증가할 수는 없다. 이미 포화상태일 수도 있다.

따라서 최근 소형주택의 공급 과잉 기미는 향후 공실의 증가에 따른 수익성 악화 등 심각한 문제를 발생시킬 수 있다. 이점을 주택임대관리업에 참여하고자 하는 업체는 유념할 필요가 있다.

(4) 신규 만숀 분양가 추이

우리는 그동안 일본의 버블 붕괴에 대해서 귀에 못이 박이도록 많은 이야기를 들어 왔고 개인에 따라서는 수많은 서적과 자료를 접했을 것이다. 대부분의 내용은 일본의 주택가격이 버블 붕괴 이후에 폭락수준의 가격하락이 있었다는 것은 아닐까? 그럼 이러한 사실이 모든 주택에 적용되는 것일까? 신규로 공급되는 신축 만숀에 있어서는 어떠한 가격변화가 있었던 것일까?

하지만 지금까지 우리가 알고 있던 것과 조금 다른 내용이 있는데 그것은 바로 신규 만숀의 공급가격의 추이이다. [그림 2-9]와 [그림 2-10]은 일본의 지역별 만숀 평당 분양가 추이를 나타낸 것이다. 추이의 특징은 크게 3가지로 요약할 수 있다.

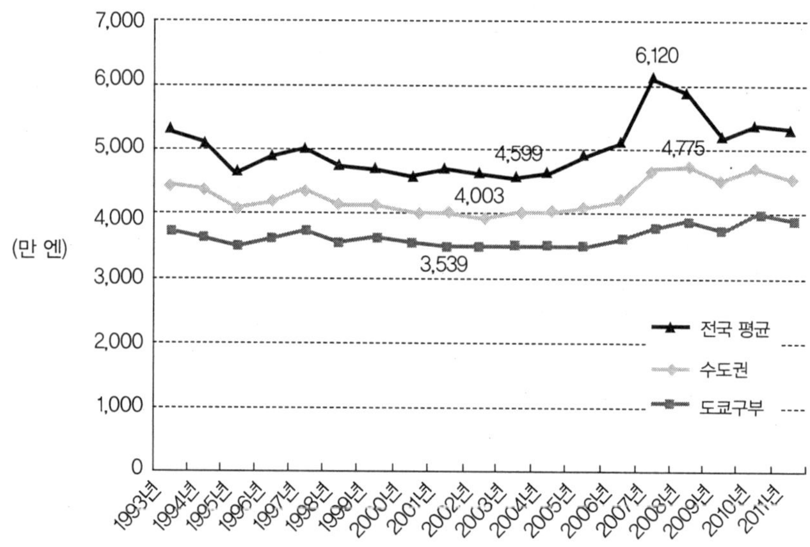

| 그림 2-9 | 지역별 만숀 평균 분양가 추이

출처: 미쓰이 부동산 (2012). 부동산 관련 통계집 2013; 부동산경제연구소. 전국 만숀 시장동향.

첫째, 가격상승은 도쿄구부(2005년) 상승을 시작으로 수도권(2006년)과 전국(2007년) 순으로 상승하였으며, 그 상승 폭도 동일하게 나타났다.

둘째, 2008년 이후 하락 시에는 그 반대인 도쿄구부가 먼저 하락하고 이어서 수도권과 전국 순으로 하락이 시작되었으며, 그 하락 폭 또한 동일하게 나타났다.

셋째, 만숀 평당 평균분양가는 1993년 이후에 일시적으로 하락하였으나, 이후 비교적 안정적인 수준에 머물다가 2007년 상승 후 다시 안정을 찾았다.

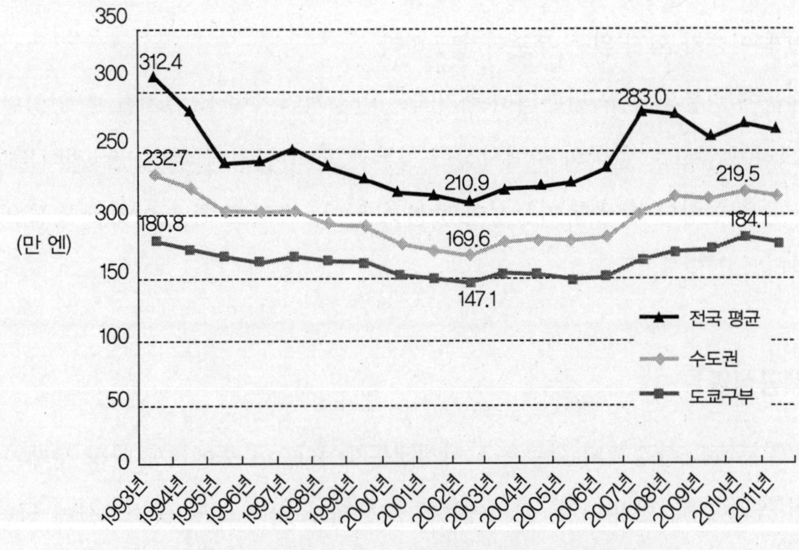

| 그림 2-10 | 지역별 만숀 평당 평균 분양가 추이

출처: 미쓰이 부동산 (2012). 부동산 관련 통계집 2013; 부동산경제연구소. 전국 만숀 시장동향.

평균적으로 일본의 주택가격은 1993년부터 2003년까지 전체적으로 하락 국면이었다. 하지만 신규 만숀 분양가는 하락 시장의 상황과는 다르게 비교적 안정된 수준을 유지하였다는 것을 알 수 있다. 이러한 추이는 한국의 시장상황과 비교했을 때 쉽게 이해되지 않을 수도 있다. 하지만 일본의 주택시장의 상황을 본다면 충분히 이해가 가능할 것이다.

일본은 주택구입 시 신규주택의 선호도가 매우 높고 기존주택에 대한 선호도는 매우 낮은 편이다. 이 점은 신규주택과 기존주택의 가격측면에도 정확히 반영되고 있다. 일본은 주택을 구입하면 일반적으로 다음 날부터 사용한 만큼 가격이 떨어진다. 즉, 감가상각비만큼 가격이 떨어진다는 것이다.

이는 기존주택의 경우 건물을 사용한 기간에 비례해서 건물의 유지관리비와 수선 등이 많이 발생되고, 또한 기존주택을 구입하는 경우, 건물에 대한 문제가 발생할 가능성이 높기 때문에 구입을 꺼리는 것에 기인한다. 한국의 주택시장을 고려할 때는 쉽게 이해가 되지 않는 부분이기도 하다.

이 때문에 일본의 신규 만숀의 주택가격은 안정적인 수준을 유지할 수 있었던 것이다. 그리고 앞으로 한국의 주택시장도 일본과 같이 안정된 수준으로 접어든다면 일본과 같은 현상이 발생할 가능성이 충분히 있다. 그리고 최근 이러한 흐름은 조금씩 나타나고 있다.

(5) 주택공실률

최근 일본 부동산정책의 화두는 도시재생문제이다. 이 중에서도 가장 문제가 되는 것이 공가(空家, 빈집)이다. 과거에는 공가문제가 일부 지방 중소도시에 국한된 문제였지만 최근 대도시 지역까지 확대되고 있어 심각하다. 지금부터 일본의 공가문제가 얼마나 심각한지 살펴보기로 하자.

〈표 2-7〉은 일본의 주택소유 및 공가현황을 나타낸 것이다. 공가율은 전체 주택수에 대한 빈 주택 수의 비율(빈 주택 수÷ 전체 주택 수)이다. 이러한 공가율은 일본의 인구 및 세대수가 증가했던 2003년까지도 계속 증가했다는 것을 알 수 있다. 일반적으로 공가는 인구 및 세대수가 감소하는 시기에 발생한다고 생각하는데 이는 엄연한 사실이다. 일본의 경우 1973년 5.5%였던 공가율이 인구와 세대수가 증가

했던 2003년에 12.2%로 약 2.2배 증가했다. 그리고 인구감소가 시작된 2008년 또한 13.1%로 더욱 증가하였다.

문제는 그 이후에도 일본의 공가율은 더욱 증가하고 있다는 점이다. 실제 통계치는 없지만 앞으로 일본의 공가율은 14% 전후에 이를 것으로 전문가들은 추정하고 있다. 그리고 세대수 감소가 본격적으로 시작되는 2015년 이후에는 더욱 증가할 것으로 전문가들은 예상하고 있다. 따라서 이러한 추세를 고려한다면 일본의 공가율이 20%에 육박할 날도 머지않았다는 전문가들도 있다. 공가율 20%면 5채 중 1채가 공가라는 말이다. 즉, 일본은 5채 중 1채가 빈집이 되는 시대가 곧 다가올 지도 모른다.

그리고 이것은 어디까지나 전국 평균치에 불과하다. 따라서 지방 중소도시의 경우에는 공가율이 이보다 훨씬 높을 것으로 추정되며, 공가문제가 매우 심각한 수준에 이르고 있다.

하지만 현재로서는 별다른 해결 방안이 없는 상황이기 때문에 일본의 공가문제는 향후 더욱 심각해질 것이다.

또한, 지방뿐만 아니라 대도시의 경우에도 공가의 문제가 더욱 심화될 것이며, 이러한 공가문제는 향후 일본의 주택시장에 있어서 커다란 변수로 작용될 것이다.

현재 일본의 공가는 약 760만 호에 이른다. 이는 우리로서 선뜻 이해가 되지 않으며, 마치 남의 일처럼 생각하기 쉽다. 하지만 한국도 집계된 통계자료가 없을 뿐이지 이미 많은 공가들이 전국에 있을 것으로 전문가들은 추정하고 있다. 그리고 이러한 빈집들이 앞으로 더욱 늘어날 것이라는 것도 이미 다수의 전문가에게 지적되어 왔다. 이제 일본의 공가문제는 우리의 일이 될 수도 있다.

| 표 2-7 | 주택소유 및 공가현황 (단위: 천)

구 분	1973년	1978년	1983년	1988년	1993년	1998년	2003년	2008년
주택 총수	31,059	35,451	38,607	42,007	45,879	50,246	53,891	57,586
세대 총수	29,651	32,835	35,197	37,812	41,159	4,360	47,255	49,598
공가 수	1,720	2,679	3,302	3,940	4,476	5,764	6,593	7,568
공가율	5.5%	7.6%	8.6%	9.4%	9.8%	11.5%	12.2%	13.1%
자가주택 보유율	59.2%	60.4%	62.4%	61.3%	59.8%	60.3%	61.2%	61.1%

출처: 총무성. 주택 · 토지 조사.

(6) 임대주택공실률

전술한 바와 같이 일본의 주택공실률은 심각한 수준이다. 그럼 일본의 임대주택공실률은 어떨까? 답변은 주택공실률보다 임대주택공실률이 더 심각한 수준이라고 대답할 수 있다.

[그림 2-11]은 일본의 임대주택공실률 추이를 나타낸 것이다. 2008년 일본의 임대주택공실률은 18.7%에 이른다. 조금 더 보태면 5년 전부터 5채 중에 1채가 공가라는 얘기다.

이는 2005년부터 인구 감소기에 진입했고, 2015년부터는 세대수 감소가 시작되는 점을 고려한다면 임대주택의 공실률은 더욱 늘어날 것으로 예측된다. 그리고 향후 임대주택의 공실문제는 심각한 사회문제로 확대될 것으로 예상되며, 이는 임대주택시장의 구조 변화에 큰 변수로 작용할 것이다.

이러한 공실률을 고려한다면 일본에서는 임대주택사업도 아무나 할 수 없으며 오히려 큰 낭패를 볼 수도 있을 것이다.

하지만 반대로 전문 임대주택관리업체는 수요가 급증해서 발전할 수 있었다. 이러한 추세로 인해 당분간 전문 임대주택관리업체의 시장점유율은 더욱 높아질 것이다.

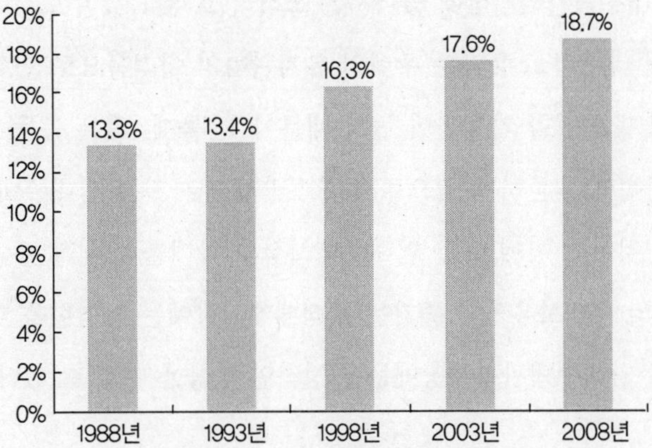

| 그림 2-11 | 임대주택공실률 추이

출처: 통계청. 주택 · 토지 통계 조사.

(7) 고령자의 주택보유율

일본의 고령화는 한국보다 먼저 시작되었으며 이미 오래전부터 사회문제로 부각되었다. 그럼 일본의 고령화에 따른 주택보유에는 어떤 변화가 있으며 어떤 문제점이 발생했는지 살펴보도록 하자.

〈표 2-8〉은 일본의 세대주 연령별 주택보유율 추이를 나타내고 있으며 이에 대한 특징은 크게 2가지로 요약할 수 있다.

첫째, 기존주택에서 신규주택을 구입해야 하는 교체 수요층인 50세 이하의 주택보유율이 점차 감소하고 있다는 점이다. 특히 신규주택 구입 수요층인 35세 미만의 주택보유율이 크게 낮아졌다.

둘째, 고령 인구의 주택보유율이 증가했다는 점이다. 60세 미만의 주택보유율은 낮아진 반면에 60세 이상의 주택보유율은 연령대가 높을수록 더욱 높아지고 있다.

이러한 연령별 주택보유율의 추이는 일본 주택시장에 큰 변화를 가져올 수 있으며, 여러 가지 문제점도 야기한다. 그중 하나가 신규주택 구입 시장의 규모 축소로 인한 신규 주택의 공급 감소와 주택거래의 부진으로 인한 주택시장의 침체이다.

하지만 임대주택관리시장에 있어서는 오히려 호재가 될 수도 있다. 그 이유는 첫째, 고령층의 다주택 소유자는 주택의 유지관리의 어려움으로 인해 전문 관리회사에 대한 수요가 증가할 가능성이 높기 때문이다. 둘째, 젊은 층들이 주택취득을 구입이 아닌 상속에 의존하게 됨으로써 상속받기 전까지는 임대주택에 거주해 그 수요가 증가할 것이며 이에 따른 임대주택시장의 확대를 기대할 수 있기 때문이다.

고령 인구의 주택보유율의 증가는 주택매매시장에는 악영향을 미칠 가능성이 높지만, 반대로 임대주택관리시장에는 긍정적인 영향을 미칠 수 있다.

| 표 2-8 | 세대주 연령별 주택보유율 추이 (단위: %, 전국)

구분	평균	25세 미만	25~29세	30~34세	35~39세	40~44세
1983	62.0	7.6	24.8	45.5	59.8	68.2
1988	61.1	4.5	17.9	38.3	56.6	66.0
1993	59.6	3.1	13.0	31.6	51.9	64.2
1998	60.0	2.7	12.6	29.0	48.6	62.4
2003	60.9	2.7	12.6	28.9	46.8	60.8
2008	59.5	2.5	11.5	29.8	46.0	57.7
구분	45~49세	50~54세	55~59세	60~64세	65~74세	75세 이상
1983	73.1	77.0	80.1	78.3	76.1	76.1
1988	71.7	75.1	79.3	80.3	77.4	75.5
1993	70.1	73.8	77.1	79.9	79.8	77.5
1998	69.7	73.2	76.7	79.2	81.2	79.4
2003	69.1	73.2	76.7	78.9	80.0	80.3
2008	66.7	72.4	75.9	78.8	80.0	80.9

출처: 미쓰이 부동산 (2012). 부동산 관련 통계집. 통계청 (2013). 주택 · 토지 통계 조사.

(8) 임대료 수준

주택임대에 관심이 있는 개인이나 관리업에 관심이 있는 업체들이 공통적으로 관심을 가지는 것은 아마 일본 임대주택의 임대료, 즉 수익률일 것이다. 일본 임대주택의 수익률은 과연 얼마나 되는지 어느 정도 안정되어 있을지 살펴보도록 하자.

우선 임대주택 수익률을 알기 위해서는 그 수익률의 원천이 되는 것은 임대료 수준을 파악하는 것이 무엇보다 중요하다. 그리고 그 수익률의 안정성은 임대료 수준의 편차가 얼마나 안정적이냐에 달려 있다.

[그림 2-12]는 일본의 평균 임대료 지수 추이를 나타낸 것이다. 여기서 특이한 점은 일본의 평균 임대료 추이가 주택가격 변동과는 상이한 패턴을 보이고 있다는 점이다.

일본 임대료 변화의 특징을 정리하면 크게 4가지로 요약할 수 있다.

첫째, 일본의 주택지 가격하락이 가장 심했던 1993~1994년도의 임대료는 오히려 다른 기간에 비해 급등했다.

둘째, 도쿄구부의 임대료는 1999년까지 상승한 후 2002년까지 하락한 후 계속 안정된 수준을 유지하고 있다.

셋째, 전국의 임대료는 2002년까지 상승 후 안정된 수준을 유지하고 있다.

넷째, 임대료 최고 수준과 최소 수준의 차이가 도쿄구부는 7.4, 전국은 10.2로 큰 편차를 보이지 않고 비교적 안정된 수준을 유지하고 있다.

하지만 같은 기간 전국 주택지 가격은 −71%, 3대 도시권은 −90.2%로 크게 하락했다는 점을 고려하면 도저히 믿기 힘든 수치이다. 일본의 주택임대료는 가격의 등락과는 별개로 임대수요와 수요자의 임대료 지불능력에 따라 변동했으며, 그 변동 폭도 가격과는 다르게 비교적 안정된 수준을 유지하고 있다.

결국 임대주택의 장기보유자들은 공실률을 고려하지 않는다면, 주택가격이 하락한 시기에도 안정적으로 임대수익의 확보가 가능했다는 결론이 나온다.

따라서 임대주택의 수익률은 장기적으로 안전하게 유지할 수 있지만 주택공실률이 중요한 변수이다.

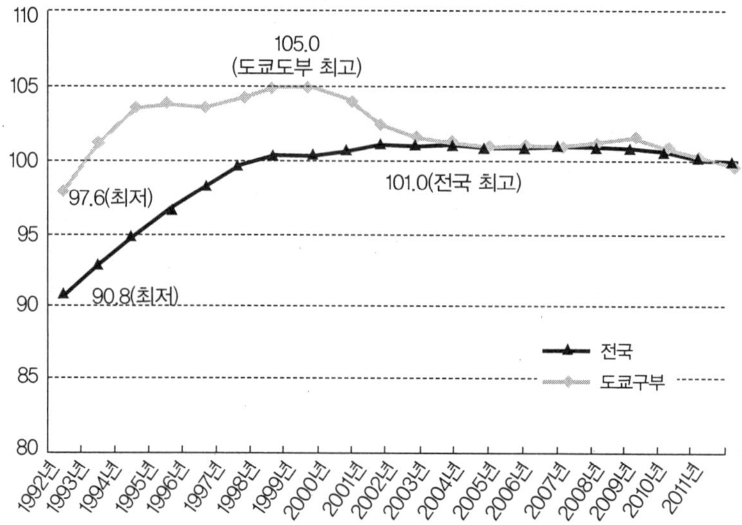

| 그림 2-12 | 평균 임대료 지수 추이(2010년=100)

출처: 통계청. 소비자물가 지수; 미쓰이 부동산 (2012). 부동산 관련 통계집 (2013).

4. 기타 외국의 민간임대주택 현황[15]

지금까지 일본의 민간임대주택시장의 환경과 현황에 대해서 살펴보았다. 그럼 기타 선진국들의 민간임대주택 현황은 어떨까?

이에 대해서 지금부터 기존 연구 결과를 중심으로 간략하게 살펴보고자 한다.

1) 미국의 민간임대주택 현황

미국의 임대주택시장의 특징적인 변화 중 임대주택 점유율 변화를 [그림 2-13]

15 김근용 외 (2012). 부동산정책의 과제와 정책 방안. 국토연구원.

을 통해 살펴보기로 하자. 임대주택의 점유율, 즉 임대주택에 거주하는 세대수의 변화에 있어 특징적인 변화는 크게 4가지로 요약할 수 있다.

첫째, 제2차 세계대전 이전에는 전체 세대수의 절반 가량인 약 50%가 임대주택에 거주했다.

둘째, 제2차 세계대전 이후부터 1970년까지는 임대주택에 거주하는 세대수가 전체 세대수의 약 35%까지 감소했다.

셋째, 이후 1990년대 중반 임대주택에 거주하는 세대수가 다소 감소하여 2004년에는 약 31%까지 감소했다.

넷째, 최근에는 2008년 글로벌 경제위기 이후 다시 임대주택에 거주하는 세대수가 증가하기 시작하였다.

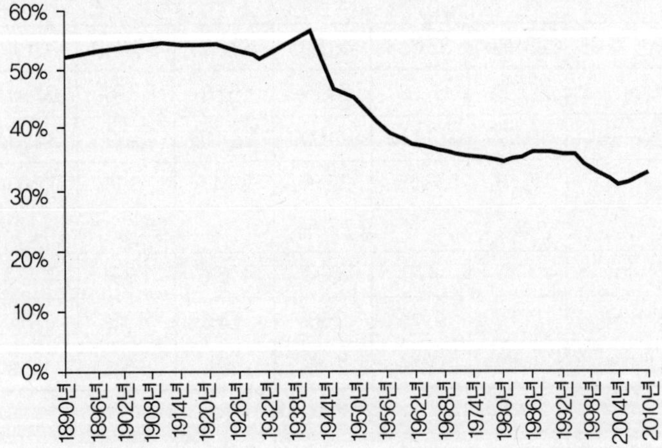

| 그림 2-13 | 미국 임대주택 점유율 변화(1890~2010)

자료: Malpezzi (2011). p.78.

〈표 2-9〉는 주택거주권 유형에 따른 미국 내 주택세대 특성을 나타낸 것이다.

표에 나타난 바와 같이 미국은 전체 가구의 약 1%만이 공공임대주택에 거주하고 있다. 또한, 총임차가구 중에서 약 3%만 공공임대주택에 거주하고 있어 미국 내 임대주택의 대부분은 민간임대주택인 것을 알 수 있다.

또한, 민간임대주택 중에도 바우처 지원을 받는 주택은 228만 호에 이르며, LITHC 지원주택이 172.4만 호, 그리고 기타 보조금 지원을 받는 주택이 210.7만 호에 이른다. 그리고 이를 제외한 주택은 보조금 혜택이 없다.

미국 민간임대주택의 소유권은 54%가 개인이 소유하고 있으며, 24%는 파트너십이, 그리고 13%는 임대주택 관련 회사가 소유하고 있다. 그 외에 5%는 임대주택조합이 소유하고 있으며, 약 4%는 기타 형태로 소유되고 있다. 그리고 민간임대주택의 7%정도가 비사업체인 개인이나 파트너십에 의해 소유 · 관리되고 있다.

| 표 2-9 | 주택거주권 유형에 따른 미국 내 주택세대 특성

년도	1950년	1960년	1970년	1980년	1990년	2000년	2009년
가구							
자가가구 수(천 가구)	23,955	32,683	40,595	53,350	56,649	70,571	78,951
비율(%)	55.0%	61.9%	64.2%	65.6%	63.9%	67.4%	67.4%
임차가구(천 가구)	19,599	20,116	22,806	27,416	33,698	34,134	38,230
비율(%)	45.0%	38.1%	35.8%	34.4%	36.1%	32.6%	32.6%
공급주택							
주택 수(천 호)	170	478	893	1,196	1,391	1,273	1,160
임차가구 대비 비율(%)	0.9%	2.4%	3.9%	4.4%	4.1%	3.7%	3.0%
총가구 수 대비(%)	0.4%	0.9%	1.4%	1.5%	1.5%	1.2%	1.0%
「내국세입법」 42항(Section 42) UTHC 주택							
주택 수(천 호)	–	–	–	–	316	1,129	1,724
임대주택 내 비율(%)	–	–	–	–	0.9%	3.3%	4.5%
총가구 수 대비(%)	–	–	–	–	0.3%	1.1%	1.5%
바우처 지원주택							
주택 수(천 호)				625	1,213	1,510	2,282
임대주택 내 비율(%)	–	–	–	2.3%	3.6%	4.4%	6.0%
총가구 수 대비(%)	–	–	–	0.8%	1.3%	1.4%	1.9%

기타 보조금 지원을 받는 주택							
주택 수(천 호)	–	–	–	–	–	–	2,107
임대주택 내 비율(%)	–	–	–	–	–	–	5.5%
총가구 수 대비(%)	–	–	–	–	–	–	1.8%

자료: Malpezzi (2011). p.79.

미국 내 임대차 관련 규제 등에 대한 임대주택 법적규제는 성문법상으로 규정되어 있다. 주로 관습법에 의해 정의되어 있으며, 주정부 및 지방 자치단체에 따라 매우 다양하다. 그리고 임대주택의 거주권에 대한 내용은 임대계약을 통해 규정되고 있으며, 통상 임대계약은 1년이나, 상당수 아파트들은 월 단위로 이루어지거나, 2~3년 단위로 이루어지기도 한다.

미국 내 임대주택의 건설과 구입에 대한 지원(LITHC)은 주로 개발 주체가 저소득층을 위한 임대주택을 조성할 경우에 연방정부가 이에 대한 세제혜택을 부여하고 있다.

이러한 저소득층을 위한 주택세금혜택 프로그램(Low Income Housing Tax Credit)은 1986년 「조세개혁법」(Tax Reform Act of 1986)을 통해 시작되었으며, 저소득층을 위한 주택을 건설하는 민간개발 주체에게 인센티브를 제공하여 임대주택공급을 유도하는 제도이다.

그리고 이러한 세제혜택을 통해 신규주택 건설, 개 · 보수, 주택 및 토지 취득, 주택정비 등의 다양한 프로젝트가 이루어지고 있다.

이러한 프로그램은 저소득층 주택취득 비용을 30% 또는 신규주택 건설 비용의 70%에 대한 현가를 기준으로 세제혜택을 제공하며, 이때 임대료의 규제를 받게 된다. 세제혜택은 적정 연방이자율(applicable federal rate)을 기준으로 하며 10년을 기한으로 하고 있다.

이러한 세제혜택 프로그램을 통해 개발 주체는 이용 가능한 임대주택의 20%를 지역 중간소득 50%이하의 소득 가구에게 임대하거나, 주택의 40%를 지역 중간소득 60% 소득수준의 가구에게 임대한다.

또한, 저소득층 주택 세금혜택 프로그램은 의무적으로 15년간 해당 임대주택을 저소득층을 위한 임대주택으로 유지, 관리하여야 하는데 실제로는 15년을 초과하는 경우가 많으며, 만일 임대 관련 규정을 위반할 경우에는 세제혜택 금액을 환수한다.

미국의 민간임대주택 관련 세금은 임대주택 내 총운영소득을 경상소득으로 간주하여 세금이 부과된다. 하지만 모기지이자는 세금공제혜택을 받을 수 있으며, 또한 건축물에 대한 감가상각에 따른 수당도 추가적인 세금공제혜택을 받을 수 있다.

임대주택의 거래를 통해 고정자산 매각소득이 발생할 경우 15%라는 특혜세율이 적용(경상소득에 대한 연방정부의 세율은 35%)된다. 단, 실제 고정자산 매각가격보다 더 비싼 주택을 매입(투자 또는 사업목적만 해당)할 경우 양도소득(capital gain)에 대한 세금은 1031exchange[16]를 활용하여 합법적으로 유예가 가능하다.

하지만 대부분의 미국 주에서는 경상소득과 고정자산 매각소득에 대한 세금을 부과한다. 하지만 그 세율은 주마다 다를 수 있으나, 연방정부 세율보다는 낮게 책정된다.

---

16 1031 Like Kind Exchange(1031 유사교환) 또는 세금유예교환(Tax Defferred Exchange)은 IRC 규정에 의하여 유사한 재산의 교환일 경우에 일정한 요건을 충족하면 세금납부를 유예해 주는 제도이다. 물건의 매매가 아니라 교환으로 인정되어 자본소득(Capital Gain) 세금이 유예되는 것으로 IRC Section 1031에 규정이 되어 있어 1031 교환이라 부른다. 자본소득에 대한 세율이 20~30%에 달하므로 물건의 소유자는 세금유예로 상당한 금액을 절약하고, 새로운 물건을 구입할 수 있는 능력이 커지는 효과를 갖게 된다. 기본적인 요건은 다음과 같다: 첫째, 교환의 대상이 되는 재산은 서로 유사한(Like Kind) 물건이어야 할 것. 둘째, 투자용 재산으로서 비즈니스적 생산을 목적으로 사용해야 할 것. 셋째, 매각한 물건의 대금은 모두 새 물건의 매입에 사용할 것. 넷째, 매각 물건의 대금은 교환매개인(Qualified Intermediary: QI)을 거칠 것. 다섯째, 새 물건의 가격은 매각 물건의 가격과 같거나 높을 것. 또한 1031 교환을 성립하기 위하여 지켜야 할 타임라인이 있는데, 첫째, 매각 후 45일 이내에 교환 물건이 지정되어야 하며, 둘째, 매각 후 또는 매각 물건의 세금납부 기한 후 180일 이내에 교환 물건의 취득이 이루어져야 한다[United States Internal Revenue Code(26조 1031항)].

2) 프랑스의 민간임대주택 현황

〈표 2-10〉은 주거소유권 유형별 프랑스 주택재고량 변화 추이를 나타낸 것이다.

프랑스의 공공임대주택 비중은 약 17% 정도이며, 총주택 중 22%에 해당하는 6백만 호 가량이 민간임대주택이다.

민간임대주택의 약 95%를 개인이 소유하고 있으며, 민간임대주택관리 회사 및 투자자가 소유하고 있는 민간임대주택의 비율은 1980년 이후 급속도로 감소하여 현재 3%에 불과하다.

이렇게 민간임대주택시장에서 민간투자자들의 점유율이 낮은 이유는 1970년대 중반 이후 임대주택 관련 투자의 수익이 낮아서 민간투자자들이 임대주택이 아닌 다른 분야에 자본을 투자하였기 때문이다. 이로 인해 주택시장에서 민간임대주택 비중은 1988년까지 지속적으로 감소했다.

하지만 투자자 및 기업의 민간임대주택에 대한 투자 감소현상은 1984년 임대주택 관련 투자에 대한 인센티브 프로그램이 도입되면서 어느 정도 완화되어 1980년대 후반부터 민간임대주택 비중이 증가하고 있다.

| 표 2-10 | 주거소유권 유형별 프랑스 주택 재고량 변화 추이 (단위: 천 호)

구분	1970년	1978년	1988년	1996년	2006년
자가소유	7,350	8,695	11,386	12,645	15,385
민간임대	5,019	5,171	4,292	4,776	5,955
(%)	30.6	27.7	20.2	20.5	22.1
공공임대	1,565	2,481	3,622	4,101	4,621
(%)	9.5	13.3	17.0	17.6	17.1
기타	2,473	2,294	1,957	1,764	1,034
총계	16,407	18,641	21,257	23,286	26,995

출처: Bosvieux & Vorms (2011). p. 126.

프랑스의 임대차 관련 규제는 1989년 7월 6일에 제정된 임대주택 관련 규정에 의거하여 임대인 및 주택소유주 간의 균형을 추구하기 위해 각 주체의 권리와 의무를 명확하게 규정하고 있다.

임대주택의 소유주는 임대인을 자유롭게 선택할 수 있으며, 임대주택에 입주하고자 하는 지원자의 신상 및 재정정보를 바탕으로 결정할 수 있다. 지원자의 재정상태가 부족하다고 판단될 경우 임대인에게 추가적인 개인보증을 요구할 수 있다.

프랑스의 「임대주택법」에서는 임대계약과 관련하여 임대료, 계약기간, 계약조항상의 변경 가능한 사항, 최대 보증금 납입금액 등을 상세하게 규정하고 있다.

통상 임대계약은 3년을 기준으로 하는데 만약 임대인이 회사 등 조직체일 경우 6년으로 할 수 있다.

(1) 임차인의 퇴거와 임대주택 위험부담 보증제

만약 임대계약이 종료되는 시점에 임대주택의 소유주는 자신 또는 그 가족이 주택을 사용하려고 하는 경우와 주택을 팔거나 기타 합법적인 이유로 임차인에게 퇴거를 요구할 경우 6개월 전에 미리 공지를 해야 한다.[17]

또한, 임차인이 형식적 절차를 수반할 경우 이유나 근거를 말하지 않더라도 언제든지 임대차계약을 종료할 수 있다.

물론 반대로 임대료 및 관련 비용의 미납, 보증금 미지급, 임대 관련 위험부담을 책임지는 보험이 없는 경우 등에는 임대주택의 소유주가 임대차계약을 해지할 수 있다.

하지만 임차인 귀책사유로 인한 강제퇴거가 현실적으로 어렵기 때문에 이런 문제점을 해결하기 위해 임대주택 위험부담 보증제(guarantee of rental risks: GRL)가

---

17 일반적으로 임대주택의 소유자가 임차인 퇴거를 위한 조치를 취하기 시작하고부터 실제 임차인이 퇴거할 때까지 18개월이 소유된다고 한다. 이 때문에 프랑스 임대주택시장에서 임대주택에 대한 투자를 꺼리는 요인이 되고 있다(Bosvieux & Vorms, 2011).

시행 중에 있다. 임대주택 위험부담 보증제는 임차인의 임대료 부담이 소득의 50%를 차지해 체납할 위험에 대비하여 임대인을 보호하는 보증제도이다.

또한, 위험증가로 인한 추가 할증료는 기업주들이 조성한 "1% logement"라는 기금펀드에서 부담하고 있다.[18]

프랑스에서는 새로 분양되는 임대주택이나 기존 임대주택에 새로운 임대인이 들어오게 되는 경우 임대료에 대한 특별한 규정은 없다. 하지만 임대주택에 거주하고 있는 기간 동안이나 임대계약 갱신의 경우 임대료는 '임대료 참고지수(Reference Rent Index)'에 제시된 증가분을 초과할 수 없다.

그러나 임대계약이 갱신될 때, 임대주택의 소유주는 해당 주택의 임대료가 다른 임대주택의 임대료보다 낮게 책정되어 있을 경우 임대료를 올릴 수 있는 권리가 있다. 하지만 주변 지역의 임대료와의 비교가 실제로는 매우 어렵기 때문에 활용되기는 어렵다.

임대주택의 건설 및 구입에서 개인투자자들은 높은 부동산레버리지(다른 자본을 통해 자금을 조달하는 것)를 가지는 경향이 있다. 이들은 임대수입의 일부로 대출금을 상환하게 된다. 이들 투자자 중 10~15% 가량은 부동산중개업자가 제공하는 보험을 통해 공실 및 미납된 임대료의 위험에 대비한 대비책을 강구하게 된다.

(2) 민간임대주택 관련 세금

임대주택 건설 비용은 약 19.6%의 부가가치세가 부과된다. 또한 주택소유주는 부동산세를 납부하여야 하는데, 주택임대소득이 많은 소유주는 '연대부유세'(solidarity wealth tax)를 납부하여야 한다.

임대주택을 매각할 경우 구매자는 주택가격의 약 5%에 해당하는 금액을 등록세

---

18 1% logement는 종업원이 10명 미만인 기업이 조성하는 기금으로서 종업원들의 임대료 미지급에 대한 보증을 해준다.

로 납부하여야 한다. 임대주택이 상속될 경우에는 상속세가 적용되는데, 상속세율은 상속인과 피상속인의 관계 및 상속금액에 따라 달라진다.

고정자산 매각소득에 따른 세율은 평균 16%가 적용되는데, 해당 자산을 5년 동안 소유하고 있을 경우 세율은 연간 10%로 낮아지게 된다. 그리고 임대소득은 소유주의 다른 소득과 합산하여 소득세가 부과되는데, 2002년 현재 임대소득으로 부과되는 소득세는 소유주의 총소득세의 15%를 차지하고 있다.

과세기준은 임대료에서 주택모기지 이자 및 주요 시설의 보수 등에 따른 비용을 제외하고 남은 금액을 대상으로 한다. 연간 15,000유로 이하로 임대료 소득을 벌어들이는 소유주의 경우 임대료 금액의 40%는 제반 비용으로 산정하고 나머지 60%에 대한 소득세를 부과하고 있다.

3) 독일의 민간임대주택 현황

〈표 2-11〉은 독일 임대주택시장 내 각 주체별 임대주택 규모를 나타낸 것이다.

독일의 임대주택은 2,400만 호이며, 이 중 민간이 개인적으로 소유하고 있는 물량이 약 80%인 1,450만 호에 달하고 있다.

독일은 민간이 임대주택에 투자하는 주요 동기로 노년에 퇴직을 대비한 장기투자라고 말하고 있으며, 소규모 민간임대주택의 소유주 80%가 연금 수급자이다 (Westerhode, 2011).

| 표 2-11 | 독일 임대주택시장 내 각 주체별 임대주택의 규모(2006)

구분	임대주택 수(천 호)	임대주택 부문 점유율	총주택 수 대비 점유율
공공(지자체)	2,436	10%	6%
공공(기타)	206	1%	1%
개인/부부	14,507	61%	37%
협동조합	2,217	9%	6%
민간임대주택 전문회사	4,059	17%	10%
교회 및 기타	301	1%	1%
소계	23,726		60%
총주택 수	39,617		

출처: Weserheide (2011). p. 45.

독일의 임대차 관련 규정은 2001년 주택임대차 관련 규정을 민법전에 포함해 개정하였다. 개정된 내용을 살펴보면 임대차관계의 존속기간을 당사자 간의 합의로 결정하며, 임대료 인상은 당사자 간의 약정으로 정할 수 있도록 규정하고 있다.

독일은 임대차계약에 별도의 제약이 없는 반면 임대인이 임차인에게 퇴거를 통보할 경우 임대계약서상 명기된 계약사항을 이행하지 않을 경우, 소유주 허가 없이 전대하는 경우, 주택에 손상을 가한 경우 등으로 극히 제한되어 있다.

하지만 소유주나 그의 친척이 사용하기 위해 퇴거를 요청할 수는 있다. 또한, 임대료는 3년간 20% 이상 올릴 수 없으며, 지역임대료 지수에 따라 지역 평균 임대료 이상은 올릴 수 없다. 여기서 지역임대료 지수(local rent index)는 4년간 임대계약 또는 신규계약에서의 평균 임대료를 기준으로 산정된다. 임대주택의 질과 위치, 건축 연수 등에 따라 지수가 세분화되어 있다.

임대주택의 건설과 구입에 대한 지원 방법 중의 하나인 KfW(Kreditanstalt fur Wiederaufbau, 주정부 소유의 은행)의 주택보조금은 주정부의 임대주택 관련 정책과 연계되어 있는데, 저소득층을 위한 주택건설이나 출소자, 노숙자 등과 같이 주거마련이 어려운 특정계층을 위한 주택건설에 한해서 사용 가능하다.

지원을 받은 임대주택의 소유주는 12~20년간 일반 임대주택시장에 형성된 평균 임대료보다 낮은 수준의 임대료로 특정계층에게만 임대하여야 한다.

독일은 1989년부터 중산층을 위한 민간임대주택의 건설을 촉진하기 위해 융자 지원을 실시하였다. 지방정부는 저리 융자 지원과 민간임대업자에게 감가상각 지원 공제 등 다양한 조세 지원을 시행하였고 양도소득세도 면제하였다.

감가상각 지원 공제는 매년 주택구입액의 2%에 해당하는 금액을 감가상각으로 공제받도록 하고 있으며, 보유기간이 10년을 경과할 경우 매각소득에 대한 세금은 부과하지 않게 된다. 단, 10년 이내에 매각하면 매각소득에 세금을 부과한다.

| Chapter **03** |

주택임대관리업의 개념

1. 주택임대관리업의 법적 개념
2. 주택임대관리업의 일반적 개념

Chapter 03

주택임대관리업의 개념

1. 주택임대관리업의 법적 개념

(1) 주택임대관리업의 정의

주택임대관리업이란 "임대를 목적으로 하는 주택의 유지 · 보수 및 개량, 임대료 징수 및 임차인관리, 임차인의 주거편익을 위한 업무를 수행하는 것"으로 정의[01]하고 있다.

구체적인 업무에 대해서는 「주택법」에 명기되어 있는데, 주택임대관리업의 업무를 크게 다음의 3가지로 정의하고 있다.

첫째, 임대를 목적으로 하는 주택의 시설물을 유지 · 보수 및 개량하는 등의 업무

둘째, 임대를 목적으로 하는 주택의 임대료를 징수하고 임차인을 관리하는 등의 업무

셋째, 그 밖의 임대를 목적으로 하는 주택의 임차인의 주거편익을 위한 업무

---

01 주택법 시행령 개정안(2014.2.4).

이와 같이 주택임대관리업의 업무에 대해서는 법에서도 임대목적의 주택에 대한 포괄적인 업무로 정의하고 있다. 하지만 이보다 더 구체적인 업무에 대해서는 정의가 이루어지고 있지 않다.

[주택법] 제2조 주택임대관리업

18. “주택임대관리업”이란 다음 각 목의 업무를 행하는 업을 말한다.
    가. 임대를 목적으로 하는 주택(준주택을 포함한다. 이하 같다)의 시설물 유지 · 보수 · 개량 등
    나. 임대를 목적으로 하는 주택의 임대료 징수 및 임차인관리(임차인의 명도 및 퇴거 업무 등을 말하며, 「공인중개사의 업무 및 부동산 거래신고에 관한 법률」 제2조제3호에 따른 중개업은 제외한다. 이하 같다)
    다. 그 밖에 임대를 목적으로 하는 주택의 임차인(「임대주택법」제2조제1호에 따른 임대주택의 임차인을 포함한다. 이하 제53조의2부터 제53조의7까지에서 같다)의 주거편익을 위하여 필요하다고 대통령령으로 정하는 업무

「주택법」에서는 주택임대관리업의 대상으로 임대를 목적으로 하는 주택과 더불어 준주택을 포함시키고 있다. 그리고 준주택에 대한 주택법 시행령에서 그 범위와 종류에 대해서 정의하고 있다. 이에 대한 자세한 내용은 다음의 “[주택법 시행령] 준주택”을 참고하기 바란다.

[주택법 시행령] 준주택

제2조의2(준주택의 범위와 종류) 법 제2조제1호의2에 따른 준주택의 범위와 종류는 다음 각 호와 같다. 〈개정 2012.3.13., 2014.3.24.〉

1. 「건축법 시행령」 별표 1 제2호라목에 따른 기숙사
2. 「건축법 시행령」 별표 1 제4호거목 및 제15호다목에 따른 다중생활시설
3. 「건축법 시행령」 별표 1 제11호나목에 따른 노인복지시설 중 「노인복지법」 제32조제1항제3호의 노인복지주택
4. 「건축법 시행령」 별표 1 제14호나목에 따른 오피스텔

[본조신설 2010.7.6.]

또한, "대통령령으로 정하는 주택"에 대해서는 다음의 "[주택법 시행령] 오피스텔"을 참고하기 바란다.

[주택법 시행령] 오피스텔

제3조(도시형 생활주택) ① 법 제2조제4호에서 "대통령령으로 정하는 주택"이란 「국토의 계획 및 이용에 관한 법률」에 따른 도시지역에 건설하는 다음 각 호의 주택을 말한다. 〈개정 2009.11.5., 2010.4.20., 2010.7.6., 2011.6.29., 2013.5.31., 2013.6.17., 2014.11.4.〉

1. 단지형 연립주택: 「건축법 시행령」 별표 1 제2호나목에 해당하는 주택 중 제2호의 원룸형 주택을 제외한 주택. 다만, 「건축법」 제5조제2항에 따라 같은 법 제4조에 따른 건축위원회의 심의를 받은 경우에는 주택으로 쓰는 층수를 5층까지 건축할 수 있다.

   1의2. 단지형 다세대주택: 「건축법 시행령」 별표 1 제2호다목에 해당하는 주택 중 제2호의 원룸형 주택을 제외한 주택. 다만, 「건축법」 제5조제2항에 따라 같은 법 제4조에 따른 건축위원회의 심의를 받은 경우에는 주택으로 쓰는 층수를 5층까지 건축할 수 있다.

2. 원룸형 주택: 「건축법 시행령」 별표 1 제2호가목부터 다목까지의 어느 하나에 해당하는 주택으로서 다음 각 목의 요건을 모두 갖춘 주택

   가. 세대별로 독립된 주거가 가능하도록 욕실, 부엌을 설치할 것

   나. 욕실 및 보일러실을 제외한 부분을 하나의 공간으로 구성할 것. 다만, 주거전용면적이 30제곱미터 이상인 경우 두 개의 공간으로 구성할 수 있다.

   다. 세대별 주거전용면적은 14제곱미터 이상 50제곱미터 이하일 것

   라. 각 세대는 지하층에 설치하지 아니할 것

3. 삭제 〈2010.7.6.〉

② 하나의 건축물에는 도시형 생활주택과 그 밖의 주택을 함께 건축할 수 없으며, 제1항제1호의 단지형 연립주택 또는 제1호의2의 단지형 다세대주택과 제2호의 원룸형 주택을 함께 건축할 수 없다. 다만, 다음 각 호의 경우는 예외로 한다. 〈개정 2009.11.5., 2010.4.20., 2010.7.6., 2011.4.6.〉

1. 제1항제2호의 원룸형 주택과 그 밖의 주택 1세대를 함께 건축하는 경우
2. 「국토의 계획 및 이용에 관한 법률 시행령」 제30조에 따른 준주거지역 또는 상업지역에서 제1항제2호의 원룸형 주택과 도시형 생활주택 외의 주택을 함께 건축하는 경우

[본조신설 2009.4.21.]

(2) 주택임대관리업의 등록

주택임대관리업의 등록은 「주택법」에 명시되어 있다. 주택임대관리업을 하려는 자는 대통령령이 정하는 바에 따라 해당 지자체에 등록을 해야 하며, 등록사항에 변경이 생긴 경우에는 변경된 내용을 신고해야 한다.

주택법에 의하면 주택임대관리업을 자기관리형과 위탁관리형 2가지로 구분하고 있다.

자기관리형은 주택임대관리업자가 계약의 당사자가 되며, 주택임대관리업자는 계약기간 중 임대인에게 약정된 임대료의 지불을 보장하는 등 자기책임으로 임대주택을 경영하는 형태이다.

이에 반해 위탁관리형은 임대인과 임차인이 계약 당사자가 되며, 주택임대관리업체는 단지 임대인과의 계약에서 약정된 관리수수료를 받고 임대료 징수 등의 업무를 대행하는 형태이다.

이에 대한 자세한 내용은 다음의 "[주택법] 제53조의2(주택임대관리업의 등록)"를 참고하기 바란다.

[주택법] 제53조의2(주택임대관리업의 등록)

① 대통령령으로 정하는 규모 이상으로 다음 각 호의 어느 하나의 주택임대관리업을 하려는 자는 대통령령으로 정하는 바에 따라 시장 · 군수 · 구청장에게 등록을 하여야 하며, 등록 사항이 변경된 경우에는 국토교통부령으로 정하는 바에 따라 변경신고를 하여야 한다.

1. 자기관리형 주택임대관리업: 임대인과 제2항에 따른 주택임대관리업자가 계약 당사자로서 주택임대관리업자는 계약기간 중 임대인에게 임대료 지불을 보장하고 자기책임으로 주택을 임대하는 형태
2. 위탁관리형 주택임대관리업: 임대인과 임차인이 계약 당사자로서 제2항에 따른 주택임대관리업자는 임대인과의 계약에 의하여 관리수수료를 받고 임대료 징수, 임차인 관리 및 시설물 유지관리 업무 등을 대행하는 형태
3. 그 밖에 대통령령으로 정하는 영업의 형태

> ② 제1항에 따라 등록을 한 자(이하 "주택임대관리업자"라 한다)가 제53조의3에 따라 그 등록이 말소된 후 2년이 지나지 아니한 때에는 다시 등록할 수 없다.
> ③ 제1항에 따라 등록을 하려는 자가 갖추어야 하는 자본금(법인이 아닌 경우 자산평가액을 말한다), 전문인력, 시설 등에 관한 사항은 대통령령으로 정한다.
> [본조신설 2013.8.6.]

주택임대관리업의 등록에 있어서 "대통령령이 정하는 규모"에 대해서는 [주택법 시행령]에 명시되어 있다. 시행령에 따르면 자기관리형 주택임대관리업은 100호 이상, 그리고 위탁관리형 주택임대관리업은 300호 이상의 임대주택을 관리해야 한다.

이에 대한 자세한 내용은 다음의 "[주택법 시행령] 제69조의2(주택임대관리업의 등록대상 및 등록기준)"를 참고하기 바란다.

> **[주택법 시행령] 제69조의2(주택임대관리업의 등록대상 및 등록기준)**
>
> ① 법 제53조의2제1항 각 호 외의 부분에서 "대통령령으로 정하는 규모"란 다음 각 호의 구분에 따른 규모를 말한다.
> 1. 법 제53조의2제1항제1호에 따른 자기관리형 주택임대관리업(이하 "자기관리형 주택임대관리업"이라 한다): 100호
> 2. 법 제53조의2제1항제2호에 따른 위탁관리형 주택임대관리업(이하 "위탁관리형 주택임대관리업"이라 한다): 300호
>
> ② 법 제53조의2제3항에 따른 등록기준은 별표 8의2와 같다.
> [본조신설 2014.2.6.]

주택임대관리업의 등록기준에 대해서는 자본금, 전문인력, 시설 등의 사항이 [주택법 시행령]에 명시되어 있다. 시행령에 따르면 자기관리형과 위탁관리형에 대해서 자본금과 전문인력에 관해 각각 다른 기준을 적용하고 있다.

자기관리형은 자본금 2억 원 이상, 전문인력 2명 이상인 반면, 위탁관리형은 자본금 1억 원 이상, 전문인력 1명 이상으로 기준이 명시되어 있다.

이에 대한 자세한 내용은 다음의 "주택임대관리업 등록기준"을 참고하기 바란다.

[주택법시행령 별표 8의2] 〈신설 2014.2.6〉
주택임대관리업의 등록기준(제69조의2제2항 관련)

<table>
<tr><th colspan="2">구분</th><th>자기관리형
주택임대관리업</th><th>위탁관리형
주택임대관리업</th></tr>
<tr><td colspan="2">1. 자본금</td><td>2억 원 이상</td><td>1억 원 이상</td></tr>
<tr><td rowspan="2">2. 전문인력</td><td>가. 변호사, 법무사, 공인회계사, 세무사, 감정평가사, 건축사, 공인중개사, 주택관리사로서 해당 분야에 2년 이상 종사한 사람</td><td rowspan="2">2명 이상</td><td rowspan="2">1명 이상</td></tr>
<tr><td>나. 부동산 관련 분야의 석사학위 이상 소지자로서 부동산 관련 업무에 3년 이상 종사한 사람</td></tr>
<tr><td colspan="2">3. 시설</td><td colspan="2">사무실</td></tr>
</table>

그리고 [주택법 시행령]의 주택임대관리업 등록기준에 대한 추가적인 내용에 대해서는 다음의 "[주택법 시행령 별표 8의2] 비고"를 참고하기 바란다.

[주택법 시행령 별표 8의2] 비고

1. “자본금”이란 법인인 경우에는 주택임대관리업을 영위하기 위한 출자금을 말한다.
2. “전문인력”이란 위 표의 제2호가목 또는 나목의 어느 하나에 해당하는 사람으로서 상시 근무하는 사람을 말한다.
3. “부동산 관련 분야”란 경영학, 경제학, 법학, 부동산학, 건축학, 건축공학 및 이에 상당하는 분야를 말한다.
4. “부동산 관련 업무”란 공인중개업, 주택관리업, 부동산개발업을 하는 법인 또는 개인사무소나 부동산투자회사, 자산관리회사 및 그 밖에 이에 준하는 법인 · 사무소 등에서 수행하는 부동산의 취득 · 처분 · 관리 또는 자문 관련 업무를 말한다.
5. 사무실은 「건축법」 및 그 밖의 건축 관련 법령상 기준을 충족시키는 건물이어야 한다.

[주택법] 제53조의6(등록의제)

제53조의2제1항제1호에 따른 자기관리형 주택임대관리업을 하는 주택임대관리업자는 「임대주택법」 제6조에 따른 임대사업자 등록을 한 것으로 본다.

(3) 등록절차

주택임대관리업의 등록절차에 대해서도 [주택법 시행령]에 명시되어 있다. 시행령에 따르면 주택임대관리업의 등록은 등록신청서를 해당 지자체장에게 제출해야 한다. 이에 대한 자세한 내용은 다음의 “[주택법 시행령] 제69조의3(주택임대관리업의 등록절차)”을 참고하기 바란다.

[주택법 시행령] 제69조의3(주택임대관리업의 등록절차)

① 법 제53조의2제1항에 따라 주택임대관리업의 등록을 하려는 자는 등록신청서에 국토교통부령으로 정하는 서류를 첨부하여 시장 · 군수 또는 구청장에게 등록을 신청(전자문서에 의한 신청을 포함한다)하여야 한다.
② 시장 · 군수 또는 구청장은 주택임대관리업의 등록을 한 자에게 국토교통부령으로 정하는 바에 따라 주택임대관리업 등록증을 발급하고, 등록사실을 공고하여야 한다.
[본조신설 2014.2.6.]

(4) 등록의 말소

주택임대관리업체에게 결격사유가 발생하면 등록을 말소하고 1년 이내의 기간을 정하여 영업의 전부 또는 일부를 정지시킬 수 있다. 이러한 주택임대관리업의 등록과 말소 등에 대한 사항은 「주택법」에 명시되어 있는데, 이에 대한 자세한 내용은 다음의 "[주택법] 제53조의3(주택임대관리업의 등록의 말소 등)"을 참고하기 바란다.

[주택법] 제53조의3(주택임대관리업의 등록의 말소 등)

① 시장 · 군수 · 구청장은 주택임대관리업자가 다음 각 호의 어느 하나에 해당하면 그 등록을 말소하거나 1년 이내의 기간을 정하여 영업의 전부 또는 일부의 정지를 명할 수 있다. 다만, 제1호 또는 제6호에 해당하는 경우에는 그 등록을 말소하여야 한다.

1. 거짓이나 그 밖의 부정한 방법으로 등록을 한 경우
2. 제53조의2제3항에 따른 등록기준에 미달하게 된 경우
3. 고의 또는 과실로 임대를 목적으로 하는 주택을 잘못 관리하여 임대인 및 임차인에게 재산상의 손해를 입힌 경우
4. 임대를 목적으로 하는 주택의 관리 실적이 대통령령으로 정하는 기준에 미달한 경우
5. 제53조의7에 따른 보고, 자료의 제출 또는 검사를 거부 · 방해 또는 기피하거나 거짓으로 보고를 한 경우
6. 최근 3년간 2회 이상의 영업정지처분을 받은 자로서 그 정지처분을 받은 기간이 합산하여 12개월을 초과한 경우
7. 이 법 또는 이 법에 따른 명령을 위반한 경우

② 시장 · 군수 · 구청장은 주택임대관리업자가 제1항제2호부터 제5호까지 및 제7호의 어느 하나에 해당하는 경우에는 대통령령으로 정하는 바에 따라 영업정지를 갈음하여 1천만원 이하의 과징금을 부과할 수 있다.

③ 시장 · 군수 · 구청장은 제2항에 따른 과징금을 기한까지 내지 아니하면 지방세 체납처분의 예에 따라 징수한다.

④ 제1항에 따른 등록말소 및 영업정지처분에 관한 기준과 제2항에 따른 과징금을 부과하는 위반행위의 종류 및 위반정도에 따른 과징금의 금액 등에 필요한 사항은 대통령령으로 정한다.

[본조신설 2013.8.6.]

또한, [주택법 시행령]에는 주택임대관리업에 대한 등록말소 등에 대한 기준이 명시되어 있는데, 이에 대한 자세한 내용은 다음의 "[주택법 시행령] 제69조의4(주택임대관리업 등록말소 등의 기준 등)"를 참고하기 바란다.

[주택법 시행령] 제69조의4(주택임대관리업 등록말소 등의 기준 등)

① 법 제53조의3제1항제4호에서 "대통령령으로 정하는 기준에 미달한 경우"란 매년 12월 31일을 기준으로 최근 3년간 주택임대 관리 실적이 없는 경우를 말한다.
② 시장 · 군수 또는 구청장은 법 제53조의3제1항에 따라 주택임대관리업 등록말소 또는 영업정지 처분을 하려는 경우에는 처분일 1개월 전까지 해당 주택임대관리 업자가 관리하는 주택의 임대인 및 임차인에게 그 사실을 통보하여야 한다.
③ 법 제53조의3제1항에 따른 등록말소 및 영업정지 처분의 기준은 별표 8의3과 같다.
④ 법 제53조의3제1항제2호에 따라 등록말소 및 영업정지 처분을 하는 경우 등록기준 보완 및 처분의 감경에 관하여는 제14조제4항을 준용한다.
⑤ 법 제53조의3제2항에 따른 과징금은 영업정지기간 1일당 3만 원을 부과하되, 영업정지 1개월은 30일을 기준으로 한다. 이 경우 과징금은 1천만 원을 초과할 수 없다.
[본조신설 2014.2.6.]

주택임대관리업체가 영업정지 처분을 받았을 때는 과징금이 발생하게 되는데 이에 대한 과징금의 부과 및 납부에 대해서도 [주택법 시행령]에 명기되어 있다. 이에 대한 자세한 내용은 다음의 "[주택법 시행령] 제69조의5(과징금의 부과 및 납부)"를 참조하기 바란다.

[주택법 시행령] 제69조의5(과징금의 부과 및 납부)

① 시장 · 군수 또는 구청장은 법 제53조의3제2항에 따라 과징금을 부과하려는 경우에는 위반행위의 종류 및 과징금의 금액을 분명하게 적은 서면으로 알려야 한다.
② 제1항에 따라 통지를 받은 자는 통지를 받은 날부터 30일 이내에 과징금을 시장 · 군수 또는 구청장이 정하는 수납기관에 내야 한다. 다만, 천재지변이나 그 밖의 부득이한 사유로 그 기간 내에 과징금을 낼 수 없을 때에는 그 사유가 해소된 날부터 7일 이내에 내야 한다.

③ 제2항에 따라 과징금을 받은 수납기관은 과징금을 낸 자에게 영수증을 내주어야 한다.
④ 과징금의 수납기관은 제3항에 따라 과징금을 수납한 경우에는 지체 없이 그 사실을 시장 · 군수 또는 구청장에게 통보하여야 한다.
[본조신설 2014.2.6.]

주택임대관리업에 대한 등록말소 및 영업정지 처분 기준은 주택법 시행령 별표에 명기되어 있는데, 이에 대한 자세한 내용도 다음의 "주택임대관리업자에 대한 행정처분"을 참고하기 바란다.

[주택법 시행령] 제69조의5(과징금의 부과 및 납부)

① 시장 · 군수 또는 구청장은 법 제53조의3제2항에 따라 과징금을 부과하려는 경우에는 위반행위의 종류 및 과징금의 금액을 분명하게 적은 서면으로 알려야 한다.
② 제1항에 따라 통지를 받은 자는 통지를 받은 날부터 30일 이내에 과징금을 시장 · 군수 또는 구청장이 정하는 수납기관에 내야 한다. 다만, 천재지변이나 그 밖의 부득이한 사유로 그 기간 내에 과징금을 낼 수 없을 때에는 그 사유가 해소된 날부터 7일 이내에 내야 한다.
③ 제2항에 따라 과징금을 받은 수납기관은 과징금을 낸 자에게 영수증을 내주어야 한다.
④ 과징금의 수납기관은 제3항에 따라 과징금을 수납한 경우에는 지체 없이 그 사실을 시장 · 군수 또는 구청장에게 통보하여야 한다.
[본조신설 2014.2.6.]

주택법 시행령[별표 8의3] 〈신설 2014.2.6〉
주택임대관리업자에 대한 행정처분기준(제69조의4제3항 관련)

1. 일반기준
  가. 위반행위의 횟수에 따른 행정처분의 기준은 최근 1년간 같은 위반행위로 처분을 받은 경우에 적용한다. 이 경우 행정처분기준의 적용은 행정처분을 한 날과 그 행정처분 후 다시 같은 위반행위를 하여 적발한 날을 기준으로 한다.
1) 가장 무거운 위반행위에 대한 처분기준이 등록말소인 경우에는 등록말소처분을 한다.

2) 각 위반행위에 대한 처분기준이 영업정지인 경우에는 가장 무거운 처분의 2분의 1까지 가중할 수 있되, 가중하는 경우에도 각 처분기준을 합산한 기간을 초과할 수 없다. 이 경우 그 합산한 영업정지기간이 1년을 초과할 때에는 1년으로 한다.

다. 시장 · 군수 또는 구청장은 위반행위의 동기 · 내용 · 횟수 및 위반의 정도 등 다음에 해당하는 사유를 고려하여 제2호의 개별기준에 따른 행정처분을 가중하거나 감경할 수 있다. 이 경우 그 처분이 영업정지인 경우에는 그 처분기준의 2분의 1 범위에서 가중(가중한 영업정기기간은 1년을 초과할 수 없다)하거나 감경할 수 있고, 등록말소인 경우(법 제53조의3제1항제1호 또는 제6호에 해당하는 경우는 제외한다)에는 6개월 이상의 영업정지처분으로 감경할 수 있다.

1) 가중사유

가) 위반행위가 고의나 중대한 과실에 따른 것으로 인정되는 경우

나) 위반의 내용과 정도가 중대하여 임대인 및 임차인에게 주는 피해가 크다고 인정되는 경우

2) 감경사유

가) 위반행위가 사소한 부주의나 오류에 따른 것으로 인정되는 경우

나) 위반의 내용과 정도가 경미하여 임대인 및 임차인에게 미치는 피해가 적다고 인정되는 경우

다) 위반행위자가 처음 위반행위를 한 경우로서 3년 이상 해당 사업을 모범적으로 해 온 사실이 인정되는 경우

라) 위반행위자가 해당 위반행위로 검사로부터 기소유예 처분을 받거나 법원으로부터 선고유예의 판결을 받은 경우

마) 위반행위자가 해당 사업과 관련 지역사회의 발전 등에 기여한 사실이 인정되는 경우

2. 개별기준

위반행위	근거 법조문	행정처분기준		
		1차	2차	3차 이상
가. 거짓이나 그 밖의 부정한 방법으로 등록을 한 경우	법 제53조의3 제1항제1호	등록말소		
나. 법 제53조의2제3항에 따른 등록기준에 미달하게 된 경우	법 제53조의3 제1항제2호			
1) 등록기준에 미달하게 된 날부터 1개월이 지날 때까지 이를 보완하지 않은 경우		영업정지 3개월	영업정지 6개월	영업정지 6개월
2) 1)에 해당되어 영업정지처분을 받은 후 영업정지기간이 끝나는 날까지 이를 보완하지 않은 경우		등록말소		

다. 고의 또는 과실로 임대를 목적으로 하는 주택을 잘못 관리하여 임대인 및 임차인에게 재산상의 손해를 입힌 경우	법 제53조의3 제1항제3호			
1) 고의로 인한 경우		영업정지 6개월	영업정지 1년	
2) 중대한 과실로 인한 경우		영업정지 2개월	영업정지 3개월	영업정지 6개월
3) 경미한 과실로 인한 경우		경고	영업정지 1개월	영업정지 2개월
라. 최근 3년간 주택임대관리 실적이 없는 경우	법 제53조의3 제1항제4호	등록말소		
마. 법 제53조의7에 따른 보고, 자료의 제출 또는 검사를 거부 · 방해 또는 기피하거나 거짓으로 보고를 한 경우	법 제53조의3 제1항제5호			
1) 보고 또는 자료제출을 거부 · 방해 또는 기피한 경우		경고	영업정지 1개월	영업정지 2개월
2) 검사를 거부 · 방해 또는 기피한 경우			영업정지 1개월	영업정지 2개월
3) 거짓으로 보고한 경우			영업정지 2개월	영업정지 3개월
바. 최근 3년간 2회 이상의 영업정지처분을 받은 경우로서 그 정지처분을 받은 기간이 합산하여 12개월을 초과한 경우	법 제53조의3 제1항제6호	등록말소		
사. 법 또는 법에 따른 명령을 위반한 경우로서 법 제53조의3에 따른 영업정지기간 중 영업을 한 경우	법 제53조의3 제1항제7호	이미 처분한 영업정지기간의 1.5배	이미 처분한 영업정지기간의 2배	등록말소

(5) 보증상품 가입

주택임대관리업 중 자기관리형의 경우에는 임대인 및 임차인의 권리보호를 위해 보증상품에 가입해야 한다. 이는 주택법에 명기되어 있으며, 이에 대한 자세한 내용은 다음의 "[주택법] 제53조의4(보증상품의 가입)"를 참고하기 바란다.

〈주택법〉 제53조의4(보증상품의 가입)

① 제53조의2제1항제1호에 따른 자기관리형 주택임대관리업을 하는 주택임대관리업자는 임대인 및 임차인의 권리보호를 위하여 보증상품에 가입하여야 한다.
② 제1항에 따른 보증상품의 종류와 가입절차 등에 대해서는 대통령령으로 정한다.
[본조신설 2013.8.6.]

자기관리형 주택임대관리업자가 가입해야 하는 보증상품에 대해서는 [주택법 시행령]에 명시되어 있다. 자기관리형 주택임대사업자가 가입할 보증상품에는 임대인과 임차인의 권리보호를 위한 보증 등이 있으며, 이에 대한 자세한 내용은 다음의 "[주택법 시행령] 제69조의6(보증상품의 가입)"을 참고하기 바란다.

〈주택법 시행령〉 제69조의6(보증상품의 가입)

① 법 제53조의4제1항에 따라 자기관리형 주택임대관리업을 하는 주택임대관리업자(이하 "자기관리형 주택임대관리업자"라 한다)가 가입하여야 하는 보증상품은 다음 각 호의 보증을 할 수 있는 보증상품으로 한다.

1. 임대인의 권리보호를 위한 보증: 자기관리형 주택임대관리업자가 약정한 임대료를 지급하지 아니하는 경우 약정한 임대료의 3개월분 이상의 지급을 책임지는 보증
2. 임차인의 권리보호를 위한 보증: 자기관리형 주택임대관리업자가 임대보증금의 반환 의무를 이행하지 아니하는 경우 임대보증금의 반환을 책임지는 보증

② 자기관리형 주택임대관리업자는 임대인과 주택임대관리 계약을 체결하거나 임차인과 주택임대차에 관한 계약을 체결한 경우 임대인 또는 임차인에게 다음 각 호의 어느 하나에 해당하는 기관이 발행한 보증서로서 제1항 각 호의 보증상품 가입을 증명하는 보증서를 내주어야 한다.

1. 대한주택보증주식회사
2. 제44조제2항제1호 각 목의 금융기관 중 국토교통부장관이 지정하여 고시하는 금융기관

③ 자기관리형 주택임대관리업자는 제1항 각 호에 따른 보증상품의 내용을 변경하거나 해지하는 경우에는 그 사실을 임대인 및 임차인에게 알리고, 사무실 등 임대인 및 임차인이 잘 볼 수 있는 장소에 공고하여야 한다.

(6) 지원 및 관리 · 감독

주택임대관리업에 대한 지원과 관리 · 감독에 대해서도 「주택법」에 명시되어 있는데, 이에 대한 자세한 내용은 다음의 "「주택법」 제53조의5(주택임대관리업자에 대한 지원)"를 참고하기 바란다.

[주택법] 제53조의5(주택임대관리업자에 대한 지원)

국가, 지방자치단체 및 공공기관의 장은 주택임대관리업자에게 법률 등으로 정하는 바에 따라 행정상 필요한 지원을 할 수 있다.
[본조신설 2013.8.6.]
제53조의7(주택임대관리업자에 대한 감독) 국토교통부장관 및 시장 · 군수 · 구청장은 임대인 및 임차인의 권리를 보호하기 위하여 필요한 경우에는 주택임대관리업자에게 이 법에 따른 업무 또는 재산 등에 관한 자료의 제출이나 보고를 명할 수 있으며, 소속 공무원으로 하여금 그 업무 또는 재산 등을 검사하게 할 수 있다.
[본조신설 2013.8.6.]

2. 주택임대관리업의 일반적 개념

지금까지 주택임대관리업의 법적 개념에 대해서 살펴보았다. 이러한 법적 개념은 실제 실무에서 이루어지고 있는 일반적인 개념과 서로 괴리가 있는 부분들이 상당히 있다. 특히 한국의 경우 주택임대관리업이 초기 단계에 있기 때문에 법적인 부분도 미비한 것이 현실이다. 따라서 법적 개념도 중요하지만 이에 국한할 경우 주택임대관리업의 중요한 부분을 상당수 간과할 위험성이 있다.

따라서 주택임대관리업의 일반적 개념을 살펴보는 것은 매우 의미가 있으며, 또한 중요하다고 할 수 있다. 하지만 한국은 일반적인 개념에 대한 충분한 연구나 자료가 많이 없다. 따라서 본 장에서는 일본의 자료를 중심으로 기술하고자 한다. 여기서 한국의 경우에는 주택임대관리업이라고 하지만 일본의 경우에는 임대주택관리업이라 하고 있으며, 그 범위에 있어서도 다소 차이가 있다. 하지만 본서에서는 주택임대관리업과 임대주택관리업은 거의 동일한 개념으로 사용하고자 한다.

1) 임대주택관리업의 의의

일반적으로 타인이 소유하고 있는 주택을 사용하기 위해서는 타인의 주택소유권을 직접 소유하는 방법과 사용 대가를 지불하는 두 가지 방법이 있다. 전자의 경우를 매입이라고 하며 후자의 경우를 임대차(임차)라고 한다. 그리고 임대차의 대상이 되는 주택을 임대주택이라고 한다.

주택을 임대차하기 위해서는 임대주택을 소유자, 즉 임대인으로부터 사용할 수 있는 일정기간 동안 권리를 취득해야 한다. 임차인은 주택을 사용하는 대가로 임대인에게 일정한 대가, 즉 임대료를 지급해야 한다. 또한, 임대차하여 사용하기로 한 계약기간이 종료하면 임차인은 임대인에게 임대주택을 반환하여야 한다.

이때 임대인이 임차인에게 지불하는 임대료 및 임대주택의 사용권리와 기간은 모두 임차인과의 계약에 의해서 정해진다. 이런 의미에서 임대인과 임차인의 관계는 모두 임대계약서상에서 맺어진다.

임대계약은 임대인이 퇴거를 함으로써 최종적으로 종료가 되며, 임대계약 기간 중에는 임대인과 임차인 각자에게 권리와 의무가 존재한다. 따라서 계약기간 중에는 종종 임차인과 임대인 간에 다양한 마찰이 발생할 수 있다.

이때 경우에 따라서 문제를 해결하기 매우 어려운 상황에 직면할 수도 있으며, 법적인 다툼에 이르기도 한다.

결국 임대주택의 임대차에 있어서는 문제발생을 사전에 방지할 수 있는 명확한 내용의 임대차계약과 객관적인 절차가 매우 중요하다. 또, 임대차계약과 객관적인 절차는 향후 발생하는 다수의 문제도 상당 부분 해소할 수 있다.

하지만 계약이 모든 문제를 해결할 수 있는 것은 아니기 때문에, 원활한 임대주택사업을 위해서는 계약기간 중에 발생하는 문제들을 원활하게 해결하는 것이 무엇보다도 중요하다.

결국 임대주택관리란 이러한 문제들을 원만하게 해결하기 위한 것으로 임대인과 임차인 간의 계약관계 및 대상 물건의 이용에 대한 사항들을 관리하는 것이다. 그리고 이러한 업무를 중점적으로 수행하는 회사를 임대주택관리업체라고 한다.

임대주택관리업은 시기에 따라 수요 및 관련 법규 등이 상이하게 변화하기 때문에 명확한 정의를 내리기는 현실적으로 어려움이 있다. 이는 각 국가마다 비슷한 상황이다.

〈심화 학습〉은 부동산자산관리의 개념을 정리한 것이다. 부동산자산관리에서 주택임대관리는 재산관리(PM)에 해당한다. 한국에서는 상업용 임대관리의 경우 AM-PM-FM이 체계적으로 이루어지고 있는데 비해, 주택임대관리는 일부 아파트 등에서만 FM이 이루어지고 있는 실정이다. 따라서 주택임대관리의 주요 영역인 PM산업의 육성이 필수적이라고 할 수 있다.

심화 학습 **부동산자산관리의 개념**[02]

■ 광의의 부동산관리의 구분
- 시설관리(facility management: FM): 물리적 유지관리
- 재산관리(property management: PM): 임대차관리
- 자산관리(asset management: AM): 매입매각 포함
- 기업관리(entrepreneurial management: CRE): 부동산을 기업의 전체 자산관리 개념으로 관리

■ 부동산관리의 방식
- FM: 설비, 기계운용, 유지보수, 에너지관리, 방범, 청소, 환경관리
- PM: 수지분석, 시장조사, 마케팅, 공간배치, 임대료 책정, 임대차관리, 세무관리
- AM: 자산 포트폴리오 관점에서 관리하는 자산 종합관리, 물건의 매수매각, 재무분석, 가치평가, 리모델링 투자 결정 등
- 기업관리: 기업의 가치를 제공하기 위한 부동산관리활동. 추가 공간소요계획, 부지선정, 금융대안모색, 일반관리, 재활용, 협상

임대주택관리업체의 업무는 크게 입주 전과 입주 중, 그리고 계약이 종료된 후 퇴거의 3가지로 분류할 수 있다.

먼저, 입주 전 단계에는 입주자의 모집과 임대차계약 업무가 주요 업무이다. 하지만 입주자의 원활한 모집을 위해서 대상이 되는 임대주택을 사전관리, 보수, 입주자 마케팅 등 부가적인 업무도 수행해야 한다.

입주 중 단계에서는 관리업체의 업무가 보다 종합적이고 복잡해진다. 따라서 이 단계에서는 관리업체의 규모와 성격에 따라서 그 업무의 범위가 결정된다. 입주 중 단계에서 관리업체는 입주자의 장기거주를 위한 지원을 주요 업무로 하고 있다. 이러한 업무 중 건물에 문제가 발생했을 때 이를 신속히 해결하기 위한 유지 · 보수 등의 업무는 특히 중요하다.

마지막으로 퇴거 시의 단계에서는 입주자와의 재계약 유인 및 임대료의 재협상

02 이상영 (2014.04.03). "임대차 선진화 방안에 따른 주택관리시장 전망". 대한부동산학회 조찬세미나 자료.

등 재계약을 위한 노력이 무엇보다 중요하다. 왜냐하면 입주자의 장기거주는 임대주택관리업에 있어서 수익의 안정성을 확보하는 데 매우 중요한 요인이기 때문이다.

하지만 노력한다고 해서 매번 재계약이 이루어지는 것은 아니다. 따라서 계약이 종료되는 경우에는 입주자가 원활하게 퇴거할 수 있도록 유도해야 한다.

한국의 경우에는 퇴거 시에 중대한 손괴 및 파손 등을 제외하고는 대상 물건에 대한 원상회복에 대한 의무는 확실히 정해져 있는 바가 없다. 하지만 일본의 경우에는 한국과는 다르게 계약기간이 끝나고 퇴거할 때 반드시 대상 물건을 임대 이전의 상태로 원상회복시켜야만 한다.

따라서 일본의 경우 원상회복을 둘러싸고 임차인과 임대인 간의 의견 차이로 인해 마찰이 발생한다. 이에 대한 부분은 한국의 상황과 매우 다른 점이라 할 수 있다.

하지만 향후 한국도 임대주택시장을 전문 임대주택관리회사에게 위탁경영할 경우가 많이 발생할 것이므로 관리회사가 건물의 유지 · 관리에 따른 비용과 책임을 명확히 해야 할 필요성이 높아질 것이다. 즉, 한국도 일본과 같이 비슷한 문제들이 발생할 것이다.

한편 일본의 경우에는 대형 임대주택관리업체가 전술한 업무 이외에도 개인 또는 법인이 보유한 토지에 임대주택을 건설하는 업무도 함께 수행하고 있다. 따라서 임대주택을 새로 건설한 후에 그 임대주택을 관리하는 형태로 업무를 수행하기도 한다.

이 경우 소유자에게 장기적으로 안정된 수익을 확보할 수 있도록 보장해 주는 경우가 많은데 대부분 서브리스계약에 의해 업무를 수행하게 된다. 서브리스계약에 대해서는 후에 자세히 설명하겠다.

이렇듯 일본의 임대주택관리업체는 매우 다양한 업무를 수행하고 있으며, 이를 위해서도 다양한 임대계약방식이 존재하고 있다. 이에 대해서도 차차 알아보기로 하자.

2) 임대주택관리업의 범위

아직까지 한국은 부동산임대관리업이 매우 초기 단계에 있어서 법적인 정비와 업무의 내용 및 범위 등에 대해서도 명확하지 않은 것이 현실이다.

일본의 부동산임대관리의 업무는 크게 입주자 모집과 계약, 입주자관리와 건물의 유지 · 관리 등 건물관리 업무 등으로 나누어진다.

하지만 한국의 경우 일반적으로 입주자관리 업무는 중개업자가 주로 수행하고 있으며, 부동산임대관리업자는 대부분 건물관리 업무만 수행하고 있다. 따라서 한국의 경우에는 부동산관리업자 또는 건물관리업자란 표현이 오히려 적절할지도 모른다.

한국의 부동산임대관리업자는 그 업무가 포괄적 · 종합적이지 못하고 매우 제한적인 업무만을 수행하고 있다. 이는 중개 업무를 자유롭게 수행할 수 없는 법적 제약이 있기 때문이다.

따라서 현재 한국의 부동산임대관리업의 업무에 대해서 논한다는 것은 주택임대관리업의 초기단계인 현재의 시장상황을 고려할 때 큰 의미가 없을 것이다. 오히려 일본의 부동산임대관리업과 중개업의 차이에 대해서 알아보는 것이 현시점에서는 더욱 의미가 있을 것이다.

부동산중개의 의미는 일본의 경우도 한국과 거의 비슷한데, 부동산중개란 중개대상물에 대해서 거래당사자 간의 매매 · 교환 · 임대차 기타 권리의 득실 · 변경에 관한 행위를 알선하는 것을 말한다. 일반적으로 중개란 제3자의 입장에서 거래당사자 쌍방을 위해 어떤 일을 주선하는 것을 의미한다. 부동산중개에서는 소개 · 매개라는 용어로 혼용되고 있다.[03]

이러한 부동산중개의 의미를 기초로 부동산임대관리와의 차이를 살펴보면 다음과 같다.

첫째, 부동산중개는 포괄적인 알선 업무를 수행한다. 하지만 부동산임대관리는

---

03 방정식 · 장희순 (2011). 부동산학총론(제2판). 부연사. p.342.

입주자 알선과 건물관리에 관한 업체 알선 등 제한적인 알선 업무를 수행한다.

둘째, 부동산중개는 일반적으로 거래의 계약이 최종 목표로서 계약이 성사되면 그 업무도 종료된다. 하지만 부동산임대관리는 계약 후 입주자 및 건물의 관리, 소유자의 경영 지원 업무 등을 수행해야 한다. 또한, 소유자와 재계약을 통해 장기 업무가 될 수도 있다. 즉, 입주자가 바뀌어도 그 업무를 지속적으로 수행해야 한다.

셋째, 부동산중개는 거래 완료 시점까지 당사자 간의 채권 · 채무관계 조정 · 대리 업무를 수행한다. 하지만 부동산임대관리는 거래 전뿐만 아니라 거래 완료 후에도 업무를 수행하게 된다. 입주자의 임대료 연체 등에 관한 대응 업무 등이 이에 해당한다.

넷째, 부동산중개는 제3자의 입장에서 거래 쌍방을 위해 일한다. 하지만 부동산임대관리는 다분히 소유자의 입장에서 업무를 수행한다. 이는 부동산임대관리의 최종 목표가 소유자의 장기적 수익확보와 극대화라는 데서 알 수 있다.

[그림 3-1]은 일본의 부동산업 분류를 정리한 것이다. 부동산업을 크게 부동산중개업과 부동산임대 · 관리업으로 분류하고 있다.

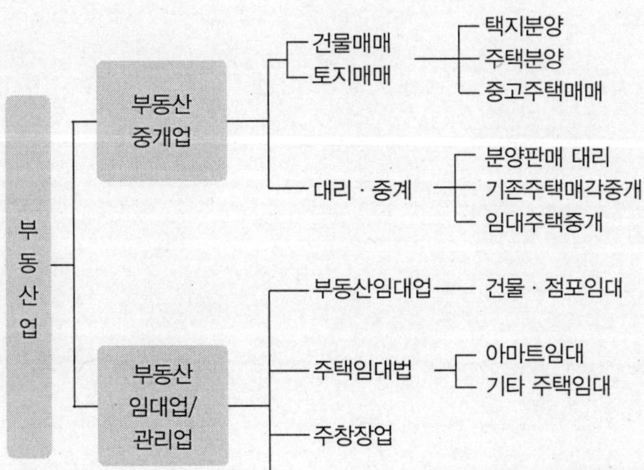

| 그림 3-1 | 부동산업의 분류

먼저 부동산중개업은 건물과 토지의 매매 업무와 대리 · 중개 업무로 나뉘게 된다. 건물과 토지의 매매 업무에는 택지분양, 주택분양, 기존주택매매 등이 있으며, 대리 · 중개 업무로는 분양판매 대리, 기존주택매각중개, 임대주택중개 등이 있다.

부동산임대 · 관리업은 부동산임대업, 주택임대업, 주차장업, 부동산관리업으로 나뉜다. 부동산임대업의 경우에는 건물과 점포의 임대 업무를 수행하고, 주택임대업은 아파트임대와 기타 주택임대 업무를 수행한다.

주차장업은 다소 생소한 업무인데, 현재 GS칼텍스와 일본의 파크24의 합작회사인 GS파크24가 이에 해당한다. 마지막으로 부동산관리업은 빌딩 · 점포관리, 분양주택관리업, 임대주택관리업이 해당한다.

따라서 임대주택관리업은 부동산관리업의 한 분분에 해당한다고 할 수 있으며, 이와 유사한 업종으로는 부동산임대업, 주택임대업, 주차장업 등이 있다.

| Chapter 04 |

주택임대관리업의 업무

1. 일반적인 주택임대관리업의 업무
2. 기업형 주택임대관리업의 업무

Chapter 04

주택임대관리업의 업무

전술한 바와 같이 한국의 주택임대관리업은 초기 단계로서 그 업무에 대해서도 명확한 기준이 없다. 또한, 임대주택을 포괄적으로 관리하고 있던 업체들이 건물만 관리하는 등 업무가 제한적으로 이루어지고 있다. 하지만 일본의 경우 임대주택관리업체의 업무는 늘 포괄적이고 광범위하여 한국과는 사뭇 다르다고 할 수 있다.

때문에 한국도 종합적인 업무를 수행하기 위해 일본의 임대주택관리업의 형태를 벤치마킹하고 있다.

따라서 4장에서는 일본의 임대주택관리업의 업무를 참고하여 주택임대관리업의 업무에 대해서 살펴보고자 한다. 물론 일본과 같은 업무를 수행하기 위해서는 중개행위 등 법적 보완이 필요하겠지만, 이를 뛰어넘어 주택임대관리업의 업무를 포괄적으로 기술하고자 한다.

주택임대관리업의 업무는 규모에 따라 일반적인 주택임대관리업의 업무와 기업형 주택임대관리업의 업무 등 크게 두 가지로 나눌 수 있다. 이제부터 이 두 가지 형태의 업무에 대해서 살펴보기로 하자.

1. 일반적인 주택임대관리업의 업무

주택임대관리업의 일반적인 업무는 다음과 같이 크게 네 가지가 있다.

첫째, 임대관리 업무

둘째, 경영관리 지원 업무

셋째, 기타 소유자 및 입주자 관련 업무

넷째, 리스크 매니지먼트

지금부터 주택임대관리업의 일반적 업무에 대해 차례로 살펴보기로 하자.

1) 임대관리 업무

일반적으로 임대관리 업무는 임대주택관리업의 가장 기본이자 중요한 업무라고 할 수 있는데, 크게 계약과 관리 업무, 청소 업무, 설비관리 업무 등이 있다.

(1) 계약과 관리 업무

계약과 관리 업무는 임대관리 업무 중 가장 핵심이 되는 업무로써, 임대료 등 징수 업무, 운영 · 조정 업무, 계약갱신 업무, 계약종료 업무 등으로 나눌 수 있다.

먼저 임대료 등 징수 업무는 크게 4가지가 있다.

첫째, 입주자로부터 계약에 의해 정해진 임대료와 기타 관리비 등을 징수한다.

둘째, 만약 세입자가 임대료와 기타 관리비 등을 체납한 경우 이에 대한 지불을 독촉한다.

셋째, 임대주택에서 발생하는 관리비 중 소유자가 납부해야 할 항목에 대해서 소유자를 대신하여 지불하는 업무를 수행한다.

넷째, 매월 마지막 주에 관리하고 있는 임대주택에 대한 수익 및 지출 등 경영 전반에 대한 사항을 정리하여 보고서를 작성한다. 그 후에 소유자에게 직접 보고하거나, 보고서를 송부하는 업무를 수행한다.

다음으로 운영 · 조정 업무에는 크게 6가지가 있다.

첫째, 계약한 입주자가 입주하는 당일 관리업자가 입회하는 입주 입회 업무가 있다.

둘째, 소유자와 계약기간 중 건물과 설비 등에 문제가 발생하면 즉시 빠르게 대응하고 이를 소유자에게 보고하는 업무가 있다.

셋째, 입주자가 다른 입주자나 주변 주민들 혹은 건물 등에 유해행위를 할 경우에 이에 대한 조치를 취해야 한다.

넷째, 입주자가 소유자와 긴급한 연락이 필요하거나 요구사항 등이 있을 때, 또는 그 반대의 사항이 있을 때, 서로의 이견이 발생할 때 이에 대한 조정 업무를 수행하게 된다.

다섯째, 관리 물건의 공실관리 업무이다. 이는 임대주택 소유자의 수익과 직결되는 매우 중요한 업무인데, 관리업체는 공실을 줄이기 위해 다양한 마케팅과 전략을 수립하여 상시적으로 수행해야 한다.

여섯째, 기타 업무로서 소유자가 관공서 등에 제출해야 하는 각종 신고 업무 등을 대신하여 수행해야 하며, 관리 물건에 대한 각종 장부 등을 작성하고 이를 관리해야 한다.

마지막으로 계약갱신 업무와 계약종료 업무에는 크게 2가지가 있다.

첫째, 계약갱신 업무는 임대계약이 만료되기 전에 입주자가 재계약을 할 것인지에 대한 의사를 확인하고, 만일 입주자가 재계약의 의사가 있을 경우에는 임대료의 조정 등 새로운 임대조건을 제안하고 교섭해야 한다.

최근 일본은 공실문제가 대두되고 있기 때문에 기존입주자가 임대료 지불 등 거주 시 큰 문제가 없던 입주자라면 장기입주를 위하여 각종 유인책 등을 사전에 펼쳐야 한다.

둘째, 만약 입주자가 계약을 해지할 경우에는 이에 대한 업무를 수행해야 한다. 임차인과 소유자의 연락 조정, 명도 확인 및 열쇠 수령, 원상회복에 대한 임차인과의 협의, 시키킹(敷金) 정산 업무 등이 있다.

여기서 종종 문제가 되는 것은 원상회복에 관한 것인데, 이는 일본 임대주택시장의 관행이라고 할 수 있다. 입주자는 계약종료 후 퇴거 시에 입주할 당시의 상태로 주택을 원상회복시켜야 한다. 하지만 원상회복의 문제에 대해서 소유자와 입주자 간의 의견차이로 인해 마찰이 자주 발생하게 되는데 관리업체는 이러한 문제들을 객관적인 자료에 의거하여 원만하게 처리해야 한다.

(2) 청소 업무

청소 업무가 임대관리 업무로 분류된다는 것은 한국의 입장에서 보면 정말 우스운 일이다. 하지만 이는 청소 업무가 가지고 있는 수익적인 측면과 파급효과에 대해서 잘 모르기 때문에 생기는 것이다.

일반적으로 일정 규모 이상의 관리업체는 지역 내에 다수의 관리 물건을 가지고 있다. 따라서 이러한 물건을 통합하여 수행할 경우에는 우리가 상상하는 것 이상의 수익을 창출할 수 있다. 이는 일본의 대형 임대관리업체 대부분이 전문 청소관리회사를 자회사로 보유하고 있다는 사실이 이를 간접적으로 뒷받침해 주고 있다. 또한, 청소관리에 필요한 인원을 지역주민들로 활용함으로써 지역에 일자리를 창출하는 등 지역사회에도 공헌하고 있다. 이를 통해 향후 잠재 수요층이 될 수 있는 지역주민들에게 기업의 이미지를 제고하고 회사의 선호도를 증대시키는 효과도 얻을 수 있다.

(3) 설비관리 업무(정기적인 외관 점검, 정비 · 수리 및 법정 점검 등)

설비관리 업무는 현재 한국의 임대주택관리업체들이 중점적으로 수행하고 있는 업무 중의 하나이다. 이는 정기적으로 건물의 외관을 점검하고, 필요에 따라서는 소유자의 승인 후 이를 개 · 보수하는 등 수도, 배관, 냉 · 난방 등의 설비에 대해 정비하고 수리하는 업무 등이다. 또한, 건물 및 설비 등 법정 점검의 업무도 있는데 이는 엘리베이터, 소방 등에 대한 점검이다. 〈표 4-1〉은 계약과 관리 업무를 정리한 것이다.

| 표 4-1 | 계약과 관리 업무

구분	내용
임대료 등 징수 업무	임대료 등의 징수, 미수금 독촉, 관리비 대리 지불, 월간 보고서 작성 및 송부
운영 · 조정 업무	입주 입회, 건물 · 설비문제 발생 시 대응, 유해행위에 대한 조치, 임대차계약에 따라 소유자와 임차인 간의 연락 조정, 관공서 신고 사무 대행, 장부관리, 공실관리
계약갱신 업무	임차인의 갱신 의사 확인, 신규임대 조건 제안 및 교섭
계약종료 업무	해약에 따른 임차인과 소유자의 연락 조정, 명도 확인 및 열쇠 수령, 원상회복에 대한 임차인과의 협의, 시키킹(敷金) 정산 업무

2) 경영관리 지원 업무

전술한 대로 임대주택관리업의 주요 업무는 임대관리이다. 하지만 최근 일본의 임대주택시장 상황과 소유자들의 니즈 등에 의해 임대관리 업무는 그 범위를 넘어선 다양한 업무들을 수행하고 있다.

임대주택관리업체 측면에서도 경영관리 지원 업무는 경쟁력 높은 신규 물건의 확보를 위한 중요 수단이 되고 있다. 이러한 경영관리의 지원 업무는 더욱 확대될 것으로 생각된다.

경영관리 지원 업무에는 크게 보유 부동산활용 및 임대용 건물의 계획제안 관련 업무, 임대부동산 경영에 대한 절세와 상속에 대한 상담 · 제안 업무, 투자자를 대상으로한 투자 제안에 관한 업무 등이 있다.

(1) 보유 부동산활용, 임대용 건물의 계획제안 관련 업무

일본은 부동산시장 침체가 장기화되면서 토지 등 부동산가격이 하락하자 매매차익의 손실과 세금부과로 이중 손해를 보게 되었다. 또한, 건물의 단순 보유도 임대수익이 발생하지 않는 한 지속적으로 손실만 늘어나게 되었다.

따라서 소유자들은 단순 보유에서 활용으로 전환하려 했지만 보유 부동산을 직접 활용한다는 것은 생각보다 어려운 일이었다. 따라서 토지의 활용 및 임대사업에 대한 문제를 해결해 줄 수 있는 전문 업체의 필요성이 증대되었다.

한편 임대주택관리업체도 기존주택만 계속 관리하는 것은 어느 정도 한계가 있다는 점과 신규주택에 대한 수요자들의 선호도가 높다는 점 등을 고려할 때 좋은 입지의 토지 및 건물의 신축 및 리모델링 정도가 우수한 신규주택을 확보하는 것이 회사의 장기발전에 있어서 중요하다는 점을 인지하기 시작했다.

따라서 임대주택관리업체는 개인 및 법인이 보유하고 있는 우수한 입지의 토지 및 건물 등에 역으로 사업을 제안하기 시작했다. 이러한 사업방식은 업체의 수익과 규모가 확대되는 결과를 가져왔으며, 이러한 업무는 건설업을 기반으로 한 관리업체가 더욱 적극적으로 수행하게 되었다. 관련 업무에 관한 자세한 설명은 뒤에서 살펴보도록 하겠다.

(2) 임대부동산 경영에 대한 절세와 상속에 대한 상담 · 제안 업무

임대주택의 경영은 임대료에 의한 임대수익이 소유자에게 있어서 무엇보다 중요하지만, 그에 못지않게 부동산보유에 따라 발생되는 세금절세나 배우자와 자녀 등에게 증여 및 상속 시에 발생하는 세금문제 등도 매우 중요한 사항이다.

일본의 경우 임대주택을 건설하여 운영하고 또 이를 증여 및 상속할 경우 개인의 상황과 그 규모에 따라 세금을 절감할 수 있다. 따라서 임대주택관리업체는 소유자의 문제를 해결해 주기 위한 상담과 세금절세를 위한 사업 제안 등의 업무도 중요성이 점점 증대되고 있다.

(3) 투자자를 대상으로 한 투자 제안에 관한 업무

전술한 바와 같이 일본은 1990년대 중반부터 부동산펀드를 시작으로 부동산증권화가 급속히 진전되었다. 부동산펀드나 증권화를 통해 조성된 자금은 임대주택시장에도 유입되었고 이렇게 조성된 자금은 한 개인의 소유가 아닌 불특정 다수의 투자자로 구성되어 있다. 임대주택관리업체는 이러한 투자자들에게 투자를 제안하는 업무도 수행한다.

투자자를 대상으로 한 투자 제안 업무는 임대주택의 건설, 임대주택의 매입 등 사업의 시작단계에서부터 투자자들의 안정적인 수익의 확보를 위한 전문적인 관리운영까지 그 업무의 범위는 매우 포괄적이다.

이상과 같이 일본의 임대주택관리업의 일반적 업무에 대해서 살펴보았다. 일본의 임대부동산관리에 관한 법령을 살펴보면, 임대차관계에 대한 「차지차가법」과 임대리 또는 매개행위에 대한 「중개법」 등이 있으나, 임대부동산관리업이나 서브리스를 포함한 관리업에 대해서는 확립된 규제나 법이 없었다가 최근 임대주택관리업의 임의 등록제도인 임대주택관리업자 등록제도가 창설되어, 2011년 12월 1일부터 실시되고 있다.

이 등록제도에 따른 임대주택관리업의 기간 업무는 다음과 같다.

① 임대료, 시키킹(敷金) 등의 수령에 관련된 업무

② 임대차계약의 갱신에 관련된 업무

③ 임대차계약의 종료와 관련된 업무 등

임대주택관리업은 이 세 가지의 기간 업무 중 적어도 한 가지 이상의 업무를 포함한 관리 업무를 행하고 있는 업체로 정의하고 있다.

3) 소유자 및 입주자 관련 업무

(1) 기타 소유자의 주요 요구 사항

임대주택관리업자의 위탁 업무 중에 실제 소유자가 위탁하고 있는 업무의 내용은 모집 · 계약 · 퇴거의 3가지 주요 업무와 체납 임대료 처리 업무가 큰 비중을 차지한다. 기타 장기적 관점으로는 컨설팅 업무가 있는데 [사업수지계획]과 [수선 · 재건축계획] 작성을 위탁하거나 소유자 경영관리나 건물유지관리에 대한 의견 제시 등도 있다.

(2) 입주자의 주요 요구 사항

클레임 등의 처리, 건물 미관 · 청소 등에 대한 불만이 가장 많으며 관리업자의 친절성과 관리 서비스, 건물 유지관리 등 질의 저하가 과제이다.

4) 리스크 매니지먼트(Risk Management)

(1) 리스크 매니지먼트란

리스크 매니지먼트란 임대주택을 관리하는 동안 발생하는 다양한 문제의 발생 빈도와 그 강도를 줄이는 것이다. 즉, 문제에 수반되는 비용 대비 효과를 고려하여 사전에 리스크를 파악하여 예방한다. 만약 문제가 발생할 경우 신속하고 적절하게 조치를 취해야 하며 한번 발생된 문제에 대해서는 재발하지 않도록 매뉴얼화하여 관리해 나가는 것도 포함한다.

일반적으로 리스크의 회피는 다음의 4단계를 통해 수행한다.

① 회피

임대주택관리 물건을 수탁받을 때 그 수탁 물건에 위험성이 있다면 수탁을 받지 않는다. 마찬가지로 의뢰자가 임대주택매입 등에 대해 의뢰할 때 위험성이 있는 물건이라면 매입을 하지 않는다.

② 유지

위험요소를 파악한 임대주택관리 물건을 수탁받거나 매입 의뢰를 받은 경우 보수 등을 통해서 문제해결이 가능하다고 판단될 경우 이를 수탁받거나 매입한다.

③ 제어(저감)

해당 물건의 위험요인이 혼재되어 있을 경우 그 피해를 최소한으로 억제하기 위해 필요한 조치를 취한다.

④ 전가

해당 물건의 문제에 대한 구체적인 파악과 앞으로 발생할 위험에 대한 정확한 예측이 어려운 경우에는 보험 등의 수단을 활용하여 위험을 전가시킨다.

(2) 임대주택관리업의 리스크 매니지먼트

임대주택관리업자는 소유자가 안고 있는 임대경영상의 다양한 리스크를 사전에 분석 및 예측하고 이를 적절하게 컨트롤해야만 한다. 이런 의미에서 임대주택관리업은 소유자가 안고 있는 임대경영의 다양한 리스크를 임대주택관리업자가 대신 떠맡은 업무라고 할 수 있다.

따라서 관리업자는 임대주택경영상에 상존하고 있는 리스크를 적절히 파악하고 이를 제어하고 관리하는데 부단한 노력을 기울여야 한다.

임대주택관리업에 있어서의 리스크에는 크게 물리적 측면에 대한 리스크, 계약 관계에 따른 리스크, 사고 · 재해 발생에 대한 리스크, 경영 환경 변화에 대한 리스크 등이 있다.

① 물리적 측면에 대한 리스크

- 건물 · 설비의 노후화 및 진부화
- 안전성의 결함
- 물리적 환경의 변화
- 자연적 환경의 변화
- 공실 리스크

② 계약 관계에 따른 리스크

- 연체 · 체납 리스크
- 입주자 신용 리스크
- 계약상 트러블
- 퇴거 미이행, 퇴거 시 정산문제

③ 사고 · 재해 발생에 대한 리스크

- 천재지변 리스크
- 화재 · 인재(人災)

④ 경영 환경 변화에 대한 리스크

- 경제 환경의 변화
- 부동산시장 환경의 변화
- 관련 법률 및 세제 변화

5) 임대주택관리업자의 사회적 책임과 역할

임대주택관리업의 영역이 점점 확대되어 가고, 그 사회적 역할도 점점 증대해 가고 있다. 이에 따라 사회적으로 임대주택관리업자에 대한 사회적 책임과 역할에 대해서 그 요구가 증가하고 있는 상황이다.

(1) 관리업자의 사회적 책임

① 최고 전문가로서의 역할

과거 임대주택시장은 소유자 중심이기에 임대주택관리업의 업무는 임대료 수납 등 단순한 관리 업무 등이 중심이었다. 하지만 현재 입주자 중심의 시장에서 단순한 관리로는 소유자의 임대주택경영에서 안정적 수익을 확보하기가 어렵다.

따라서 최근에는 임대주택관리를 소유자 보유 자산의 적절한 관리와 운용이라는 관점으로 임대주택의 경영 및 관리를 제한하고 있다. 해당 임대주택에 대하여 장기적으로 안정된 수익의 확보를 위해 임대주택관리업이 그 역할을 수행해야 한다.

이러한 역할을 수행하기 위해서는 단순한 위탁관리가 아닌 종합적이고 포괄적인 업무를 관리업자가 수행해야 하는데, 이러한 업무를 수행하기 위해서는 관리업자의 다양하고 전문적인 지식과 능력이 필요하다.

② 기존주택 유지 · 관리에 대한 기여

일본은 급속한 경제성장과 부동산가격의 상승 시대가 막을 내리고, 저출산 · 고령화로 인한 인구 감소 등 성장형 사회에서 성숙형 사회로 진입하였다.

따라서 단순히 주택의 공급량을 확보하는 것에서 양질의 주택을 확보하고 기존주택의 질을 향상시키는 것으로 변화하였다. 특히 기존주택의 질적 향상을 위한 유지 · 관리의 문제는 정책의 중요한 목표가 되고 있다.

따라서 관리업자는 기존주택의 질적 향상을 위한 유지 · 관리 업무에 최선을 다해야 한다. 이는 도시 전체의 유지와 발전에도 매우 중요한 일이기 때문이다.

③ 업무에 관한 전문 지식 습득과 연구, 인재 육성

전술한 바와 같이 관리업자는 단순한 위탁관리가 아닌 종합적이고 포괄적인 업무를 수행해야만 하는데, 이러한 업무 수행을 위해서 관리업자는 다양하고 전문적인 지식과 능력이 필요하다.

따라서 관리업자와 관리업 종사자는 이러한 업무에 관한 전문적인 지식의 습득을 위해 끊임없는 노력을 경주해야 한다. 또한, 임대주택관리업의 지속적인 성장과 발전을 위해 향후 관리업에 종사할 능력 있는 인재 육성에도 노력해야 한다.

(2) 관리업자에게 요구되는 역할

일본에서는 관리업자의 사회적 책임을 다음과 같이 요구하고 있다.

- 의뢰자 자산의 최유효 활용을 통한 안정적 수익 확보
- 입주자 보호 및 쾌적한 주거 환경 정비
- 위탁경영에 대한 투명성 확보
- 경영능력의 향상 및 경영자와 종사자의 품위 · 자질 · 지식 및 업무 수행 능력
- 새로운 임대관리경영 수법에 대한 지속적인 연구와 제안

- 능동적 · 체계적 · 지속적 관리 수행
- 선관주의의무(善管注意義務) 수행 및 공공의 복지와 사회에 공헌

2. 기업형 주택임대관리업의 업무

지금까지 일반적인 주택임대관리업의 업무에 대해서 살펴보았다. 일반적인 업무는 거의 모든 주택임대관리업체가 수행해야 하는 공통 업무의 성격이 강하다. 하지만 기업형 주택임대관리업의 경우 그 규모가 커짐에 따라 업무도 늘어나고, 내용도 더욱 복잡해진다.

한국은 기업형 주택임대관리업이란 용어를 쓰고 있지만 일본에서는 쓰지 않고 있다. 단지 중형 임대주택관리업체, 대형 임대주택관리업체 등 규모에 따라서 임대주택업체를 구분하는 것이 일반적이다.

따라서 본서에서 언급하는 기업형 주택임대관리업이란 일본의 대형 임대주택관리업체에 해당하며 일본의 대형 임대주택관리업체의 일반적인 업무 이외에 추가적인 업무에 대해서 기술하고자 한다.

기업형 주택임대관리업체는 소유자 지원 업무와 임대주택 경영수탁 업무 등 일반적인 주택임대관리업의 업무보다 전문적이고 확대된 업무를 수행하고 있다.

1) 소유자 지원 업무

건물의 점검 및 보수, 입주자와의 임대차계약 업무, 입주자의 클레임에 대한 대응 등은 개인소유자에게는 익숙하지 않으며 매우 어려운 일이다. 따라서 기업형 임대주택관리업체(이하 '임대주택관리업체'라 한다)는 장기간에 걸친 경험과 노하우로

축적된 임대관리 시스템을 구축해 소유자의 재산을 지켜 주는 동시에 안심하고 편리한 임대사업경영을 영위할 수 있도록 도와주고 있다.

이러한 일환으로 임대주택관리업체는 장기 일괄 임차를 통해 소유자의 임대주택을 관리하고 있다.

(1) 장기 일괄 임차

① 장기 일괄 임차란

소유자가 보유한 임대주택을 임대주택관리 전문회사가 일괄 임차하여, 장기간에 걸쳐 관리한다. 이는 공실 발생으로 인한 임대수입 저하에 대한 위험을 감소시키고 있다.

또한, 임대차계약 종료 시 발생되는 건물의 원상회복과 수선 등의 업무를 수행함으로써 이에 대한 비용 절감도 도모하고 있다.

따라서 소유자는 임대주택을 전문회사에게 장기 일괄 임차함으로써 안심 · 안전 · 안정된 사업을 영위할 수 있다. 대형 임대주택관리회사의 경우에 장기 일괄 임차의 기간을 30~40년까지 계약하는 경우도 있다.

② 안정된 수입의 확보 가능

장기 일괄 임차는 입주자의 입주율에 관계없이 계약에 의해 정해진 일정한 임대료를 받게 된다.

즉, 입주율이 몇 %인지 입주자가 퇴거하여 새로운 입주자가 입주할 때까지의 공실 기간에도 정해진 임대료를 관리회사가 지불한다. 때문에 공실에 의한 수입 감소를 걱정할 필요가 없으며, 계약기간 동안에는 항상 안정적인 수입이 보장된다.

③ 주차장 및 사업용 부분의 일괄 임차

일본 임대주택의 경우 대부분 주차장 사용료는 임대료와 별도의 계약에 의해서 지불하고 있다. 따라서 주차장 수입도 소유자에게는 중요한 수입원이 되고 있다.

이러한 주차장관리도 임대주택관리회사가 일괄 임차하여 관리하고 있다. 따라서 소유자는 거주자와는 별도의 주차장계약 없이도 임차임대료를 받을 수 있다.

또한, 오피스나 점포 등의 사업용 임대도 동일하게 임대관리업체가 일괄 임차하여 관리하고 소유자는 일정한 임차임대료를 받을 수 있다.

④ 장기간 임차계약기간

소유자가 장기간에 걸쳐 안심하고 안정된 임대사업을 영위하기 위해서는 장기 일괄 임차계약은 절대적으로 필요한 시스템이다. 또, 점점 높아지는 일본 임대주택의 공실률과 소유자의 고령화 등을 고려할 때 안정적인 임대주택경영의 장기 일괄 임차계약의 중요성은 앞으로도 점점 증대될 것으로 생각된다.

이러한 장기 일괄 임차계약은 대형 임대주택관리업체의 경우, 통상 30년에 걸쳐서 하게 되는데, 만약 30년 계약이 만료되더라도 2년 단위로 추가계약을 갱신할 수도 있다.

⑤ 임차임대료는 장기 고정

장기 일괄 임차는 안정된 임대주택사업의 경영을 위해 임대료를 계약에 의해 고정하게 된다. 통상적으로 임차 최초 개시 시점으로부터 10년간 1차적으로 임대료를 고정하고, 그 이후에는 5년 단위로 추가 협의에 의해 임대료를 고정하게 된다.

이는 기간 중에 발생할 수 있는 부동산시장 변화, 경제 환경의 변화 등에 의해 적정 임대료 수준과 공실 발생 위험 등이 변화할 수 있기 때문이다. 이때 임대주택관리회사는 이러한 상황의 내용을 분석, 정리하여 소유자와 충분한 협의를 거쳐서 결정하게 된다.

⑥ 원상회복 비용 · 수선 비용의 부담

임대주택의 소유자인 경우 건물의 유지 · 보수를 위한 비용도 큰 부담이 된다. 장기 일괄 임차의 경우 이러한 비용에 대한 소유자의 부담을 덜어 주고자 건물의 경과 연수에 따라 소요되는 원상회복 비용과 수선 비용도 계약 조건에 따라 임대관리업체가 부담하는 경우도 있다.

⑦ 건물관리 업무

소유자들은 건물관리에 있어서 큰 어려움을 겪는다. 이러한 어려움을 덜어 주고자 임대주택관리업체는 건물관리 시 발생하는 어려움들에 대한 지원 업무도 수행한다.

또한, 업체는 입주자들의 입주 상황이나 건물의 주요 상황 등에 대해 정기적으로 소유자에게 보고한다. 물론 건물의 공용 부분에 대한 유지관리도 지속적으로 수행하며, 건물에 결함이 발생할 경우에는 소유자에게 신속하게 보고하고 대응한다.

⑧ 긴급 대응 업무

임대주택은 다수의 입주자가 거주하는 공간이고 건물의 상태도 매우 다양하다. 따라서 입주자가 거주하는 동안 다양한 문제가 발생하는데, 특히 배관의 누수나 화장실이 막히는 문제 등은 시간을 가리지 않고 빈번하게 발생하게 된다.

임대주택관리업체는 이러한 설비에 대한 문제가 발생할 경우 입주자들의 긴급한 연락에 항시 대응할 시스템을 갖추어야만 하는데, 대형 업체들은 고객 긴급 대응 콜센터를 설치하여 운영하고 있다. 따라서 연말연시, 주말, 연휴, 휴가 등의 기간에도 이러한 문제들에 대해 실시간으로 대응하고 있다.

⑨ 확정 신고용 자료 작성 지원

임대주택관리업체는 소유자가 확정 신고를 할 때 어려움 없이 처리할 수 있도록

1년간의 매출 관련 자료들을 1년에 한 번씩 소유자에게 전달하는 업무도 수행한다. 법인소유자의 경우 결산일에 맞춰서 자료를 정리하여 전달하기도 한다.

(2) 주요 관리 업무

① 입주자 모집 업무

임대주택관리업체의 가장 중요한 업무 중의 하나는 입주자를 모집하는 것이다. 입주자 모집은 임대수입에 직결되는 사항이기 때문에 총력을 기울여야만 한다.

통상 대형 임대주택관리업체는 자사에 직영점포를 가지고 있거나 임대중개 전문 자회사를 보유하고 있다. 따라서 자사의 조직을 이용하여 상시적으로 입주자 모집을 전개하고 있다. 또한, 전국적으로 협력 부동산업자를 통한 전국 네트워크 체제를 구축하고 이를 통해 전국적으로 입주자 모집활동을 전개하고 있다.

그 밖에 임대정보지(대형 임대관리업체의 경우에는 자사의 임대정보지를 보유하고 있다)를 통한 모집과 신문 · 잡지 · 전단지 광고와 TV · 인터넷 등의 매체를 사용하여 입주자 모집활동을 폭넓게 수행하고 있다.

② 임대료관리 업무

관리업체는 입주자가 소유자에게 매월 지불하는 임대료를 소유자를 대신해서 징수하는 업무를 수행한다. 관리업체는 입주자가 지불한 임대료를 수령하여, 매월 말일까지 소유자에게 지불한다. 이때 입주자가 임대료를 장기 체납하는 경우도 발생하게 되는데, 이 경우에 대비해 관리업체는 계약에 의해 최대 6개월간의 임대료 체납 보증을 하기도 한다.

또한, 필요에 따라서 각종 명세서와 서류, 수입 등에 관한 서류를 작성하여 소유자에게 전달하기도 한다.

③ 건물 유지 · 관리 업무

임대주택의 유지 · 관리를 소유자가 직접한다는 것은 매우 어렵거나 거의 불가능한 일이다. 이러한 소유자들의 어려움을 덜어 주기 위해 관리업체는 건물의 유지 · 관리 업무를 수행한다. 또한, 계약에 의해서 수개월에 한 번씩 건물의 정기검사도 실시하게 되며, 그 결과는 문서로 소유자에게 보고하게 된다.

만약 정기검사 결과 건물에 결함이 확인된 경우에는 소유자에게 지체 없이 보고하고 이에 대해 소유자와 상담을 통해 수선 등의 대책을 강구한다. 또한, 입주자로부터 건물이나 설비 등의 결함에 대한 연락이 올 경우에도 이에 대해 신속하게 대응하는 업무도 수행한다.

④ 계약관리 업무

계약관리 업무는 법적인 부분이 포함된 복잡하고 어려운 일이다. 일본은 대부분의 임대관리업체가 중개 업무를 병행하고 있기 때문에 소유자를 대신해 계약관리 업무도 수행한다.

임대관리업체는 입주자의 계약기간이 만료되었을 경우 계약갱신의 업무를 대행한다. 이때 임대료의 변경 등으로 입주자의 교섭 일도 소유자를 대신해서 수행한다. 또한, 명의를 변경할 경우나 계약내용 변경 등의 업무들도 소유자를 대신해서 수행하게 된다.

만약 입주자가 재계약을 하지 않고 계약종료할 경우에는 입주자의 퇴거 시 입회를 하게 되며, 이때 시설의 파손 여부 등도 세심하게 체크하여 이에 대한 책임소재 등을 명확히 정리해야 한다.

일본의 관리업체는 입주자가 퇴거 시 시설을 원상회복해야 하는데 이때 입주자와 소유자 간 잦은 분쟁이 발생하지 않도록 명확하게 정리를 해야 한다. 만일 입주자의 과실에 의한 시설의 파손이라면 입주자에게 충분한 설명으로 이해시킨 후 비용정산해야 한다.

일본은 통상 월 임대료의 1~3개월의 임대보증금(시키킹, 敷金)을 초기계약 시 소유자에게 지불하게 되는데, 원상회복에 소요되는 비용은 이 금액에서 공제된다. 따라서 시키킹에서 원상회복비용을 공제한 금액을 퇴거 시 입주자에게 지불한다.

만약 파손의 범위가 너무 커서 시키킹으로 비용충당이 안 되는 경우에는 입주자에게 그 비용을 추가로 청구할 수 있다. 이런 상황은 소유자와 입주자 간에 자주 일어나는 분쟁이며 심한 경우에는 소송까지 하기도 한다. 물론 소송이 발생할 경우에도 관리업체에서 소송 업무도 대신 수행하게 된다.

⑤ 긴급 발생 업무의 대응

임대주택관리업체는 야간, 휴일 등 영업시간 이외에도 입주자로부터 건물 · 설비 등의 문제 발생에 관한 연락에 상시 대응하기 위한 '소비자 긴급대응 센터' 시스템을 갖추고 있다. 또한, 이렇게 축적된 시스템은 다른 중소관리업체 등에 유상으로 제공하고 있다.

⑥ 공공요금 및 공용시설에 대한 관리대행

전기세 · 수도세 등 공공요금의 지불을 대행하며, 정화조의 유지관리 · 법정 검사 · 청소, 엘리베이터와 소방 설비 등의 보수관리, 현관 · 복도 · 주변 청소, 배수관 점검 · 청소, 공용복도의 형광등 교체, 잡초 제거 등 임대주택건물의 쾌적성과 가치를 유지 · 향상시키기 위한 유지관리 업무를 대행한다.

⑦ 입주자와 발생되는 각종 문제해결 지원

관리업체는 입주자가 임대차계약 내용을 위반하여 소유자와 발생하는 각종 문제에 대한 해결 및 지원 업무를 수행한다. 주요 문제로는 입주자의 임대료 체납문제, 주거 이외의 다른 용도로 사용하는 용도 위반문제, 타인에게 무단 전대하는 문제 등이 있는데 이러한 문제가 발생할 경우 해결을 위해 소유자를 대신해서 적극적인 노력을 해야 한다.

이러한 노력에도 문제가 원만하게 해결되지 않아 법적인 조치가 필요한 경우에는 소유자의 요청에 따라 자사 및 제휴 법률사무소의 고문 변호사를 통해 문제해결을 위한 지원을 수행한다. 이때 소유자와 관리업체가 일괄 임차계약을 체결한 경우에는 명도소송의 비용을 보조하기도 한다.

⑧ 확정 신고용 자료 지원

관리업체는 소유자의 확정 신고 시 편의를 제공하기 위해 연간 매출 내역 등을 정리하여 확정 신고기간에 맞춰 그 내역서를 소유자에게 제공한다.

(3) 토지의 위탁 · 신탁 · 수탁 업무

임대주택관리업체는 단순히 기존임대주택의 건물만 건설 · 관리하는 것이 아니라 자사 및 계열사의 조직을 통해 토지활용에 대한 지원 업무도 수행하고 있다.

소유자가 보유하고 있는 토지를 활용하여 임대주택사업을 할 수 있도록 임대사업의 기획, 사업의 입안에서 인허가, 설계 및 시공 등의 임대주택의 건설 업무에 이르기까지 폭넓은 활동을 수행하고 있다. 따라서 대형 임대주택관리업체의 경우에는 대부분 건축 및 시공업체를 계열사로 보유하고 있다.

또한, 자사가 건설한 임대주택의 경우에도 대부분 장기 일괄 임차계약을 통하여 입주자를 모집, 관리 및 운영 등 소유자를 대신하여 임대경영을 대행하고 있다.

2) 임대주택경영 수탁

대규모 기업형 임대주택관리업체는 임대주택에 대한 경영 수탁 업무도 수행하고 있다. 임대주택경영 수탁은 단순히 임대주택경영을 지원하는 것이 아니다. 이는 임대주택사업의 최초 단계인 기획의 입안에서부터 임대주택건물의 설계와 시공, 입주자 모집과 알선, 건물과 입주자관리와 운영, 그리고 임대주택경영에 있어서 발생하는 모든 수익과 관련 요인들의 변동 리스크에 대응하는 것까지 다양하고 폭넓은 분야에 걸친 업무들을 수행한다. 즉, '임대주택관리 및 경영에 대한 모든 일들을 임대주택관리업체에게 맡긴다'는 것을 의미한다.

소유자는 이렇게 전문 관리업체에게 임대주택경영을 수탁함으로써 향후 발생할 수 있는 공실에 따른 수입의 문제나 임대료의 변동 그리고 입주자 퇴거 시 원상회복비용과 노후화로 인한 건물 수선비용 등 임대주택경영의 불안요인과 리스크 등을 한꺼번에 해소할 수 있다.

그리고 관리업체는 임대관리에 관한 다양한 변동 리스크에 철저하게 대응함으로써 소유자가 장기간에 걸쳐 안정된 임대주택경영을 영위할 수 있도록 장기 일괄 임차를 통해 보장하게 된다.

임대주택경영 수탁은 임대주택사업의 계획, 건물의 설계 및 시공, 입주자 모집 · 확보, 장기 일괄 임차 등 크게 4가지 단계에 의해 진행된다. 이에 대해서 차례로 살펴보기로 하자.

(1) 1단계: 임대주택사업계획

안정적이고 성공적인 임대주택사업을 하기 위해서는 건물을 건설하기 전에 치밀한 사업계획을 세워야만 사업을 성공으로 이끄는 첫 번째 시작이라고 할 수 있다.

대형 임대주택관리업체는 사업에 소요되는 자금, 입주자 관련 시장, 그리고 임대주택 건설 후의 시장상황 등에 대해 자사의 경험과 노하우를 바탕으로 소유자가 추구하는 사업목적과 계획을 세워야 한다. 그 후 소유자에게 제안하는 것이다. 이 단계는 크게 7단계에 걸쳐서 진행하게 되는데 그 세부내용은 다음과 같다.

① 토지분석

입지조건 · 주변 환경 및 장래의 개발계획 등 다양한 각도에서 소유자의 토지를 분석하고 진단한다.

- 사업지에 대한 개별적 사항에 대한 조사 · 심사
- 주변 지역의 시장조사 · 분석
- 입주자 수요 및 니즈에 관한 조사 · 분석

② 건축계획

소유자의 사업목적에 맞게 토지분석 결과와 입주자의 니즈분석 결과를 바탕으로 건물의 규모와 배치, 공법, 배치계획 등을 검토한다.

- 계획한 건물의 선정
- 배치계획 작성
- 외관 및 내부 투시도 작성
- 계획한 건물의 도면 작성

③ 경영계획

임대료, 주차요금 등의 임대조건 설정은 건축비와 사업수지를 고려해야 소유자가 만족하는 최적의 경영계획을 제안할 수 있다.

- 임대조건의 설정
- 사업비용 산출
- 사업수직계획의 입안
- 사업손익계획의 입안

④ 자금계획

관리업체는 업체 자체의 대출을 포함하여 공적금융기관이나 민간금융기관으로부터 자금조달에 관한 상담 및 조언과 대출기관의 소개 등 대출상환계획을 제안한다.

- 사업자금 차입 금융기관 소개
- 자금의 차입 및 상환계획 제안
- 금융기관 심사 지원

⑤ 임대주택사업계획 제안

여러 가지 조건을 비교 · 검토한 후에 소유자가 만족할 수 있고 장기적으로 안정된 임대경영을 실현하기 위해 임대주택사업계획을 제안한다.

- 투시도 · 배치계획도 등 제안
- 사업계획서 제안
- 상속 · 자산운용 대책 제안

⑥ 주문

제안한 사업계획을 소유자가 충분히 납득한 후에 계약여부를 확인하고 주문을 받는다. 주문계약이 완료한 후 설계를 실시한다.

- 주문서에 서명
- 수주 신청금 지불

⑦ 계약

사업계획서 및 설계계획에 대한 소유자의 충분한 검토와 승낙이 있은 후에, 건축공사계약을 체결한다. 또한, 장기 일괄 임차에 대한 내용을 소유자에게 설명한 후 확인받는다.

- 계약내용 확인
- 건축공사계약 체결

- 일괄 임차 안내
- 대출 신청

(2) 2단계: 건물의 설계 및 시공

면밀한 사업계획을 구체화하고 장기적으로 안정된 임대주택사업을 경영하기 위해서는 내구성과 충분한 기능을 갖춘 품질이 우수한 건물을 확보하는 것이 매우 중요하다.

따라서 대형 임대주택관리업체에서는 자사 및 계열사를 통한 직접 시공으로 안전하고 고품질의 임대주택건물을 제공하고 있다.

① 설계 · 시공

계약체결 후 사업계획을 기초로 자사가 보유한 경험과 노하우 그리고 기술력을 최대한 활용하여 임대주택건물의 설계 및 시공을 실시한다.

- 각종 사업의 인허가 및 서류 업무 대행
- 인근 주민에게 양해
- 계획건물의 시공 및 감리
- 착수금 등 지불

② 공사검사 · 준공

건물의 완공까지 엄격한 공사 및 감리를 실시한다. 공사 중간과 준공검사 시에는 소유자의 입회 후 검사를 진행하고 있다.

- 자사 내 · 외 각종 공사검사
- 공사대금 완납
- 사후 서비스 보증

– 준공 보고서 작성

(3) 3단계: 입주자 모집 및 확보

임대주택사업의 장기적 · 안정적 수입을 확보하기 위해서는 우수한 입주자를 확보하는 일은 무엇보다 중요하다. 대형 임대주택관리업체는 자사가 관리하고 있는 건물에 대해서 입주자의 모집 · 중개 · 알선을 수행하기 위해서 자사 내의 중개 전문 스태프를 현장에 배치하고 있다. 신축임대주택뿐만 아니라 기존임대주택에 대해서도 지속적인 입주자 확보를 수행하고 있다.

① 입주자 모집

TV, 인터넷, 신문, 잡지, 간판 등의 광고매체를 이용하여 광범위한 입주자 모집활동을 전개하고 있으며, 기업체에 직접 방문과 사택알선 제휴, 사택소개, 부동산회사와의 제휴 등 적극적인 입주자 모집활동을 수행하고 있다.

– 자사 내 스태프를 활용한 모집활동
– 자사 계열 중개법인을 통한 모집활동
– 외부 부동산회사로부터 소개
– 각종 매체를 활용한 모집활동

② 입주자 확보

확보된 입주 희망자들 중에서 자사의 심사기준에 의해 입주자를 선정하고 입주를 시작한다.

– 우수 입주자 선정
– 입주 신청
– 입주자 서비스

(4) 4단계: 장기 일괄 임차

전술한 대로 주택임대사업을 장기적 · 안정적으로 경영하기 위해서는 전문적인 관리와 운영 업무가 전제조건이 된다. 대형 주택임대관리업체는 소유자의 임대주택을 장기 일괄 임차를 통해 관리하고 있다. 장기 일괄 임차는 임대주택사업의 관리 · 운영에서부터 임대주택사업에 따르는 다양한 변동 리스크에 대한 대응에 이르기까지 소유자를 대신해서 임대주택경영을 통합적으로 책임지게 되며, 자산의 가치향상을 위해서도 노력한다.

① 임대주택사업의 시작

임대주택사업의 시작을 위한 필요한 각종 업무들은 관리업체가 대행하며 사업에 차질이 없도록 만반의 준비를 한다.

② 변동 리스크에 대한 대응

장기 일괄 임차사업에 있어서, 수입과 지출에 대한 다양한 리스크에 대응하고 있다.

- 장기 일괄 임차계약
- 매월 일정 임차료 지불
- 임차료 장기 고정: 계약에 따라 다양한 형태가 있으나, 일본의 임대주택관리업체인 다이토켄타구의 경우 최초 10년, 그 이후에는 5년 마다 갱신
- 계약에 따라 원상회복비 · 수선비를 관리업체에서 부담

③ 관리운영 대행

주택임대사업에 관한 풍부한 노하우를 바탕으로 입주자 확보와 상시 발생하는 업무 등을 관리업체가 대행하게 된다.

- 입주자 알선
- 계약관리
- 임대료관리
- 건물관리
- 원상회복관리
- 수선관리

④ 임대효율 추구

대형 임대주택관리업체는 임대사업이 개시된 후에도 임대시장의 조사와 관련 사업에 대한 분석을 지속적으로 수행하여, 임대주택의 경쟁력 유지 및 향상을 위해 노력해야 한다. 또한, 건축자재와 설비 등의 일괄 매입으로 내구성과 지속성이 높은 건축자재와 설비 개발을 통해 유지비용의 절감을 도모하여 임대사업의 효율성을 높이기 위해 노력해야 한다.

- 시장조사
- 관련 사업에 대한 조사

⑤ 투명한 임대경영

소유자에게 임대경영에 대한 정보와 운영상황 등 관련 정보를 공유하여 보다 투명성 높은 경영을 수행하고 있다.

심화 학습 일본에서 임대주택을 선택할 때 어떤 항목을 가장 중요하게 생각할까?

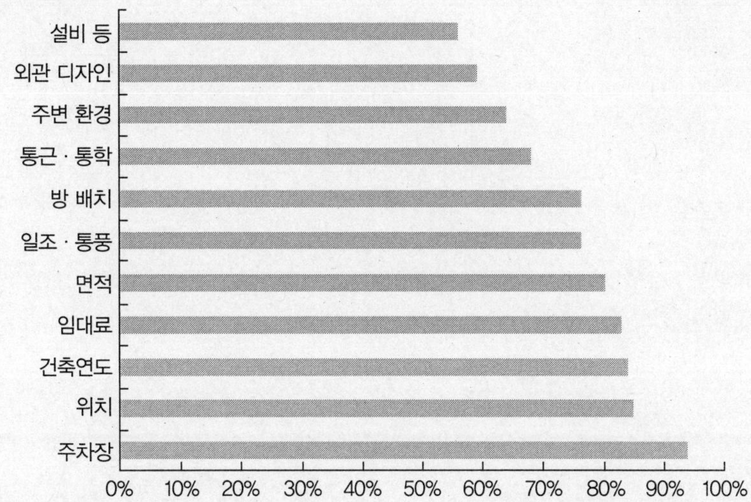

| Chapter 05 |

주택임대관리업의 사업형태 및 변화

Chapter 05

주택임대관리업의 사업형태 및 변화

1. 주택임대관리업의 사업형태

1) 한국의 사업형태

3장에 기술한 바와 같이 한국의 임대주택관리업의 형태는 자기관리형과 위탁관리형 2가지가 있다.

(1) 자기관리형 주택임대관리업

자기관리형 주택임대관리업은 임대인과 주택임대관리업자가 계약당사자이다. 주택임대관리업자는 계약기간 중 임대인의 임대료 지불을 보장하고 자기책임으로 주택을 임대하는 형태를 말한다. 자기관리형 주택임대관리업체는 법률적으로 관리호수가 100호 이상이어야 하며, 자본금은 2억 이상, 그리고 전문 인력을 2인 이상 두어야 한다.

여기서 전문 인력은 변호사, 법무사, 공인회계사, 세무사, 감정평가사, 건축사,

공인중개사, 주택관리사로서 해당 분야에 2년 이상 종사한 사람과 부동산 관련 분야의 석사학위 이상 소지자로서 부동산 관련 업무에 3년 이상 종사한 사람이 해당된다.

[그림 5-1]은 자기관리형 주택임대관리업의 업무 흐름을 나타낸 것이다.

자기관리형 주택임대관리업자는 먼저 임대인과 계약을 체결한 후 보증회사와 보증계약을 체결하게 된다. 이후 공인중개사를 통해 임차인을 모집해 계약을 체결하면 임대료 수입이 발생한다. 그 수입에 관계없이 임대료를 지불하게 되는데 이때 임차인은 주택관리업자와 계약을 하게 된다.

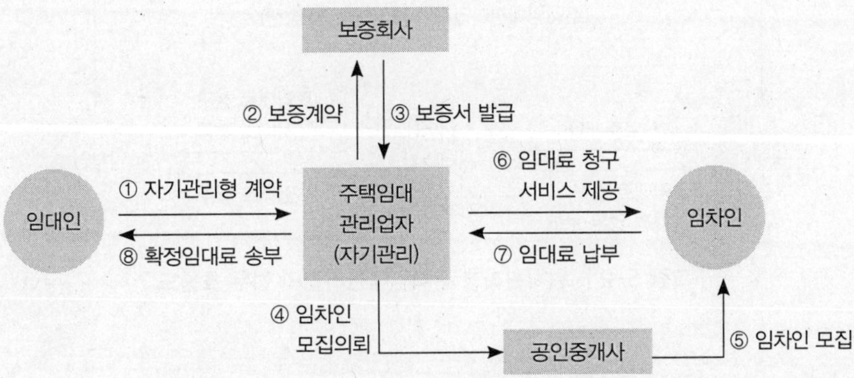

| 그림 5-1 | 자기관리형 주택임대관리업의 업무 흐름도

출처: 국토부.

(2) 위탁관리형 주택임대관리업

위탁관리형 주택임대관리업은 임대인과 임차인이 계약당사자이다. 주택임대관리업자는 임대인과의 계약에 의해 관리수수료를 받고 임대료 징수, 임차인관리 및 시설물 유지관리 업무 등을 대행하는 형태를 말한다.

위탁관리형 주택임대관리업체는 법률적으로 관리호수가 300호 이상이 되어야 하며, 자본금은 1억 이상, 그리고 전문 인력은 1인 이상 두어야 한다.

[그림 5-2]는 위탁관리형 주택임대관리업의 업무 흐름도를 나타낸 것이다.

위탁관리형 주택임대관리업자는 자기관리형과 다르게 임차인과 계약을 하지 않고, 임차인과의 계약은 임대인이 직접하게 된다. 전술한 대로 계약 당사자끼리 계약을 하기 때문이다.

이후 위탁관리형 주택관리업자는 임대인과의 위탁계약을 체결하고, 계약에 의해 임대료 징수, 임차인관리 및 시설물 유지관리 업무 등을 대행하고 그 대가로 관리 수수료를 받게 된다.

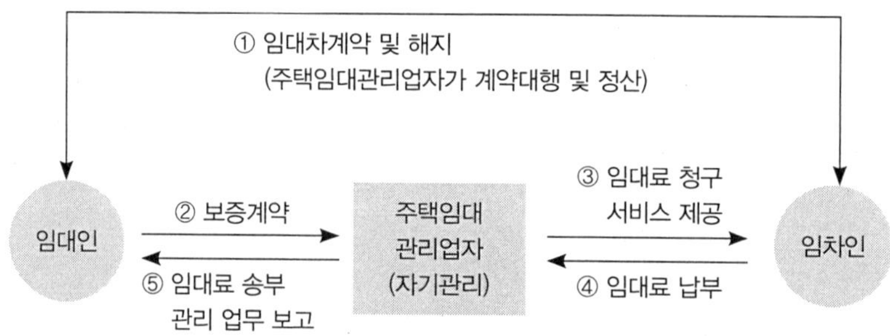

| 그림 5-2 | 위탁관리형 주택임대관리업의 업무 흐름도

출처: 국토부.

2) 일본의 사업형태

한국의 주택임대관리업의 법과 제도적 정비가 아직 미비한 상태이고, 주택임대관리업의 역할 및 기능의 설정도 아직 진행 중이기 때문에 현재 한국의 주택임대관리업의 사업형태만을 가지고는 다소 부족한 면이 있다.

따라서 우리보다 30년 이상 먼저 주택임대관리업을 시작한 일본의 사업형태를 살펴봄으로써 향후 한국의 사업형태를 예측해 보는 것도 의미 있는 일이라 생각한다.

[그림 5-3]은 일본의 임대주택관리사업의 형태를 나타낸 것이다. 일본의 임대주택관리업은 임대주택의 운영을 임대관리업자가 리스크관리에 어느 정도 관여하느냐에 따라 사업형태가 달라진다.

일본의 사업형태는 크게 서브리스방식과 관리 업무 수탁방식으로 나누어지며, 더 세부적으로는 서브리스방식에 고정임대료 보증형과 실적임대료 보증형의 사업형태가 있다. 관리 업무 수탁방식에는 실적임대료 연동형 임대관리 수탁방식과 고정형 임대관리 수탁방식, 서비스형 임대관리 수탁방식 등 모두 5가지의 관리형태가 있다.

여기서 서브리스방식은 한국의 자기관리형에 해당하며, 관리 업무 수탁방식은 한국의 위탁관리형에 해당한다. 하지만 그 업무 내용이 일치하지 않고 상이한 점이 다소 있기 때문에 이점에 유의하기 바란다.

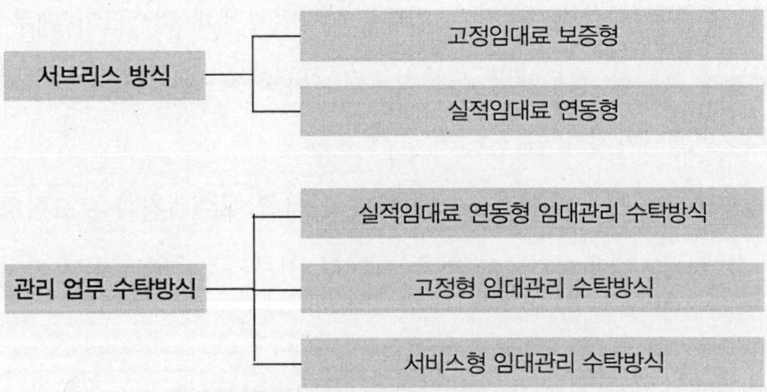

| 그림 5-3 | 임대주택관리의 사업형태

(1) 서브리스방식

서브리스방식은 임대관리사업자가 임대인이 되는 방식이다. 즉, 임대관리사업자가 소유자로부터 임대주택을 일괄 임차하여 임대관리사업자가 직접 입주자와 계약 당사자가 되는 방식이다. 이때 전대의 방식을 취하게 된다.

이러한 서브리스방식에는 소유자에게 지불하는 임대료의 성격에 따라 고정임대료 보증형과 실적임대료 연동형의 2가지 방식이 있다.

① 고정임대료 보증형 서브리스방식

고정임대료 보증형 서브리스방식은 임대관리사업자가 임대주택경영에 대한 리스크에 가장 깊게 관여하는 사업형태이다. 다시 말하면 서브리스기간 중에 소유자는 임대주택관리사업의 리스크에 대해 자유로워질 수 있다. 반면 임대관리사업자는 계약기간 중 모든 리스크를 책임지게 된다.

하지만 서브리스계약을 해소 · 해약하게 된다면 그 순간부터는 모든 사업 리스크를 다시 소유자가 책임지게 된다.

따라서 이 방식은 임대관리사업자 및 소유자 쌍방이 계약내용에 대해서 충분히 이해한 뒤 진행할 필요가 있다.

고정임대료 보증형 서브리스방식은 임대관리사업자에게 리스크가 매우 큰 사업형태이기 때문에 특별한 경우에만 제한적으로 사용하고 있다. 이러한 사업방식을 취하는 경우는 크게 3가지가 있다.

첫째, 임대관리사업자가 건설업을 경영하고 있어 임대주택건설을 포함하여 임대관리업무를 수행하는 경우이다. 이 경우는 대형 서브리스사업자가 많이 사용하는 방식이다.

둘째, 임대관리사업자 자신이 임대주택에 사업투자를 한 뒤, 수행하는 경우이다. 이 경우에는 게스트하우스, 셰어하우스사업 등을 수행하고 있는 사업자가 많이 사용하는 방식이다.

셋째, 임대관리사업자가 자사의 높은 임대관리 및 임대경영 능력을 보유하고 있어서 소유자의 기대이익에 대응할 수 있을 때 실행하는 경우이다.

심화 학습 **게스트하우스와 셰어하우스**

게스트하우스와 셰어하우스는 같은 개념의 주택이다. 초기에는 외국인을 대상으로 하여 '외국인하우스' 또는 '게스트하우스'란 명칭을 사용하였으나, 최근에는 공용 부분의 설비 등을 입주자가 공동으로 사용한다는 의미에서 '셰어하우스'란 명칭을 사용하고 있다.

셰어하우스의 특징은 각 실에 침대, 테이블, 의자, 수납가구 등은 설치되어 있으나, 주방, 화장실, 욕실 등 물을 사용하는 설비가 없다는 것이다. 즉, 주택의 공용 부분에 공용주방, 식당, 화장실, 샤워실 등과 공용 냉장고, 공용 컴퓨터 등의 설비가 설치되어 있어 거주자는 공용부에 설치된 공용 설비를 이용하며 생활하고 있다.

* 먼스리 만숀(호텔)은 각 실에 주방, 화장실, 욕실 등 물을 사용하는 설비가 있다는 점이 게스트하우스와 다르다. 그리고 계약기간이 1개월 또는 수개월의 초단기이다(경우에 따라서는 1년, 2년 계약도 있다).

② 실적임대료 연동형 서브리스방식

이 방식은 임대주택경영의 사업 리스크를 소유자가 전적으로 부담하고, 임대관리사업자는 자사가 보유한 임대전문 능력을 최대한 발휘, 활용하는 방식이다. 이 방식은 높은 수준의 관리능력을 보유하고 있는 중소 임대관리사업자가 참여하기 쉬운 형태이다.

이 방식의 효과 및 임대관리상의 포인트는 서브리스방식 전체에 공통되는 것이지만, 정리하면 다음과 같다.

첫째, 서브리스사업자가 임대인(전대자)이 되기 때문에, 입주자(임차인)에게 있어서는 임대차계약에 대한 책임 주체가 명확해진다. 때문에, 소유자와 임대관리업자가 상존함으로서 발생할 문제에 대한 대응 창구, 책임 범위에 대한 내용과 소재 등에 대한 우려가 없다.

둘째, 소유자에게 있어서 임대차계약에 따른 일상의 문제에 대한 대응이 사라지게 된다.

셋째, 입주자(임차인)의 임대료 지체 및 연체, 원상회복[01], 명도 등에 대한 문제처리는 법률적으로 서브리스사업자가 스스로 대응 및 처리를 해야 한다.

넷째, 입주자(임차인)로부터 보증금 반환 등의 소송제기가 있을 경우에는 서브리스사업자가 해당 소송의 피고가 되어 대응해야 한다.

다섯째, 서브리스방식의 공통 사항이다. 서브리스계약 시에는 소유자 · 서브리스사업자 간의 임대차계약(마스터계약)이 해약 · 해소되는 경우에 입주자(임차인)의 임대차계약(전대차계약)은 소유자 또는 다음 서브리스사업자가 승계한다는 등의 특이사항 약정이 반드시 필요하다.

이와 같이 실질임대료 연동형 서브리스방식은 임대관리사업자(서브리스사업자)가 임대경영에 대한 사업 리스크 자체에 대한 부담을 가지지 않으면서, 임대인의 자격으로 실질적, 법률적 책임을 부담하기 때문에 이러한 상황에 대처 할 수 있는 임대관리의 전문 능력의 보유가 반드시 필요하다.

심화 학습 **서브리스사업자와 소유자 간의 임대차계약(마스터계약)의 포인트**

서브리스방식에는 소유자(토지, 건물)와 서브리스사업자 간에 임대차계약(마스터계약)과 입주자(임차인)와의 임대차계약(전대차계약, 협의의 서브리스계약)이 있다.

▶ 계약기간

실적임대료 연동형의 경우, 2년의 단기 계약기간을 갱신하는 방식이 많다. 고정임대료 보증형의 경우는, 계약기간이 2년인 경우도 있으나, 5년, 10년 또는 30년 등 장기로 계약하는 경우가 많다.

01 일본의 경우 입주자가 계약종료 시 퇴거할 때, 사용했던 집의 시설 부분에 대하여 처음 입주때와 동일한 상태로 복구를 해야 할 의무를 가지게 된다. 이때 들어가는 비용은 최초 임대계약 시 수령한 보증금(시키킹, 敷金)에서 충당하게 되는데, 결국 입주자는 원상회복에 드는 비용을 차감한 액수만을 퇴거 시 받게 된다. 만약 원상회복에 필요한 비용이 보증금(시키킹)을 초과하는 경우, 입주자는 부족한 금액에 대해서 추가적으로 지불해야 한다.

▶ (소유자에게) 지불 임대료 보증기간

실적임대료 연동형의 경우는 당연히 임대료 보증기간 자체가 없다. 고정임대료 보증형의 경우는 계약기간의 장 · 단에 관계없이 임대료 보증기간을 2년 또는 3년 등으로 하거나, 5년 또는 10년 등의 기간으로 설정하는 사례도 있다. 이때 각각의 계약기간 만료 시점에 임대료 수준을 새롭게 갱신하게 된다.

▶ (소유자에게의) 지불 임대료 보증수준

고정임대료 보증형만 관계되는 사항이지만, 보증하는 임대료 수준을 예로 들면 서브리스사업자가 건설업을 함께 하는 경우에는 보증하는 임대료 수준이 높다. 반대로 서브리스사업자 자신도 사업투자를 하고 서브리스사업을 수행하는 경우(게스트하우스, 셰어하우스 등)에는 소유자에게 지불을 보증하는 임대료 수준이 낮아지는 경향이 있다.

▶ (소유자로부터 수수하는) 서브리스사업 보수

실적임대료 연동형의 경우에는 일정 비율의 서브리스사업 보수를 소유자로부터 수수하게 된다. 그 수준은 서브리스사업자의 책임, 권한의 부가 등에 따라서 책정된다. 그리고 그 수준은 일반적으로 관리 업무 수탁방식보다는 높게 설정되지만, 보수 수준 자체가 변하지 않는 경우 등 상황에 따라 다양하게 나눠지기도 한다.

▶ 마스터리스계약에 있어서 (소유자에의) 사례금, 보증금 등의 일시금 지불

이것도 다양한 케이스가 있으나, 소유자와 서브리스사업자 간의 임대차계약(마스터계약)을 체결할 때 시키킹(敷金), 레이킹(礼金) 등 초기 일시금이 지불되는 사례는 줄어들고 있다. 즉, 소유자에 대해서는 월 임대료 지불만을 원칙으로 하는 경우가 많아지고 있다.

(2) 관리 업무 수탁방식

관리 업무 수탁방식은 소유자가 임대인이 되고, 관리업자는 소유자로부터 위탁받은 관리 업무만을 수행하는 방식이다.

이러한 관리 업무 수탁방식에는 관리보수의 성격에 따라 실적임대료 연동형 임대관리 수탁방식과 고정형 임대관리 수탁방식, 그리고 무료형 임대관리 수탁방식 등 3가지의 방식이 있다.

관리 업무 수탁방식은 실무적인 임대관리의 일정 업무는 임대관리사업자가 수행

하지만, 입주자(임차인)와의 임대차계약상의 책임, 권한, 임대주택의 관리 · 운영에 관한 리스크 등은 소유자가 전적으로 부담하는 방식이다. 이 방식은 기본적으로 시장의 상황이 비교적 좋거나 안정적이어서 소유자의 임대주택경영에 대한 사업 리스크가 매우 낮은 경우에 효과적인 방식이다.

구체적으로 이 방식이 유효한 시장과 경영 환경에 대해서 정리하면 다음과 같다.

첫째, 임대주택의 수요가 넘쳐나서, 전문적인 경영 능력이 없어도 임차 희망자가 넘쳐나는 경우이다.

둘째, 임대주택의 수요가 넘쳐나는 수준은 아니지만, 소유자가 이미 주택대출을 모두 갚거나 전혀 없는 상태여서 공실이 발생해도 임대경영상에 문제가 되지 않는 경우, 또는 개인사업주일 경우 세제상의 혜택을 받고 있기 때문에 굳이 리스크를 안고 추가투자 등을 할 필요가 없는 경우이다.

① 실적임대료 연동형 임대관리 수탁방식

관리보수가 임대관리사업자의 실적에 따라 달라지는 방식으로 임대주택관리사업자가 관리 · 운영 등의 노하우가 축적된 경우에 주로 선택한다.

이는 기준이 되는 임대경영의 실적을 정해 놓고 임대관리사업자가 본인의 능력을 충분히 발휘하여 기준 실적보다 향상한 만큼 계약사항의 관리보수만큼 더 많은 보수를 받게 된다.

② 고정형 임대관리 수탁방식

관리보수가 실적에 관계없이 항상 고정된 일정액으로 정해지는 임대관리 수탁방식이다. 따라서 관리회사는 노력을 기울일 필요가 없으며 소유자도 임대관리사업자에게 정해진 단순 업무 등을 부여하는 경우가 많다. 이 경우는 임대관리사업자의 능력에 의해 임대주택의 경영실적이 크게 영향을 받지 않는 경우에 선택하는 방식이다.

③ 서비스형 임대관리 수탁방식

관리보수를 받지 않는 임대관리 수탁방식으로서, 임대중개 업무에 부가되는 서비스적 성격이다. 대신 소유자는 임대주택의 전속중개계약권을 중개업자에게 부여하는 경우가 많다.

(3) 향후 사업형태의 방향

전술한 바와 같이 관리 업무 수탁방식은 입주자를 구하는 데 큰 어려움이 없는 임대시장의 경우 소유자에게 유리한 방식이다. 또한, 이미 건설된 임대주택으로서 대출에 대한 부담이 없는 경우에도 많이 선택되는 방식이다. 하지만 서브리스방식은 반대의 경우에 효과를 볼 수 있고 그 의미도 찾을 수 있다.

따라서 지역별 · 시기별 시장 상황 등에 따라서 소유자는 자신에게 유리한 사업방식을 선택할 것이다.

현재 일본의 임대주택시장은 입주자가 넘쳐나는 시장상황은 찾아보기 어려우며, 인구 · 세대수의 장래 예측 등을 고려하더라도 앞으로는 더욱 어려워질 것으로 예측된다.

또한, 일본 임대주택의 공실률은 약 18.7%(2008년 기준)로 매우 심각한 수준에 처해 있다. 따라서 이러한 상황에 대처하기 위해서는 시장의 니즈에 대응할 수 있는 전문 임대관리업의 역할이 더욱 중요하게 될 것이며, 관리형태에 있어서도 서브리스방식이 향후 더욱 주목받게 될 것이다.

2. 주택임대관리업의 변화

이제 한국은 주택임대관리업을 시작하는 걸음마 단계이다. 따라서 앞으로 주택임대관리업이 어떻게 진행되고, 향후 어떻게 변해갈지에 대해 예측하는 것은 현 단계에서 매우 어려운 일이다.

따라서 일본 임대주택관리업의 시장상황의 변화 등을 살펴봄으로써 향후 한국의 주택임대관리업의 시장이 어떻게 변화할지 생각해 보자.

1) 시장 상황

(1) 부동산업의 역할 및 시장 변화

① 부동산업에 대한 역할의 변화

일본은 부동산업을 일반적으로 개발 · 분양업, 임대업, 유통업, 관리업 등으로 분류해 왔다. 하지만 최근에는 이러한 부동산업에 리폼업과 부동산투자자문업 등도 새롭게 추가해야 한다는 의견이 생겨나고 있다. 즉, 부동산업이 더욱 다양화되고 세분화되는 추세인 것이다.

이제 부동산업은 국민의 생활과 경제활동에 있어서 매우 밀접한 산업이 되었다. 부동산업은 국가 경제의 발전과 변화에 대응하여 지금까지 잘 적응해 왔다. 그리고 향후 국민 경제의 발전과 함께 기능과 역할, 그리고 업태도 더욱 다양화되고 세분화될 것이다.

② 신규공급에서 기존주택의 시대로

일본의 부동산버블(1985~1990년 경)이 붕괴된 지, 약 10년 후 부동산디플레가 어느 정도 안정되기 시작했다. 그리고 이 시기부터 부동산에 대한 시각이 변화하기 시작했다.

부동산에 대한 시각은 과거 분양에 의한 판매수익 중시의 사고에서 운영수익 중시 사고로 급격하게 변화했다. 국가의 정책 면에서도 과거의 신축 · 매매 중심에서 임대주택과 기존주택의 리폼을 중시하는 정책적 발상의 전환이 이루어졌다.

이러한 정책적 방향의 전환은 2006년 6월에 제정된 [주생활 기본계획]에 반영되어 있는데, 이후 10년간은 종래의 [주택건설 5개년 계획]을 대신해서 정책이 실행되었다. 이 [주생활 기본계획]에는 [주택 관련 사업자의 책무]를 부여했다.

심화 학습 **[주생활 기본계획]에 포함된 [주택 관련 사업자의 책무]**

- 주택 관련 사업자는 주택의 안전성과 기타 품질, 성능의 확보에 대해서도 중요한 책무를 가지고 필요한 조치를 강구해야 한다.
- 주택 관련 사업자는 사업활동에 관련된 주택에 관한 정확하고 적절한 정보의 제공에 노력해야만 한다.

(2) 임대주택관리업과 시장의 변화

① 임대관리업에 대한 수요의 발생요인

일본은 1950년대 중반부터 경제의 고도성장기에 접어들었다. 이때 대도시의 일자리가 증가하여 근로자들이 대도시에 대량으로 유입되기 시작했다. 이러한 대도시로의 급격한 인구유입은 임대주택에 대한 수요를 단기적으로 급증시키는 요인이 되었고, 이때 대도시에는 임대주택의 부족현상이 심화되었다.

이후 급증한 임대주택의 수요에 대응하여 임대주택이 대량으로 공급되기 시작했다. 이 시기 초기의 임대주택사업자는 임대주택에 대한 경험이 없는 토지 소유주가 대부분이었으며, 상당수가 다른 직업을 가지고 있는 겸업 소유자였다.

이러한 상황에서 소유자들의 임대관리위탁에 대한 수요가 생기기 시작하자 이러한 수요에 대응하기 위해 임대주택의 관리 · 운영업무를 수행하는 임대관리업이 나타났다. 이 시기의 임대주택관리업의 형태는 완벽하지 않았지만 일본은 이 시기부터 임대주택의 소유와 경영의 분리가 나타나기 시작했다.

이후에도 임대주택에 대한 수요가 지속적으로 급증함에 따라 임대주택관리업체는 커다란 기회를 맞이하게 되었다. 그리고 다수의 업체들이 본격적으로 임대주택 사업에 참여하기 시작했다.

초기에는 주택건설업체가 아파토(apartment house)의 건축 수주 수단으로 건축 후 임대주택을 위탁관리하기 시작했다. 이때는 자사의 자체 조직인 비전문화 조직에 의해서 임대주택을 관리하였으나 점차 시장이 확대됨에 따라 자사 이외의 전문업자와 제휴를 통해 임대관리 업무를 추진하기 시작했다. 또한, 이 시기에는 투자를 목적으로 만숀(mansion) 등을 구입한 개인투자자들이 전문 관리업자에게 위탁하는 경우도 증가하기 시작했다.

하지만 이 시기의 임대주택관리는 대부분 중개 업무에 부가된 기본적인 서비스 관리가 주를 이루었다. 현재와 같은 체계화된 관리 업무를 수행하는 관리업자는 1975년부터 생겨나기 시작했다.

그리고 임대주택의 대규모 공급이 이루어진 버블기 이후에 많은 관리업체들이 등장했는데 현재의 임대주택관리업체의 대부분이 이 시기에 생겨났다고 볼 수 있다.

심화 학습 **임대관리업을 시작한 이유**

1998년 3월 임대주택관리 업무 실태조사 보고서에 따르면, 임대관리업을 시작한 이유는 다음과 같다.

- 1위: 경영의 안정화, 33%
- 2위: 고객의 관리위탁 요청, 24%
- 3위: 컨설팅 · 매개 고객에 대한 서비스, 20%
- 4위: 건축 · 주택판매의 촉진, 13%

② 임대주택시장의 변화

일본의 임대주택시장은 과거 임대인 중심의 시장에서 임차인 중심의 시장으로 변화해 왔다. 이러한 시장의 변화가 이루어진 원인은 다음과 같다.

가. 버블의 붕괴

앞에서 전술한 바와 같이 일본은 1985년부터 지가의 폭등(버블)이 시작되어 1990년대까지 지속되었다. 때문에 이 당시에 정부는 이러한 지가 급등의 버블을 억제하기 위해 정책적 움직임이 있었다. 정부는 1987년 「국토이용계획법」을 개정하여 「지가 감시구역제도」를 제정하였다(하지만 지금까지 감시구경이 지정된 적은 한 번도 없었다).

또한, 1990년에는 부동산 관련 대출을 규제하기 위해 「부동산에 대한 융자 총량제」가 실시되었다. 이후 일본의 지가 급등은 하락세로 돌아섰는데, 단순한 하락이 아닌 폭락이었다. 이러한 지가의 하락은 15년 이상 지속되었고, 2007년이 되어서야 회복기조가 보이기 시작했다.

그러나 이러한 회복은 대도시 지역에 제한되었고, 지방 중소도시는 지금까지도 하락세이다. 이러한 대도시 지역의 회복은 2008년 리먼사태를 계기로 다시 하락세로 돌아섰다가 최근 다시 회복기조를 보이고 있다.

결과적으로 일본의 버블 붕괴는 자산디플레를 초래하여 일본 경제의 전반에 걸쳐서 활력을 떨어뜨리는 주요 원인이 되었으며, 일본의 내수경기도 장기적인 침체에 빠지게 되었다. 또한 주택거래가 침체되어 중개 건수의 급속한 감소 및 가격하락으로 건당 중개수수료가 떨어지게 되어 중개업자들은 경영상 많은 어려움이 있었고 주택건설업체도 신규분양의 어려움으로 인해 경영상 어려움에 봉착하게 되었다.

따라서 이 시기에 이러한 경영상의 어려움을 이겨 내고 경영의 안정화를 위해 많은 중개 관련 회사와 주택건설업체들이 임대관리업에 진출하는 사례가 급증했다.

나. 매매시장과 임대시장의 양극화

버블 붕괴 후 지속적인 주택가격하락으로 일반주택을 보유한 소유자는 많은 손해를 보게 되었다. 하지만 임대주택의 소유자는 공실의 발생이 없는 경우에도 어느 정도 안정적인 수익을 확보할 수 있었다. 이에 따라 임대수익이 발생하지 않는 주택에 대한 거래는 침체되기 시작했다. 반면에 임대주택의 경우에는 지가회복국면과 함께 어느 정도 회복세에 진입했다. 특히 최근에는 도심부의 주택용지는 주거환경이 양호하고, 교통 편리성이 높은 지역의 지가가 상승됨과 동시에 임대시장에도 임대료 하락이 멈출 것이라는 기대 등 호재가 나타나고 있는 등 매매시장과는 상반된 상황이 생겨나고 있다.

다. 대량 공급 초과

전술한 바와 같이 일본이 버블 붕괴 후에도 임대주택의 공급이 증가한 원인에는 1991년 「생산녹지법」의 개정이 크게 작용했다.

「생산녹지법」은 시가화 구역 내 농지 중 생산녹지로 지정된 농지 이외에 대해서는 고정자산세, 도시계획세를 대폭 인상하여 과세하였다. 이는 농지의 택지화를 촉진하고, 증가하는 택지수요에 대응하는 정책으로 버블이 끝날 시기에 개정되었다.

만약 생산녹지로 지정되면 큰 폭의 과세가 경감되지만, 30년간은 농지 이외로의 사용이 엄격히 제한되는 등 세제상의 혜택에 따른 제약도 매우 컸다. 따라서 이 시기에는 생산녹지로의 지정을 희망하지 않았고, 택지화 농지로의 선택률이 증가했다. 그리고 이렇게 택지화 농지로 전환된 토지는 세제의 부담을 절감하기 위해 택지와 잡종지로 전용하여, 임대주택을 건축하는 사례가 급증했다.

따라서 이 시기에는 임대주택의 수요는 증가하지 않았지만, 임대주택의 수는 수요에 비해 급증하는 초과 공급현상이 심화되었다.

라. 임대료의 하락

일본의 임대주택시장은 버블 붕괴의 영향과 사회 · 경제 전반의 침체, 저가격 만숀(mansion)의 공급 증가에 따른 임대주택수요의 감소, 그리고 「생산녹지법」 개정에 따른 임대주택공급의 증가 등 한꺼번에 여러 가지 요인이 겹쳐서 일시에 공급

과잉 상태가 되었다.

이로 인해 공실률이 크게 증가하여 1992년부터 특히 수도권에서 임대료가 하락하기 시작했고, 특히 3대 도시권의 하락폭이 크게 나타났다. 그러나 2000년부터는 대체로 안정되었고, 2008년 리먼 쇼크 이후 전국적으로 하락 또는 침체 경향이 지속되다가 최근에는 대도시 지역을 중심으로 다시 회복기미를 보이고 있다.

마. 거래관행의 변화

최근 일본 임대주택의 공실률 증가는 임대료 하락에 머물지 않고, 보증금(레이킹, 礼金) 면제와 인하, 임대인과 임차인의 원상회복 비용의 부담 비율 변경, 임차인의 권리 주장 확대 · 신장 등 지금까지의 거래관행에서 벗어난 임차인 위주의 방향으로 크게 변화하고 있다. 일부 임대주택의 경우에는 입주 후 일정기간 동안 임대료를 무료로 해주는 프리렌트를 도입하는 경우도 있다. 이는 일본의 공실률문제가 얼마나 심각한지를 알 수 있다.

바. 주생활의 안정성 확보에 관한 임차인의 요망

최근 임차인은 주거시설의 안정성에 높은 관심을 가지게 되었다. 내진성, 석면 사용 여부, 방범 설비 등이 그 대표적인 항목이다. 국토교통성도 이러한 임차인들의 변화와 요구에 대응하기 위해 최근 「중개업법」 시행규칙을 개정했다. 시행규칙으로는 계약 전 임차인에게 내진 성능, 석면 사용 여부 등에 대해 중개업자가 인지하였을 경우 중개업자가 중요 사항 설명의 의무를 대행해야 한다는 것이다.

또한, 관리업자도 이러한 고객들의 요구 만족도를 높이기 위해서 관리대상 건물의 정확한 정보를 입수하여 언제라도 설명 가능하게 준비하고 있으며 입주자 모집을 담당하는 중개업자에게도 정보를 제공할 필요가 있다.

그리고 관리물건에 대해서 개선해야 할 사항이 있다면 임대인에게 개선계획을 제안하는 등 적극적으로 수행하는 노력을 해야 한다. 관리업자에게는 내진 성능의 개선과 석면 사용 여부의 직접적인 책임은 없지만, 문제가 있는데 안전하다고 할 경우 책임을 물을 수 있다.

(3) 임대주택관리시장의 향후 변화

① 임대수익 중시

임대관리 업무는 소유자의 자산을 유효하고 적절하게 관리해 장기적으로 최대한의 수익을 얻는 것을 목적으로 하고 있다. 이런 목적을 달성하기 위해서는 건물을 항상 양호하게 유지함과 동시에 임차인에게 쾌적하고 안전한 주거 환경을 제공하고, 그 주거만족도를 항상 유지하고 향상시킬 필요가 더욱 증대되고 있다.

또한, 부동산에 대한 사회의 관심이 매매차익 중시에서 임대수익을 중시하는 시대로 변화함과 동시에 건물의 물리적 관리에서 자산관리 운용으로 그 업무의 형태가 크게 변화해 가고 있다. 이런 가운데 최근에는 부동산증권화 제도를 활용한 중 · 고층 임대주택의 건축이 지속적으로 증가하고 있다.

② 고객만족도 향상과 상시관리의 중요성 증대

과거 일본의 임대주택시장은 임대인 중심의 시장이었지만, 1994년부터 차츰 임차인 중심의 시장으로 바뀌었다. 이와 함께 이 시기부터 임대관리의 목적이 건물관리 중심에서 자산운용관리 중심으로 변화했다.

임대인에게 최대의 수익을 가져다주기 위해서는 높은 입주율과 임대료 수준을 유지 · 향상시킬 필요가 있고, 임차인이 어떻게 하면 장기거주할 것인지, 즉 고객만족도를 어떻게 향상시킬 것인가가 최대의 과제가 되고 있다.

이러한 입주자의 만족을 높이기 위해서는 계약서와 특약 사항 등을 미리 준비하여 입주자를 충분히 이해시키려는 노력으로 상호 간의 마찰을 사전에 예방하고 있다. 또한, 임차인의 거주방식에 대한 자세한 설명과 지도, 건물 · 설비의 미관 · 내진 · 방범을 위한 적절한 청소와 수선 · 개 · 보수 실시, 그리고 클레임에 대한 적절하고 신속한 대응 등 상시관리가 중요시되고 있다.

③ 임대주택업체의 위탁 물건 증가

고객만족도를 향상시키기 위해서는 상시관리체제의 수립이 매우 중요하다. 민간임대주택이 약 1,340만 호로 증가했다는 것은 그만큼 다양화되고 고도화된 부대설비를 갖춘 임대주택이 증가했다는 것을 의미한다.

따라서 이러한 임대주택 부대설비의 고도화에 따른 클레임 등이 더욱 다양하고 복잡해지고 있다. 또한, 소유자가 직접 관리하고 있는 임대주택의 수가 많이 감소하고 있지만 아직도 상당수의 임대주택은 소유자가 직접 관리하고 있다. 이러한 임대주택은 충분한 관리가 이루어지지 않아 경쟁력이 약해지는 것은 뻔한 일이다.

따라서 소유자의 고령화 추세와 함께 이러한 물건에 대한 전문임대관리업체에 대한 위탁은 점점 늘어날 것이다. 즉, 향후 관리되고 있지 않은 물건이 관리 물건으로 변할 가능성이 높아져 임대주택관리업체의 시장점유율은 더 높아질 것이다.

| Chapter **06** |

주택임대관리업의 이해

Chapter 06

주택임대관리업의 이해

1. 한국 주택임대관리업의 현황[01]

전술한 바와 같이 지금까지 한국의 민간주택임대는 제도권 임대주택과 비제도권 임대주택으로 나뉘어졌다. 이 중 제도권 임대주택은 건설임대사업자가 중심이고 매입임대사업자는 매우 영세한 수준에 머물고 있다.

2012년 말 기준으로 임대주택법에 따른 공식 등록업체는 건설임대사업자 8,911개(16.5%), 매입임대사업자 45,226개(83.5%) 등 총 54,137개이며, 이들이 관리하고 있는 임대주택은 1,487,421호에 이르고 있다.

사업자 수로 볼 때 건설임대사업자는 기업체 수로는 많지 않지만, 임대주택 수는 1,212,713호로 매입임대사업자의 관리호수 274,708의 약 4.4배인 1,212,713호를 관리하고 있다. 이는 전체 호수의 약 85%에 해당한다.

개인들이 주로 하고 있는 매입임대사업자는 사업자 수가 건설임대사업자의 약 5배가 많지만 관리호수가 적어, 사업자당 임대호수는 약 6호에 지나지 않는다.

---

01 이상영 (2014. 4. 3). 임대차선진화 방안에 따른 주택관리시장 전망, 대한부동산학회 조찬세미나.

지역별로 살펴보면 건설임대사업자의 경우에는 수도권에 약 58%(서울 38.2%), 임대호수는 수도권이 81.5%(서울 45.8%)를 차지하고 있다. 또한, 매입임대사업자의 경우에는 수도권에 60.4%(서울 27%), 임대호수는 수도권이 41.8%(서울 16%)를 차지하고 있다.

건설임대사업자와 매입임대사업자를 합한 제도권 임대주택사업자는 수도권 전체의 60%(서울 28.9%), 관리호수는 수도권이 45.1%(서울 18.3%)를 차지하고 있다.

| 표 6-1 | 제도권 임대주택사업자 수 및 임대호수

구분	전체		건설임대사업자		매입임대사업자	
	사업자 수	임대호수	사업자 수	임대호수	사업자 수	임대호수
전국	54,137	1,487,421	8,911	1,212,713	45,226	274,708
수도권	32,500	670,410	5,173	555,700	27,327	114,710
서울	15,619	271,548	3,402	227,622	12,217	43,962
경기	13,937	324,784	1,633	269,957	12,304	54,827
인천	2,944	74,042	138	58,121	2,806	15,921
광역시	10,889	296,570	1,345	229,099	9,262	67,471
지방	10,748	520,441	2,111	427,914	8,637	92,527

출처: 국토부.

2010년 말을 기준으로 제도권 임대주택은 전체 주택재고의 약 8.1%를 차지하고 있으며, 전체 임대주택의 17.6%를 차지하고 있다. 한편 비제도권 임대주택은 6,533.388호로 전체 주택재고의 약 37.7%를 차지하고 있으며, 전체 임대주택재고의 약 82.4%를 차지하고 있다.

결국 미등록된 개인 소유의 비제도권 임대주택 수는 등록된 임대주택 수의 약 4배에 달하고 있어, 현재 한국의 민간임대주택시장은 비제도권 개인 임대사업자가 전체 임대시장을 좌지우지하고 있다고 해도 과언이 아니다. 그리고 이러한 비제도권 중심의 민간임대시장은 향후 정책적 영향권을 벗어날 가능성이 높고, 정부의 통제가 어렵기 때문에 월세 중심의 민간임대주택시장에 큰 변동을 초래할 가능성이 높다.

| 표 6-2 | 임차주택의 제도권 및 비제도권 구성비

구분	총가구 수	자가점유	임차가구	비제도권 임차가구	제도권 임차가구
계(호수)	17,339,558	9,406,893	7,932,665	6,533,388	1,399,277
비중(%)	100.0	54.3	45.7	37.7	8.1

자료: 2010년 인구센서스, 국토해양부 주거복지기획과.

〈표 6-3〉은 2012년 매입임대사업자 현황을 나타낸 것이다. 사업자의 60.4%가 수도권에 위치하고 있으며, 광역시에 20.5%, 지방에 19.1%가 있다. 임대호수는 수도권에 41.8%, 광역시에 24.6%, 지방에 33.7%가 위치해 있다. 결국 수도권의 사업자당 평균 호수가 4.2호로 가장 적고, 다음은 광역시로 7.3호이고, 지방이 10.7호로 가장 많은 것으로 나타났다.

| 표 6-3 | 한국 매입임대사업자 현황(2012년)

구분	사업자 수	사업자 비율	임대호수	임대호수 비율	평균 호수
총계	45,226	100.0%	274,708	100.0%	6.1
수도권 소계	27,327	60.4%	114,710	41.8%	4.2
서울	12,217	27.0%	43,962	16.0%	3.6
경기	12,304	27.2%	54,827	20.0%	4.5
인천	2,806	6.2%	15,921	5.8%	5.7
광역시 소계	9,262	20.5%	67,471	24.6%	7.3
부산	4,218	9.3%	31,843	11.6%	7.5
대전	974	2.2%	3,941	1.4%	4.0
대구	840	1.9%	15,722	5.7%	18.7
광주	2,647	5.9%	10,529	3.8%	4.0

울산	583	1.3%	5,436	2.0%	9.3
지방 소계	8,637	19.1%	92,527	33.7%	10.7
강원	773	1.7%	10,554	3.8%	13.7
경남	1,566	3.5%	6,996	2.5%	4.5
경북	913	2.0%	11,257	4.1%	12.3
전남	607	1.3%	13,476	4.9%	22.2
전북	1,075	2.4%	9,787	3.6%	9.1
충남	2,425	5.4%	25,568	9.3%	10.5
충북	772	1.7%	12,043	4.4%	15.6
세종	129	0.3%	916	0.3%	7.1
제주	377	0.8%	1,930	0.7%	5.1

출처: 국토교통부 주택토지실 주택정책관 주거복지기획과.

〈표 6-4〉는 2014년 주택임대관리업 관련 법이 시행된 이후 2014년 8월 말까지 등록된 주택임대관리업체의 지역별, 관리형태별 현황을 나타낸 것이다. 2014년 8월 말까지 등록된 주택임대관리업체는 전국적으로 총 100개에 달한다.[02]

관리형태별 업체 수를 살펴보면, 위탁관리형이 57%로 가장 높은 비율을 차지하고 있으며, 자기관리와 위탁관리를 병용하는 업체 수가 36%, 자기관리형이 7%를 차지하고 있다. 하지만 이들 업체는 단순히 등록만 하고 구체적으로 관리업을 수행하고 있는 업체는 눈에 띄지 않는 것이 현실이다.

02 2015년 5월 기준으로 주택임대관리업 등록 업체는 144개, 8,839호수이다. 이 중 실적이 있는 업체는 46개사(자기관리형 7개사, 위탁관리형 36개사, 자기관리 · 위탁관리형 3개사 등)이다.

| 표 6-4 | 주택임대관리업의 등록 현황(2014년 8월 말, 사업체 수)

구분	위탁관리	자기/위탁관리	자기관리	소계
서울	29	26	4	59
경기	7	4		11
인천	2	2		4
부산	5		1	6
대구	5	1	1	7
광주	4	1		5
경남	2	1		3
경북	1			1
강원	1		1	2
제주	1	1		2
계	57	36	7	100

출처: 국토부.

2. 일본 임대주택관리업의 현황

전술한 바와 같이 한국의 주택임대관리업은 현재 시작단계에 있다. 중 · 소형 주택임대관리업체는 이전부터 존재해 왔지만, 대부분 건물관리 등 단순 업무에 치중해 왔다. 그리고 2013년 주택임대관리업에 대한 「주택법 개정안」이 국회를 통과하기 전후에 일본 대형 임대관리업체와 합작하여 설립한 우리레오PMC, KD리빙 등 전문 임대관리업체가 속속 등장했다. 또한, 2014년 주택임대관리업의 관련 법이 본격 시행되면서 건설회사, 건축회사, 자산관리회사, 공사, 개발회사 등 100여 개 업체가 주택임대관리업의 등록을 마쳤다.

하지만 법적 미비, 수익성 저하 등의 이유로 아직까지는 본격적인 사업을 시작하지 못하고 있는 실정이다. 이는 전대와 서브리스 등 일본과 같은 임대관리업체의 기능을 현 제도 아래에서는 수행할 수 없기 때문인 것으로 생각한다.

따라서 현재 한국 상황을 고려할 때, 일본 임대주택관리업체에 대해서 살펴보는 것은 향후 임대주택사업을 본격화하려는 업체들에게 많은 도움이 될 것이다.

1) 일본 임대주택시장의 규모

전술한 바와 같이 한국의 임대주택시장의 규모는 2010년 말을 기준으로 약 793만 가구이다. 이 중 제도권 임차가구는 약 140만 가구로 전체 임대주택의 17.6%를 차지하고 있으며, 비제도권 임차가구는 약 653만 가구로 전체 임대주택의 82.4%를 차지하고 있다.

그럼 일본의 임대주택시장의 규모는 얼마나 될까?

일본의 민간임대주택시장의 규모는 13,366천 호(2008년 기준)로 총주택시장(총주택 49,598천 호, 2008년 기준)의 약 27% 정도를 차지하고 있다. 하지만 일본의 경우 분양주택을 임대하는 경우도 있는데, 일본의 통계는 분양주택의 임대호수와 임대주택의 임대호수를 별도로 집계하기 때문에, 위의 통계치는 임대주택의 임대호수만을 집계한 수치이다. 따라서 분양주택의 임대호수를 고려한다면 일본의 민간임대주택시장의 규모는 이보다 훨씬 크다.

전술한 바와 같이 한국의 제도권 임차가구는 약 140만 가구로 나타났다. 하지만 이 제도권 임차가구에는 공공임대 등 공적인 임차가구 수가 포함된 수치이다. 따라서 제도권 민간임차가구 수는 이에 훨씬 미치지 못할 것이다. 국토부 자료에 의하면 2012년 매입임대주택 수가 274,708호로 집계되었고, 제도권 민간임대주택 수는 약 42만 호로 추정하고 있다. 하지만 현재 제도권 민간임대주택 수에 대한 정확한 집계는 없는 것이 현실이다.

아래의 심화 학습은 한국과 일본의 주택 관련 지표를 비교한 것이다. 한국의 인구 수는 일본 대비 약 39.4% 수준이며, 가구 수는 34.6% 수준이다. 하지만 제도권 민간임대주택 수를 42만 호라고 가정한다면, 한국의 민간임대주택 수는 일본의 약 3.1% 수준에 지나지 않는다. 이는 일본 대비 인구 수 비율 39.4%와 가구 수 비율 34.6% 수준에 비해 임대주택 수 비율 3.1%는 매우 낮은 수준이다.

만약 인구 수와 가구 수가 일본 대비 약 35% 수준을 고려한다면, 일본 민간임대주택 수 1,337만 호의 약 35%인 약 468만 호의 임대주택이 필요하다는 단순 계산이 나온다.

물론 두 나라를 임대주택 관련 시장성격에 차이가 있다는 점을 생각하면 이렇게 단순 계산을 한다는 것은 조금 무리이지만, 결과적으로 한국의 민간임대주택 수는 매우 적은 것만은 사실이다. 하지만 여기에 비제도권 임차 약 653만 가구를 포함하면 이야기가 달라진다(물론 일본의 민간임대주택 수에도 분양주택을 임대하고 있는 주택 수는 포함되지 않고 있다).

따라서 한국의 임대주택 수가 현재 부족한지 충분한지는 객관적인 통계가 이루어진 후에 정확히 판단할 수 있을 것 같다.

심화 학습 | 표 6-5 | 한국과 일본의 임대주택 관련 지표 비교

구분	인구 수	가구 수	민간임대주택 수
한국	50,219만 호	17,950만 호	42만 호
일본	127,411만 호	51,842만 호	1,337만 호
한국/일본 비율	39.4%	34.6%	3.1%

출처: 한국통계청 자료, 일본통계국 자료.

2) 일본 임대주택관리업체의 특징

전술한 바와 같이 한국의 경우 2014년 8월 말 기준으로 100개의 주택임대관리업체가 등록되어 있다. 그럼 일본의 임대주택관리업체는 얼마나 될까?

2012년 일본의 임대주택관리업 등록업자의 수는 전국적으로 총 1,579개에 달한다. 규모를 고려하지 않더라도 우선 업자 수에 있어서도 많은 차이가 나는 것을 알 수 있다.

그럼 일본의 임대주택관리업자의 지역별 분포는 어떨까?

일본의 임대주택관리 등록업자는 도쿄권에 가장 많은 35.4%가 위치해 있다. 그리고 그 다음으로 오사카권이 16.7%로 많고, 나고야권이 4.5% 순으로 위치해 있다. 여기서 도쿄권과 오사카권, 그리고 나고야권은 일본의 3대 도시권으로 속하는 지역이다. 결국 일본의 임대주택관리 등록업자도 일본에서 가장 크고, 인구도 집중해 있는 대도시 지역에 많이 위치해 있다는 결론이 나온다.

일본의 임대주택관리업은 임대주택 관련 수요가 가장 많은 대도시 지역, 그중에서도 일본의 최대 대도시 지역인 이들 3대 도시권에 전체의 56.6%가 위치해 있는 셈이다. 그리고 이러한 추세는 한국도 유사하게 나타나고 있다.

먼저 2014년 주택임대관리업의 관련 법이 시행된 이후 2014년 8월 말까지 등록된 주택임대관리업체의 지역별 분포를 살펴보면, 서울지역 59%, 경기 11%, 인천 4%로 수도권이 전체의 74%를 점유하고 있다.

다음으로 한국 매입임대사업자의 지역별 업체현황을 살펴보면, 수도권(서울, 경기, 인천) 지역에 가장 많은 전체의 60.4%가 위치해 있으며, 광역시(인천 제외) 지역에 20.5%의 업체가 위치하고 있다. 결국 대도시 지역인 이 두 지역에 전체 업체의 약 81%가 위치하고 있는 셈이다.

결국 한국도 수도권 및 광역시를 중심으로 주택임대관리업체가 집중적으로 위치해 있으며, 이러한 집중현상이 당분간 지속될 것으로 예상한다.

문제는 현재 등록되어 있는 주택임대관리업체가 현재의 법 상황에서는 일본의 임대주택관리업과 같이 폭넓은 관리 업무를 수행할 수 없다는 점이다.

그중 하나가 바로 임대주택관리업체의 중개 업무이다. 일본의 경우 중개 업무를 수행할 수 있다. 특히 서브리스 방식[03]은 임대주택의 소유자가 아닌 관리업체가 입주자와 계약을 하게 된다. 이를 전대계약이라고 하는데, 아직까지 한국에서는 전대계약이 불가능하다. 또한, 임대관리업체의 중개 업무도 현재는 불가능하다.

하지만 일본에서는 이러한 중개 업무가 매우 중요한 업무 중에 하나이며, 대다수의 임대주택관리업체도 이러한 중개 업무를 수행하고 있다.

일본의 임대주택관리업체가 중개업을 함께 겸업하는 비율은 3대 도시권이 96.4%(도쿄권 97.7%, 오사카권 94.7%, 나고야권 92.9%), 그리고 기타 지역이 94.2%이다. 결국 일본 대부분의 임대주택관리업체는 임대관리와 더불어 중개 업무를 병행(전국 평균 95.4%)하고 있다는 것을 알 수 있다.

그렇다면 일본의 임대관리업은 어떤 형태로 운영되고 있을까?

한국의 경우 법인을 설립해야 하는데, 자기관리형 주택임대관리업은 자본금 2억, 위탁관리형 주택임대관리업은 자본금 1억 이상으로 규정하고 있다. 일본의 경우도 임대주택관리업체의 대부분이 법인형태로 운영되고 있다. 실제로 일본은 전국적으로 94.5%가 법인형태의 운영이 있는 것으로 나타났다. 이는 100개 업체 중 5개 사업자만이 개인사업자 형태로 운영되고 있는 셈이다.

이를 지역별로 살펴보면, 3대 도시권은 도쿄권이 98.2%, 오사카권이 94.3%, 나고야권이 87.1%로 임대주택관리업자의 96.2%가 법인형태로 운영되고 있다. 그리고 그 밖의 기타 지역은 3대 도시권보다 조금 낮은 92.3%의 임대주택관리업체가 법인형태로 운영되고 있다. 지역적으로 큰 차이를 보이지는 않지만 등록업체의 수가 많은 대도시권 지역일수록 법인화된 임대주택관리업자의 비율이 기타 지역보다 높은 것으로 나타났다.

결국 일본 임대주택관리업의 특징은 3가지로 정리할 수 있다.

첫째, 대도시권에 집중되어 있다.

---

03 서브리스 방식은 마스터계약에 의해서 임대주택 전체를 일괄 임차하는 방식이다. 이때 입주자는 임대주택의 소유주가 아닌 관리업체와 계약을 하게 된다(전대계약).

둘째, 대부분 중개업을 겸업하고 있다.

셋째, 대부분 법인형태로 운영되고 있다.

| 표 6-6 | 임대주택관리업 등록업자 수(2012년 3월)

지역		법인	개인	계	구성비	중개업자	중개업 겸업률
도쿄권	埼玉	59	2	61	3.9%	61	100.0%
	千葉	41	3	44	2.8%	41	93.2%
	東京	288	4	292	18.5%	287	98.3%
	神奈川	160	1	161	10.2%	156	96.9%
	소계	548	10	558	35.4%	545	97.7%
오사카권	京都	65	8	73	4.6%	70	95.9%
	大阪	131	6	137	8.7%	130	94.9%
	兵庫	52	1	53	3.4%	49	92.5%
	소계	248	15	263	16.7%	249	94.7%
나고야권	愛知	50	3	53	3.4%	49	92.5%
	三重	11	6	17	1.1%	16	94.1%
	소계	61	9	70	4.5%	65	92.9%
3대 도시권		857	34	891	56.6%	859	96.4%
기타 지역		635	53	688	43.4%	648	94.2%
총 계		1,492	87	1,579	100.0%	1,507	95.4%

3) 임대주택의 소유형태

전술한 바와 같이 일본 임대주택관리업체의 대부분은 법인형태로 운영하고 있다.

그렇다면 민간임대주택은 어떤 대상이 주로 소유하고 있을까?

일본의 민간임대주택의 총호수는 1,257만 호에 달하고 있다. 이 중 법인이 소유하고 있는 임대주택의 수는 195만 호로 전체의 15.5%에 지나지 않는다. 나머지 84.5%에 해당하는 1,062만 호의 민간임대주택은 개인이 소유하고 있는 것으로 나타났다.

즉, 실제 소유주의 약 85%는 개인이 소유하고 있으며, 법인이 소유하고 있는 비율은 약 15%에 불과하다. 따라서 대부분 법인형태인 임대주택관리업체가 관리하는 임대주택의 대부분은 법인소유(임대주택관리회사 직접 소유분과 다른 법인이 소유한 임대주택)가 아닌 개인소유의 임대주택인 것이다.

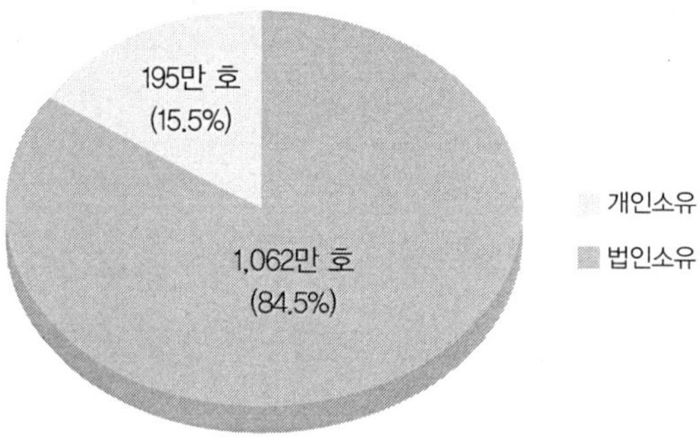

| 그림 6-1 | 민간임대주택의 경영형태별 호수

출처: 총무성. 주택 · 토지통계조사; 일본임대주택관리협회 (2012). 민간임대주택시장 실태조사.

그럼 소유자들은 임대주택을 과연 몇 호 정도 소유하고 있을까?

[그림 6-2]는 임대주택의 규모별 소유호수 비율을 나타낸 것이다. 일본의 임대주택 소유호수 규모는 20~50호 미만의 소유 비율 26.8%로 가장 높은 것으로 나타났다. 그 다음으로 10~20호 미만이 26.8%, 5~10호 미만이 17.8%, 5호 미만이 10.5%, 50~100호 미만이 10.0% 순으로 높게 나타났다. 결국 100호 미만의 소유자가 96%로 대부분을 차지하고 100호 이상의 소유자는 4% 정도로 나타났다.

누적비율로 살펴보면, 5호 미만은 10.5%, 10호 미만은 28.3%, 20호 미만은 55.1%, 50호 미만은 86.0%, 100호 미만은 96%로 20호 미만 소유자가 절반을 넘고 있다.

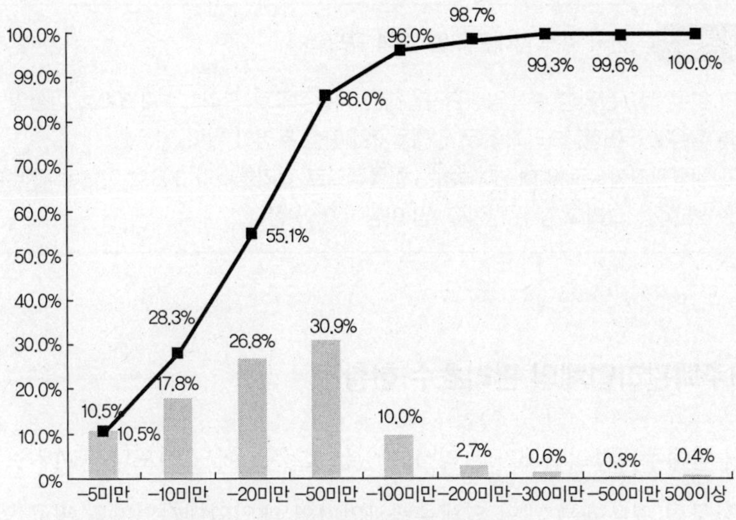

| 그림 6-2 | 임대주택의 규모별 소유호수 비율

출처: 총무성. 주택 · 토지 통계조사; 일본임대주택관리협회 (2012). 민간임대주택시장 실태조사.

일본 임대주택의 규모별 소유형태의 특징을 정리하면,

첫째, 민간임대주택의 85%는 개인이 소유하고 있다.

둘째, 5호 미만은 10.5%, 10호 미만은 28.3%, 20호 미만은 55.1%, 50호 미만은 86.0%, 100호 미만은 96%로 20호 미만의 소유자가 절반을 넘고 있다.

한국의 개인임대주택 소유자에 해당하는 매입임대사업자의 임대 평균 호수가 수도권 4.2호, 광역시 7.3호, 지방 10.7호로 전국 평균 6.1호인 점을 감안한다면, 일본이 개인주택의 소유호수가 상당히 많다는 것을 알 수 있다.

이는 일본의 경우 개인이 아파토(apartment house, 10세대 전후)나 소규모 만숀(mansion, 30~50세대 전후) 전체를 혼자 소유하고 있는 것이 일반적이며, 경우에 따라서는 이러한 임대주택을 개인이 여러 동 소유하는 경우도 있기 때문이다.

따라서 한국이 임대주택의 위탁에 있어서 소유호수가 적은 개인들을 대상으로 사업을 해야 하기 때문에 일본보다 다소 어려울 가능성이 있다.

심화 학습 **한국 주택임대관리업 법적 규모**

한국의 경우 자기관리형 주택임대관리업체는 법률적으로 관리호수가 100호 이상이 되어야 하며, 자본금은 2억 이상, 그리고 전문 인력을 2인 이상 두어야 한다.

그리고 위탁관리형 주택임대관리업체는 법률적으로 관리호수가 300호 이상이 되어야 하며, 자본금은 1억 이상, 그리고 전문 인력을 1인 이상 두어야 한다.

4) 임대주택관리업체의 관리호수 현황

일본의 임대주택관리업체가 관리하고 있는 호수는 어느 정도나 될까?

현재 한국의 경우에는 개인 임대주택사업자인 매입임대사업자의 평균 임대호수가 전국 6.1호, 서울 3.6호, 그리고 사업자 당 임대호수가 가장 많은 지역인 전남의 경우에도 22.2호에 지나지 않는다. 이는 전술한 일본의 민간임대주택 소유호수와 비교하더라도 상당히 낮은 수치라는 것을 알 수 있다. 하지만 매입임대사업자는 다주택 소유자인 개인이 대부분이기 때문에 일본의 임대주택관리업체와 직접 비교하는 것은 적절치 않다. 중요한 것은 현재 등록된 100여 개의 주택관리업체는 향후 어느 정도의 규모를 관리 · 운영할 것인가이다. 이는 현재로서는 파악이 어렵다.

따라서 일본의 임대주택관리업체의 규모를 살펴봄으로써 향후 한국의 주택임대관리업체의 규모를 예측해 보는 것도 의미 있는 일이라 생각한다. 지금부터 일본의 임대주택관리업체의 규모를 살펴보기로 하자.

일본의 임대주택관리업체의 규모는 현재 한국과는 매우 다르다. 전술한 바와 같이 일본의 민간임대주택 총호수는 1,275만 호이다. 이를 2012년 일본의 임대주택관리업 등록자 수인 1,579개로 나눈다면 일본의 임대주택관리업체당 평균 관리호수는 대략 7,960호라는 단순 계산이 나온다.

한국의 시장 상황과 비교했을 때 엄청난 규모이다. 하지만 실제로 일본의 임대주택관리업체 대부분이 이렇게 많은 호수를 관리하고 있지는 않다. 그 이유는 뒤에서 자세히 설명하겠지만, 일본의 경우 상위업체들의 업체당 관리호수가 우리가 상상하는 규모를 초월하기 때문이다.

일본의 1~15위까지의 업체가 관리하고 있는 총호수는 2012년 기준으로 약 350만 호에 이른다. 업체당 평균 약 233천 호를 관리하고 있는 셈이다. 그리고 1위 업체인 다이토켄타구는 혼자서 약 70만 호의 임대주택을 관리하고 있다. 업체 수로는 전체 임대주택관리업체의 약 0.95%에 해당하는 업체가 전체 임대주택의 약 25% 정도를 관리하고 있는 셈이다. 따라서 전술한 업체당 관리호수 약 7,960호는 이러한 대형 임대주택관리업체의 관리호수가 반영된 결과이다.

5) 임대주택관리업체의 규모별 분포 현황

[그림 6-3]은 임대주택관리업 등록업자의 자본금 규모별 업자의 수를 나타낸 것이다. 자본금 규모별로 업자의 수를 살펴보면 자본금 1,000~2,000만 엔 미만의 업체가 39.4%로 가장 높게 나타났으며, 자본금 200~500만 엔 미만의 업체 수가 20.5%, 2,000~5,000만 엔 미만의 업체 수가 13.9% 순으로 높게 나타났다. 그리고 자본금 1억 엔 이상의 업체는 전체의 4.0%로 낮게 나타났으며, 특히 10억 엔 이상의 업체는 0.9%에 지나지 않은 것으로 나타났다.

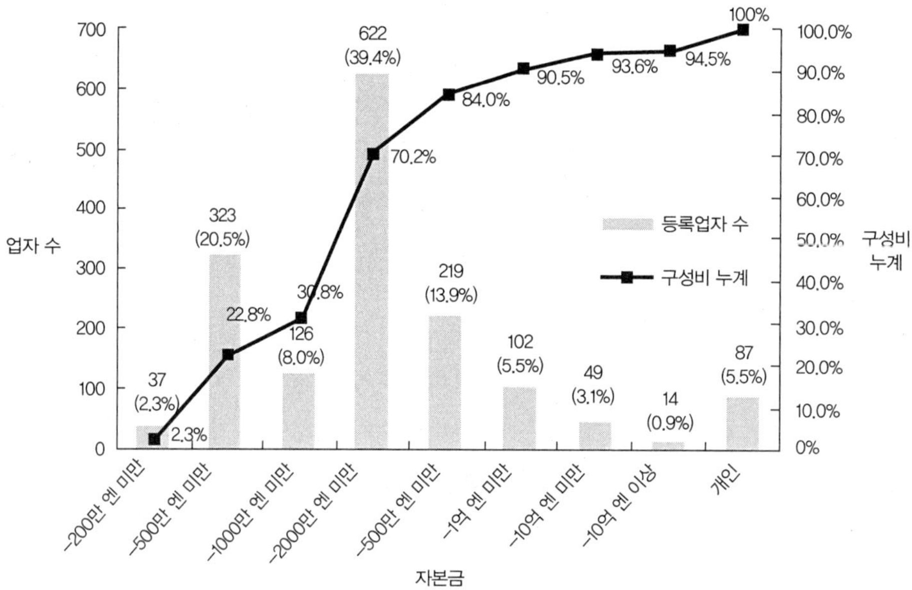

| 그림 6–3 | 임대주택관리업 등록업자의 자본금 규모별 업자의 수(2012년 3월)

출처: 국토교통성 (2012.5.24). 임대주택관리업자 등록실태에 관해.

이는 지금 우리가 생각하고 있는 '기업형 임대주택관리업'이란 의미와는 조금 맞지 않는 것 같다. 최근에 임대주택관리업이 시작되면서 임대주택관리업체의 대부분이 자본금 수십 억이나 수백 억 이상의 큰 회사일 것이라는 막연한 상상을 했는데 일본의 자료를 통해서 우리가 상상했던 업체는 매우 극소수라는 게 분명해졌다. 따라서 임대주택관리업이 본격적으로 시작되더라도 중 · 소형 임대주택관리업체가 상당 부분을 차지할 것이며, 결국 이러한 중 · 소형 관리업체는 지역밀착형 비즈니스를 중점적으로 전개해 나가며 대형 업체와 경쟁을 하게 될 것이다.

일본의 임대주택관리업체의 또 한 가지 특징을 정리하면, 일본의 자본금 1억 엔 이상의 대형 임대관리업체는 4% 정도에 지나지 않고, 90% 이상인 대부분의 업체가 자본금 1억 엔 미만의 중 · 소형 업체라는 점이다.

앞서 기술한 바와 같이 일본 대부분의 임대주택관리업은 중개업을 겸업한다고

했는데, 이는 역으로 중개업자 중 법인사업자가 중개업과 함께 임대관리업을 서비스 차원에서 진행하는 경우도 많다고 생각할 수 있다.

이러한 이유는 임대주택관리업체에게는 임대주택의 물건에 대한 전속계약의 자격이 주어지기 때문이다. 따라서 일본의 중개업자는 중개를 주 업무로 하고 부수적으로 임대주택의 기본적인 관리 등을 수행하는 형태가 많다.

따라서 일본의 중개사업자 중 법인사업자의 자본금별 현황을 참고로 알아 두면 많은 도움이 될 것이다. 일본은 전국적으로 105,159개소의 중개업자(법인사업자)가 영업 중이며, 이 중 자본금 규모가 1,000~2,000만 엔 미만의 중개업자가 39.9%로 가장 많은 것으로 나타났다. 그 다음으로 500만 엔 미만의 중개업자가 31.2%로 높으며, 자본금 10억 엔 이상의 중개업소는 전체의 1.1%에 지나지 않은 것으로 나타났다.

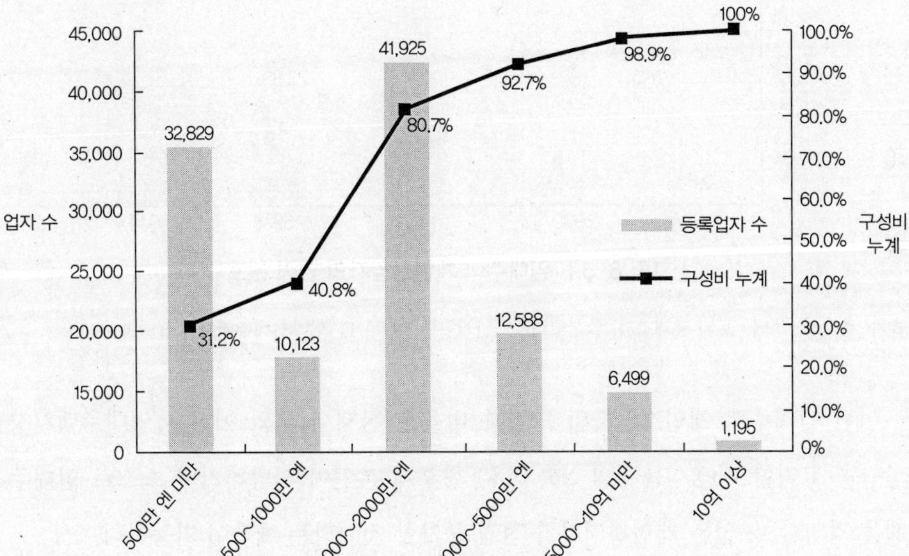

| 그림 6-4 | 중개업자(법인사업자) 자본금별 업자 수

출처: (재)부동산적정거래 추진기구 (2009.3). 중개업자 통계 개요.

6) 임대주택 개인경영자의 특성

일본의 임대주택 개인경영자의 연령대는 어떻게 될까?

[그림 6-5]는 임대주택 개인경영자의 연령 분포를 나타낸 것이다. 자료에 의하면 임대주택 개인경영자는 연령이 60세 이상이 60.4%로 가장 높게 나타났으며, 50~59세가 23.6%로 그 다음으로 높게 나타났다. 그리고 40세 미만인 경영자들은 겨우 4.9%에 지나지 않는 것으로 나타났다.

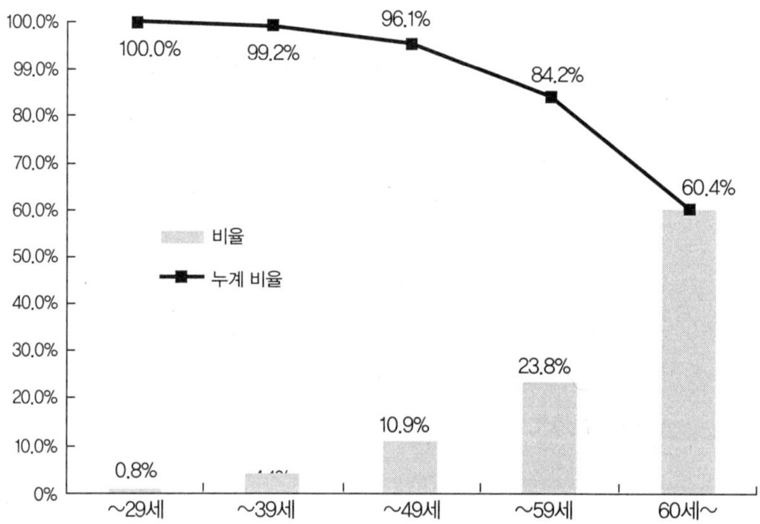

| 그림 6-5 | 임대주택 개인경영자의 연령 분포

출처: 총무성. 주택 · 토지 통계조사, 일본임대주택관리협회 (2000.1). 민간임대주택시장 실태조사.

이런 임대주택 개인경영자의 고령자 비율은 현재 일본의 어려운 임대주택시장 상황을 고려할 때(공실률이 약 20% 전후) 향후에 본인이 사망하거나 스스로 임대주택을 경영할 수 없는 개인경영자가 점점 증가할 것이라는 예측이 가능하다.

따라서 이러한 임대주택은 사망할 경우 상속에 의해 자식에게 승계가 되거나, 스스로 경영이 어려운 경우 상당 비율이 임대주택관리 전문업체에게 관리를 위탁할 가능성이 상당히 높다. 또한, 자식에게 상속이 승계될 경우에도 여러 가지 사정상(직장, 원거리 등) 본인이 직접 관리를 하지 못하여 매각하거나 아니면 전문 임대주택관리회사에게 위탁할 가능성이 상당히 높다.

따라서 이러한 임대주택 개인경영자의 고령화는 임대관리업체에 있어서 새로운 비즈니스 찬스가 될 수 있으며, 향후 일본의 임대주택관리시장에 새로운 변수로 작용할 것으로 예상된다.

여기서 참고로 중개업자의 연령 추이에 대해서도 살펴보자.

[그림 6-6]은 중개업자(개인사업자) 평균 연령 추이를 나타낸 것인데 개인 사업을 하고 있는 중개업자의 경우 평균 연령은 62.5세(2008년)로 상당히 높으며, 이러한 고령화 추세는 점점 가속화되었다는 것을 알 수 있다.

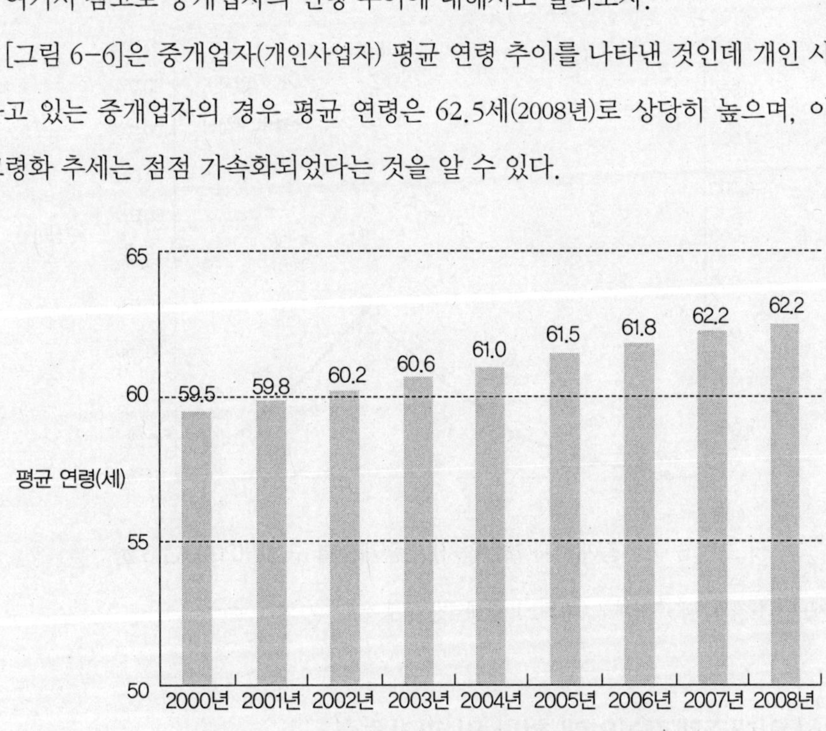

| 그림 6-6 | 중개업자(개인사업자) 평균 연령 추이

출처: 총무성, 주택 · 토지 통계조사; 일본임대주택관리협회 (2000.1). 민간임대주택시장 실태조사.

[그림 6-7]은 중개업자(개인업자) 연령계층별 구성비(2009년 3월)를 나타낸 것이다. 개인사업을 하고 있는 중개업자의 경우 세부 연령별 분포를 살펴보면, 60~65

세 연령대의 비율이 37.7%로 가장 높게 나타났으며, 그 다음으로 70~79세의 연령대 비율이 20.2%로 높게 나타났다. 특히 80세 이상의 연령대 비율이 6.5%로 40세 미만의 연령대 비율인 3.8% 보다 약 1.7배 이상 높게 나타났다.

이러한 일본의 추세는 현재 한국의 중개업자의 특성과 상당히 차이가 있다고 볼 수 있다. 일본에서는 중개업자가 젊은 층보다 고령자들이 많이 수행하고 있으며, 이러한 추세는 더욱 가속화될 것으로 생각된다.

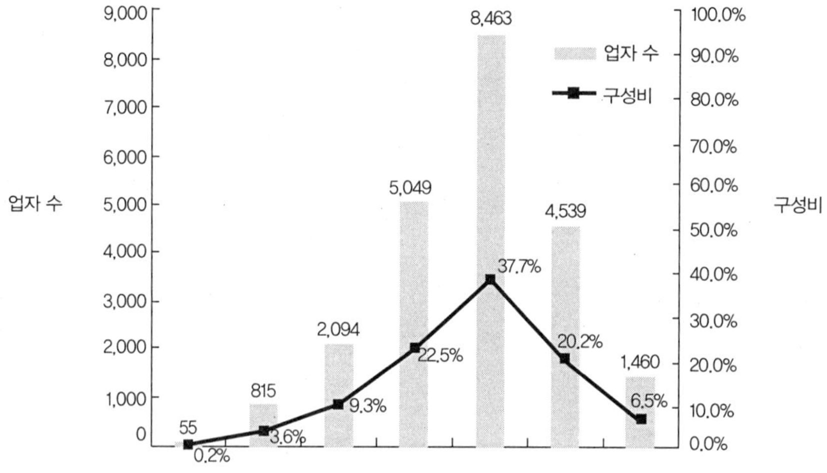

| 그림 6-7 | 중개업자(개인업자) 연령계층별 구성비(2009년 3월)

출처: (재)부동산적정거래 추진기구 (2009.3). 중개업자 통계 개요.

7) 대형 임대주택관리업체 현황 및 관리호수

전술한 [그림 6-3]에서 나타난 바와 같이, 일본의 임대주택관리업 등록업자의 자본금 규모는 우리가 생각하는 것과는 다르게 자본금 1,000~2,000만 엔 미만 규모의 중·소형 업체가 39.4%로 가장 많은 것으로 나타났다. 그리고 소형 업체에 해당하는 자본금 200~500만 엔 미만의 업체 수가 20.5%로 그 다음으로 많은 것으로 나타났다. 그리고 우리가 생각하고 있는 기업형 임대주택관리업체의 규모에 해당하는 자본금 1억 엔 이상의 업체는 전체의 4.0%로 매우 낮게 나타났으며, 특히 10억 엔 이상의 대형 임대주택관리업체는 0.9%에 지나지 않다는 것을 알 수 있었다.

하지만 최근 한국의 임대주택관리업체와 합작법인을 설립한 일본의 임대주택관리업 2위와 5위 업체인 레오팔레스21과 다이와리빙은 우리가 생각하는 것 이상의 큰 규모이다. 먼저 레오팔레스21의 경우에는 자본금이 무려 628억 엔, 원화로 환산하면 약 6,000억 원 규모이며, 매출은 4,594억 엔으로 4조를 넘고 있다. 그리고 다이와리빙은 자본금 1억 엔과 매출 2,178억 엔의 회사인데, 그 지주회사인 다이와공업㈜은 자본금이 무려 1,101억 엔, 매출은 1조2천억 엔이 넘는 회사이다.

따라서 현재 임대주택관리업을 시작하려는 한국의 대형 업체들에게 있어서는 일본의 대형 업체들이 일본 임대주택관리업시장에서 어떠한 역할을 하고 있으며, 어느 정도의 시장을 점유하고 있는지에 대해서 매우 궁금해할 것이다. 또한, 현재 임대주택관리업을 운영하고 있거나 향후 임대주택관리업을 시작하려는 중 · 소형 업체들에게 있어서도 가장 큰 경쟁상대가 될 수 있는 대형 업체에 대해서 궁금해할 것이다.

그럼 지금부터 일본의 상위 15개 임대주택관리업체에 대해서 자세히 알아보자.

〈표 6-7〉은 최근 6년간 일본의 상위 15개 업체의 기업별 임대주택관리 호수 추이를 정리한 것이다.

이들 상위 15개 업체가 관리하는 임대주택 수는 총 3,466,564호(2012년 기준)에 달하고 있다. 그리고 이들 업체들이 어느 정도 민간임대주택시장을 점유하고 있는지 파악하기 위해서 2012년 민간임대주택 호수 자료가 없는 관계로 2008년 시점에서 파악해 보았다.

일본의 임대주택관리 상위 15개 업체가 2008년에 관리하고 있는 임대주택의 총호수는 2,756,502호, 그리고 2008년 민간임대주택의 총호수는 1,337만 호이다. 따라서 이들 상위 15개 업체가 관리호수 규모로 민간임대주택시장의 약 20.6%를 점유하고 있는 셈이다. 그리고 2012년 민간임대주택 총호수 자료는 없지만, 만약 민간임대주택 총호수가 2008년 이후 연 1%씩 성장한다고 가정, 〈표 6-8〉의 민간임대주택 호수 추이를 참고한다면, 2012년 상위 15개 업체의 민간임대주택시장 추정 점유율은 약 25% 내외가 된다는 추정도 가능하다.

이는 2008년 기준으로 임대주택관리업자 총등록자 수 1,579개의 겨우 100분의 1(0.95%)에 해당하는 15개의 대형 임대관리업체가 전체 시장의 약 4분의 1이상을 점유하고 있다는 놀라운 결과인 셈이다.

더욱 놀라운 것은 다이토켄타구, 레오팔레스21, 세키스이하우스, 스타츠그룹, 다이와리빙 등 상위 1위~5위 업체의 경우에는 지난 5년간 순위 변동이 전혀 없이 관리호수를 지속적으로 늘리고 있으며, 이들 상위 5개 업체의 시장점유율은 계속 증가 추세에 있다는 점이다.

전술한 바와 같이 한국의 제도권 민간매입임대주택의 규모가 약 40만 호로 추정되는데, 1~3위의 업체인 다이토켄타쿠, 레오팔레스21, 세키스이하우스 등은 이를 훨씬 넘어서는 임대주택을 한 개의 회사가 관리하고 있는 셈이니, 이는 정말 놀라운 일이다.

| 표 6-7 | 임대주택관리업 상위 15개 업체의 임대주택 관리 호수 추이

순위	2012년		2011년		2010년	
	회사명	호수	회사명	호수	회사명	호수
1	다이토켄타구	694,205	다이토켄타구	645,030	다이토켄타구	598,926
2	레오팔레스21	556,207	레오팔레스21	571,656	레오팔레스21	551,773
3	세키스이하우스	489,967	세키스이하우스	472,570	세키스이하우스	454,751
4	스타츠그룹	319,767	스타츠그룹	297,195	스타츠그룹	279,552
5	다이와리빙	297,948	다이와리빙	273,810	다이와리빙	248,621
6	에이블	192,309	에이블	183,810	에이블	171,587
7	하우스메이트그룹	170,657	하우스메이트그룹	166,340	미니테크	167,443

8	미니테크	166,260	미니테크	163,900	하우스메이트그룹	159,917
9	토켄코포레이션	153,936	토켄코포레이션	148,652	토켄코포레이션	130,000
10	Taisei Housy	80,058	Taisei Housy	80,056	학생정보센터	78,000
11	학생정보센터	81,000	학생정보센터	79,600	에이블보증	72,842
12	에이블보증	72,898	아파만숍홀딩스	67,240	아파만숍홀딩스	67,249
13	토큐부동산그룹	66,936	토큐부동산그룹	66,291	Taisei Housy	64,806
14	죠구치아토무	62,330	죠구치아토무	58,362	토큐부동산그룹	64,502
15	아파만숍홀딩스	62,086	암스인터네셔널	55,442	죠구치아토무	55,375

순위	2009년		2008년		2007년	
	회사명	호수	회사명	호수	회사명	호수
1	다이토켄타구	554,752	다이토켄타구	507,702	다이토켄타구	456,777
2	레오팔레스21	518,040	레오팔레스21	454,287	레오팔레스21	396,312
3	세키스이하우스	434,074	세키스이하우스	410,176	세키스이하우스	386,016
4	스타츠그룹	249,639	스타츠그룹	230,659	스타츠그룹	180,259
5	다이와리빙	228,289	다이와리빙	196,711	미니테크	170,176
6	미니테크	166,868	미니테크	174,806	다이와리빙	169,184
7	에이플	159,882	하우스메이트그룹	148,380	하우스메이트그룹	141,470
8	하우스메이트그룹	150,324	에이블	148,117	에이블	137,143
9	토켄코포레이션	122,000	토켄코포레이션	106,004	토켄코포레이션	86,568
10	학생정보센터	76,000	아파만숍홀딩스	76,109	학생정보센터	68,000
11	에이블보증	72,279	학생정보센터	74,000	에이블보증	67,651
12	아파만숍홀딩스	71,861	에이블보증	69,809	Taisei Housy	56,545
13	Taisei Housy	60,342	토큐부동산그룹	54,575	파나홈	49,960
14	토큐부동산그룹	58,192	Taisei Housy	54,305	토큐부동산그룹	49,810
15	하세코라이브네트	54,000	파나홈	50,862	미쓰이부동산리스	49,435

출처: 전국임대주택신문사. 주간 전국임대주택신문.

8) 대형 임대주택관리업체의 시장점유율 추이

[그림 6-8]은 임대주택관리 상위 15개 업체를 3그룹(1위~5위, 6위~10위, 11위~15위)으로 나누어서 지난 6년간의 관리호수와 증감 추이를 나타낸 것이다. 분석 결과 이들 3그룹 모두가 지난 6년간 지속적인 증가 추이를 보이고 있다. 그리고 그룹별 6년간 연평균 증가율은 1위~5위 그룹 8.3%, 6위~10위 그룹 4.9%, 11위~15위 그룹은 4.8%로 상위 그룹의 증가율이 더 높은 것으로 나타났다. 즉, 규모가 큰 업체의 성장률이 더 높다는 결과이다. 그리고 1~15위 그룹의 전체 연평균 증가율은 7.1%로 높은 성장률을 기록하고 있다.

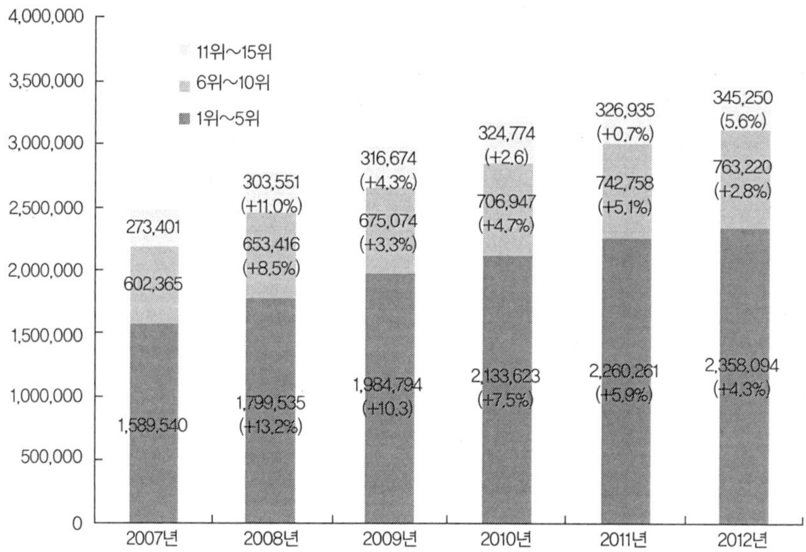

| 그림 6-8 | 상위 15개 임대관리업체 관리호수 추이[04]

출처: 전국임대주택신문사. 주간 전국임대주택신문.

---

04 (　)안 수치는 전년대비 증가율

그럼 민간임대주택시장의 성장률은 어떨까?

〈표 6-8〉은 민간임대주택 총호수의 증가 추이를 나타낸 것이다.

| 표 6-8 | 민간임대주택 호수 추이

구분	1973년	1978년	1983년	1988년	1993년	1998년	2003년	2008년
호수(만 호)	789	841	849	967	1,076	1,205	1,256	1,337
5년 증가율	–	6.6%	1.0%	13.9%	11.3%	12.0%	4.2%	6.4%
연평균 증가율	–	1.3%	0.2%	2.8%	2.3%	2.4%	0.8%	1.3%

출처: 총무성 통계국, 주택 · 토지 통계 조사.

민간임대주택 호수는 1999년~2003년의 5년간 총 4.2%씩 증가를 보이고 있는데, 이는 이 기간 동안 민간임대주택시장 규모가 매년 평균 0.8%씩 성장하고 있다는 것을 의미한다. 그리고 2004~2008년의 5년간은 총 6.4%씩 증가를 보이고 있는데, 이 기간 동안 민간임대주택시장 규모는 연간 1.3%씩 성장했다는 것을 의미한다. 결과적으로 민간임대주택시장은 1999~2008년까지 10년간 호수 규모로 연간 약 1%씩 성장을 해 왔다는 결론이 나온다.

이에 비해 임대주택관리 상위 15개 업체의 연평균 성장률은 7.1%로 민간임대주택시장의 전체 평균 성장률의 약 7배 이상씩 성장을 해 오고 있으니, 이러한 추세라면 일본의 임대주택관리시장은 이들 상위 15개 업체가 대부분을 점유할 수도 있다는 불안한 생각마저 든다. 그리고 특히 이들의 성장률은 이들 중 규모가 큰 상위 5개 업체가 주도하고 있다는 점도 깊이 눈여겨봐야 할 필요가 있다.

최근 발표된 2013년 일본 임대주택관리 호수 순위[05]를 살펴보면, 이들 1~5위 업체는 순위 변동이 전혀 없이 전년 대비 평균 7.3%의 높은 성장률을 기록하고 있는 것으로 나타나고 있는데 이는 2012년 성장률인 4.3%의 1.7배에 해당하는 높은 성

05 전국 임대주택신문사, 주간 전국임대주택신문 (2013.7.15).

장률이다.

업체별로 관리호수와 성장률을 살펴보면, 1위인 다이토켄타구는 +7.6%(747,153호), 2위 레오팔레스21 −1.8%(546,204호), 3위 세키스이하우스 +3.3%(506,353호), 4위 스타츠그룹 +12.9%(361,163호), 5위 다이와리빙 +14.3%(340,609호) 등으로 2위인 레오팔레스21을 제외하고[06]는 모두 관리호수가 전년 대비 증가하고 있다는 것을 알 수 있다.

또한, 상위 5개 업체의 2013년 총관리호수는 2,501,482호로서 2008년 이후 민간임대주택 호수가 연 1%씩 증가한다고 가정[07]한다면, 현재 전체 임대주택 총 호수의 약 18% 정도를 점유하고 있다는 추정도 가능하다. 5개 상위 업체가 전체 민간임대주택시장의 20% 가까이 점유한다는 것은 놀라운 결과이다.

그리고 현재 상위 업체의 성장률을 고려할 때 시장점유율은 더욱 높아질 것으로 예상되며, 결국 일본의 민간임대주택시장은 대형 업체가 더욱 시장을 지배할 것으로 생각된다. 그리고 이들 대형 업체들 간의 경쟁은 더욱 치열해질 것이며, 중소 임대주택관리업체는 생존을 위해 더욱 어려운 싸움을 해 나가야 할 것이다.

[그림 6-9]는 상위 15개 임대관리업체의 2012년 관리호수 및 구성비를 나타낸 것이다. 1위 업체인 다이토켄타구는 관리호수가 694,205호(2013년 747,153호)로 전체의 20%를 차지하고 있으며, 2위 레오팔레스21은 556,207호(2013년 546,204호)로서 16%를, 3위 세키스이하우스는 489,967호(2013년 506,353호)로 14.1%를 각각 점유하고 있는 것을 알 수 있다. 이는 결국 상위 3개 업체가 상위 15개 업체의 전체 관리호수 중 절반에 해당하는 50.1%를 점유하고 있는 것이며, 1~5위의 상위 5개 업체는 상위 15개 업체의 전체 관리호수 중 무려 68%를 점유하고 있다.

결국 일본의 임대관리주택시장은 현재 상위 5개 업체가 전체 민간임대주택시장

---

06 레오팔레스21은 2009년 초 실적이 급속히 악화되어 적자가 지속되었다. 그 후 2010년부터 3개년 계획에 의해 신축 물건 사업을 대폭 축소하고 기존 물건의 임대사업으로 전환하였다.

07 〈표 6-8〉 민간임대주택 호수 추이 참고.

의 약 20%로 가까이를 점유하고 있으며, 이들 업체들의 성장률 추이를 고려할 때 상위 5개 업체의 임대주택시장 점유율은 더욱 높아질 것으로 예상된다.

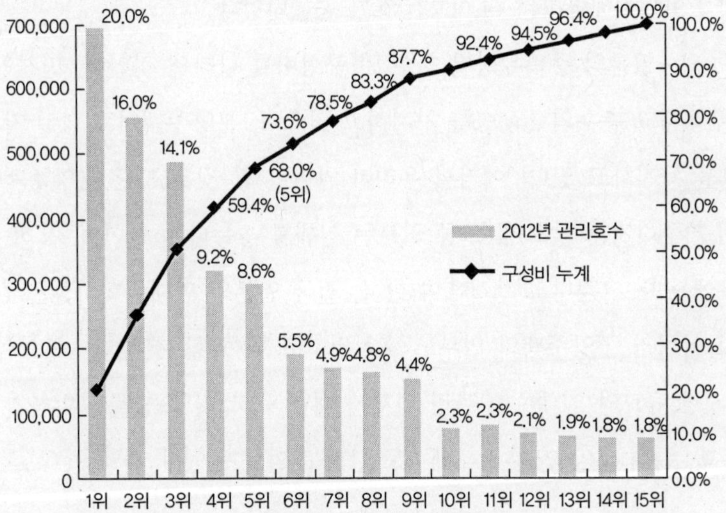

| 그림 6-9 | 상위 15개 임대관리업체 관리호수 및 구성비(2012년)

출처: 전국임대주택신문사. 주간 전국임대주택신문.

9) 분양 만숀관리업체 현황

일본의 민간임대주택시장 관련 분류 및 통계는 한국과 다소 상이한 점이 있어 이해하는데 조금 어려움이 따를 것이다. 일본의 민간주택시장은 분양주택시장[08]과 임대주택시장으로 나뉜다. 임대주택은 처음부터 임대만을 목적으로 건설한 주택을 말하며, 대개 소유자는 개별소유자가 아닌 한 개인, 법인, 또는 공동이 소유하게 된다. 하지만 분양주택은 개별 호수의 소유자가 다수 존재하며, 대개 조합이 설립되어 있으며, 소유자가 직접 거주하기도 하지만 임대를 하는 경우도 많다.

---

08 한국의 비제도권 임대주택시장으로 이해하면 좋다.

이러한 분양주택의 형태는 만숀(mansion)과 단독주택이 있다. 1985~2011년 27년간 분양주택 총공급호수는 8,124천 호 공급되었는데, 이중 만숀이 4,746천 호(58.4%), 단독주택이 3,378천 호(41.6%)가 공급되었다. 같은 기간 임대주택은 분양주택의 약 1.8배에 해당하는 14,667천 호가 공급되었다.

〈표 6-9〉는 일본의 주택유형별 호수 및 구성비를 나타낸 것인데, 민간임대주택은 전체 주택재고 총수의 26.9%를 차지하고 있으며, 분양주택이 포함된 자가 주택은 61.1%를 차지하고 있다. 여기서 우리가 알아야 할 것은 모든 분양주택에 소유자가 직접 거주하지는 않으며, 그중 일부는 임대를 놓는다는 점이며, 특히 분양 만숀의 경우에는 더 그렇다고 생각해야 한다. 결국 일본의 임대주택시장은 임대주택이 전부가 아니라 분양주택의 일부도 포함된다고 봐야 할 것이다. 따라서 일본의 임대주택시장 규모와 임대주택 관련 업체에 대한 규모 및 특성을 파악하기 위해서는 분양주택, 특히 분양 만숀에 대해서도 살펴볼 필요가 있다.

| 표 6-9 | 일본의 주택유형별 호수 및 구성비 (단위: 천 호, 2008년)

구부	호수	구성비
총주택 수	49,598	100.0%
자가	30,316	61.1%
민간임대	13,366	26.9%
공공임대	3,007	6.1%
기타	2,909	5.9%

출처: 총무성. 주택 · 토지 통계조사.

〈표 6-10〉은 기업별 분양 만숀관리 수탁호수 상위 15개 업체의 연도별 순위와 관리호수를 나타낸 것이다. 이들 상위 15개 업체의 2012년 총관리호수는 2,716,114호로 2012년 임대주택관리 상위 15개 업체의 총관리호수 3,466,564호의 78.4%에 이른다. 하지만 이 중 어느 정도의 비율이 임대가 되고 있는지는 정확한 집계가 없

어 그 규모를 파악할 수는 없지만 상당할 것으로 추정하고 있다.

또한, 이들 분양 만숀관리회사는 임대주택과 마찬가지로 건물의 관리, 조합의 관리, 운영관리 및 지원, 계약 업무 등 폭넓은 업무를 수행하고 있어서 관리회사의 수익 면에 있어서도 결코 무시할 수 없는 규모라고 할 수 있다. 따라서 현재 한국의 임대주택시장의 규모를 생각할 때 대형 임대관리업체들은 임대주택관리와 더불어 분양주택의 관리도 당분간 병행해야만 규모의 경제와 수익성 창출이라는 목표를 단기간에 달성할 수 있을 것이다.

또한, 향후 일본과 같이 임대주택관리와 분양주택관리 등 크게 두 부분으로 나뉘어 진행될 가능성이 상당히 높을 것으로 생각된다. 이런 맥락에서 일본의 분양 만숀관리회사의 순위 및 규모 등 그 특징 및 변화에 대해서 알아 두는 것도 현재 임대주택관리업을 운영하고 있는 업체와 향후 주택관리 사업에 진출하려고 계획하고 있는 업체들에 다소 도움이 될 것으로 생각한다.

| 표 6-10 | 분양 만숀관리 상위 15개 회사의 기업별 수탁호수

순위	2009년		2010년		2011년		2012년	
	회사명	호수	회사명	호수	회사명	호수	회사명	호수
1	다이쿄astage	340,643	니혼하우징	353,171	니혼하우징	364,364	니혼하우징	375,412
2	니혼하우징	340,467	다이쿄astage	346,313	다이쿄astage	352,690	다이쿄astage	256,377
3	토큐커뮤니티	284,052	토큐커뮤니티	287,869	토큐커뮤니티	292,626	토큐커뮤니티	295,789
4	하세코커뮤니티	205,364	하세코커뮤니티	214,228	하세코커뮤니티	221,135	하세코커뮤니티	231,297
5	일본종합주생활	162,190	미쓰이부동산 주택서비스	163,988	미쓰이부동산 주택서비스	169,464	미쓰이부동산 주택서비스	173,496
6	미쓰비시지쇼 커뮤니티	155,256	일본종합주생활	162,673	미쓰비시지쇼 커뮤니티	164,731	미쓰비시지쇼 커뮤니티	167,525
7	미쓰이부동산 주택서비스	154,220	미쓰비시지쇼 커뮤니티	161,103	일본종합주생활	163,418	일본종합주생활	163,031
8	스미토모부동산 건물서비스	144,878	스미토모부동산 건물서비스	150,611	스미토모부동산 건물서비스	155,016	고진샤계획 연구소	157,709

9	고진샤계획 연구소	138,139	고진샤계획 연구소	143,187	고진샤계획 연구소	147,311	스미토모부동산 건물서비스	157,309
10	다이와라이프 넥스트	126,262	다이와라이프 넥스트	129,213	다이와라이프 넥스트	131,907	다이와라이프 넥스트	136,710
11	노무라리빙 서포트	101,745	노무라리빙 서포트	109,778	노무라리빙 서포트	115,776	커뮤니티원	127,736
12	커뮤니티원	101,118	커뮤니티원	105,716	커뮤니티원	110,045	노무라리빙 서포트	119,540
13	마루베니 커뮤니티	94,071	마루베니 커뮤니티	98,042	마루베니 커뮤니티	98,949	마루베니 커뮤니티	102,633
14	이토츄어번 커뮤니티	71,392	이토츄어번 커뮤니티	73,620	이토츄어번 커뮤니티	73,941	다이와서비스	76,748
15	다이와서비스	63,271	다이와서비스	67,894	다이와서비스	71,629	이토츄어번 커뮤니티	74,802

출처: 만숀관리 신문사 (해당년).

기업별 분양 만숀관리 수탁호수도 임대주택관리업체 순위와 같이 1위에서 5위까지는 크게 순위변동 없이 유지되고 있는 추세를 보이고 있다. 2012년 기준 1위 니혼하우징(375,412호), 2위 다이쿄astage(356,377호), 3위 토큐커뮤니티(295,789호), 4위 하세코커뮤니티(231,297호), 5위 미쓰이부동산 주택서비스(173,496호) 등 1~5위까지 업체의 총관리 호수는 1,432,371호로 1~15위까지 업체들의 총관리 수탁호수의 52.7%를 점유하고 있다.

이는 임대주택관리업체의 경우와 마찬가지로 상위 5개 업체의 점유율이 매우 높은 것을 알 수 있다.

[그림 6-10]은 분양 만숀관리 상위 15개 업체를 임대주택관리업체와 같이 3그룹(1~5위, 6~10위, 11~15위)으로 나누어서 분양 아파트관리 수탁호수 추이를 나타낸 것이다. 분양 만숀관리업체는 임대주택관리업체의 경우와는 조금 다르게 1~5위의 상위권 업체의 호수점유율과 증가율이 높지 않은 것을 알 수 있다. 또한, 그

룹별 증가율을 살펴보면 2009~2012년까지 4년간 평균 증가율에 있어서도 1~5위 업체 2.4%, 6~10위 업체 2.9%, 11~15위 업체가 5.1%씩 증가했으며, 전체적으로는 연평균 3.0%씩 증가한 것으로 나타났다. 이러한 분양 만숀관리 상위 15개 업체의 증가 추이는 임대주택관리 상위 15개 업체의 전체 연평균 증가율 7.1%(그룹별 6년간 연평균 증가율은 1위~5위 그룹 8.3%, 6위~10위 그룹 4.9%, 11위~15위 그룹은 4.8%)보다 상당히 낮은 수치라는 것을 알 수 있다. 이는 최근 일본의 분양 만숀시장의 침체와도 깊은 관련이 있다고 생각되는데, 중요한 것은 이들 대형 업체들이 어려운 상황에서도 성장을 지속해 나가고 있다는 점이며 이 점은 우리가 기억할 필요가 있다.

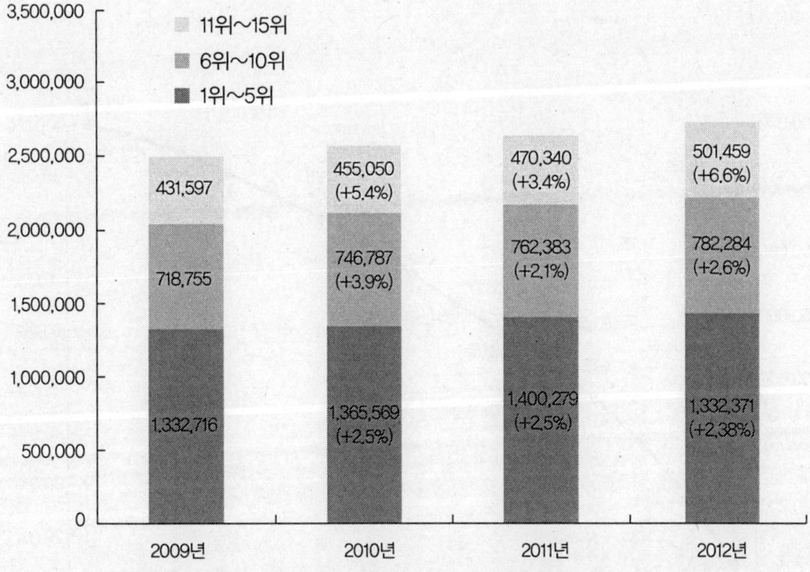

| 그림 6-10 | 상위 15개 기업의 분양 만숀관리 수탁호수 추이

출처: 만숀관리 신문사 (해당년).

[그림 6-11]은 상위 15개 기업의 분양 만숀관리 수탁호수 구성비를 나타낸 것이다. 임대주택관리업에 비해 상대적으로 상위권 회사의 비율이 낮다는 것을 알 수

있는데, 전술한 임대주택관리업체의 내용과 비교해 보면 그 차이를 쉽게 이해할 수 있을 것이다.

지금까지 임대주택과 분양 만숀관리업체에 대한 특징과 변화에 대해서 살펴보았다. 전술한 바와 같이 일본의 경우에는 이들 관리업체들이 부동산중개 관련 자회사를 설립하고 이들을 통해 입주자를 직접 모집하고 직접 계약을 체결할 수 있다. 따라서 일본의 대형 관리업체의 경우 대부분이 부동산중개 관련 자회사를 설립하고 있다. 물론 이들 대형 관리업체는 자사의 부동산중개 자회사를 통해 입주자를 직접 모집하고 직접 계약을 체결하기도 하지만 전문 부동산중개법인들을 통해 입주자를 모집하기도 한다. 따라서 일본의 경우에는 대형 중개업체가 이미 오래전부터 활발하게 활동을 하고 있으며, 이들이 임대주택의 입주자들을 모집하는 데 중요한 역할을 하고 있다.

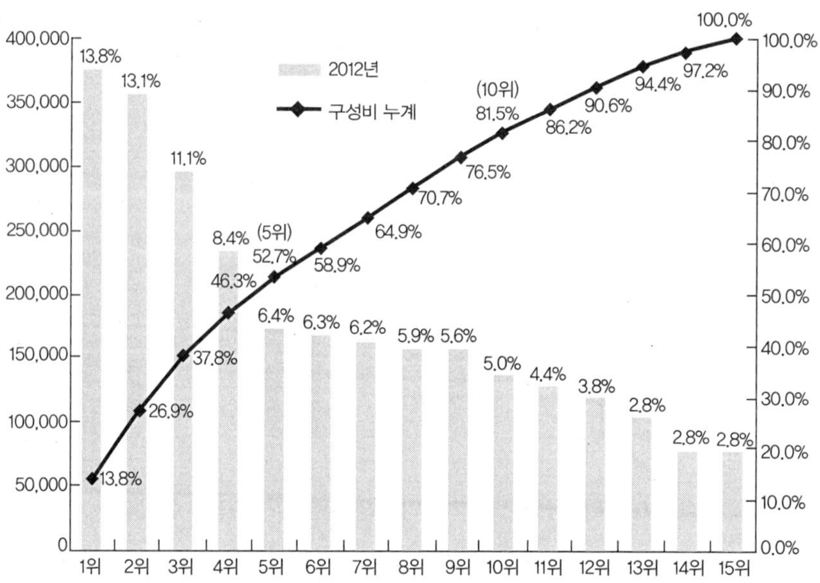

| 그림 6-11 | 상위 15개 기업의 분양 만숀관리 수탁호수 구성비(2012년)

출처: 만숀관리 신문사 (해당년).

따라서 대형 임대주택관리업체가 직접 중개계약을 통해 상당한 수익을 창출하고 있다는 점을 생각할 때, 일본의 임대주택 관련 중개건수가 어느 정도에 이르며 중개건수의 업체별 순위에 대해서 살펴보는 것도 도움이 될 것으로 생각한다.

〈표 6-11〉은 업체별 임대중개 건수의 추이를 나타낸 것인데 참고하기를 바라며, 향후 기회가 생길 때 이들 업체에 대한 자세한 내용을 설명하기로 하겠다.

| 표 6-11 | 업체별 임대중개 건수의 추이

구분	2008년		2009년		2010년	
	업체명	중개건수	업체명	중개건수	업체명	중개건수
1위	에이블	21.66	레오팔레스21	34.09	에이블	18.53
2위	다이토켄다쿠	15.22	에이블	19.78	다이토켄타쿠	17.44
3위	미니미니	14.27	다이토켄타쿠	16.73	미니미니	13.25
4위	하우스메이트	4.9	미니미니	14.1	하우스메이트	5.85
5위	죠구치아토무	4.7	토켄코포레이션	5.37	토켄코포레이션	5.29
구분	2011년		2012년		2013년	
	업체명	중개건수	업체명	중개건수	업체명	중개건수
1위	다이토켄타쿠	19.34	다이토켄타쿠	21.07	다이토켄타쿠	21.57
2위	에이블	17.79	에이블	16.54	에이블	15.33
3위	미니미니	13.65	미니미니	14.25	미니미니	14.62
4위	토켄코포레이션	5.44	토켄코포레이션	5.65	토켄코포레이션	5.79
5위	죠구치아토무	5.32	하우스메이트	5.27	하우스메이트	5.58

출처: 만숀관리 신문사 (해당년).

| Chapter 07 |

임대주택관리업의 성장과 추이

1. 임대주택관리업의 성장과정
2. 임대주택관리업의 최근 추이
3. 임대주택관리에 대한 니즈의 변화

Chapter 07

임대주택관리업의 성장과 추이

1. 임대주택관리업[01]의 성장과정

한국의 주택임대관리업은 관련 업태의 성장과정에 대해서는 그 자료가 전무하다. 따라서 일본의 임대주택관리업이 어떻게 성장해 왔는지를 살펴봄으로써 향후 주택임대관리업이 어떻게 성장해 나갈지를 간접적으로 파악하고자 한다.

일본의 임대주택관리업의 성장은 크게 4단계로 나눌 수 있다.

- 1단계: 초기의 임대주택관리업
- 2단계: 본격적인 임대주택관리업의 등장
- 3단계: 임대주택관리업의 성장
- 4단계: 대형(기업형) 임대주택관리업의 성장

01 일본의 경우 임대주택만을 관리하는 임대주택관리업과 분양 만숀만을 관리하는 만숀관리업이 있다.

1) 초기의 임대주택관리업

일본에서 임대주택관리업이 탄생한 시기는 일본이 경제적으로 고도성장을 시작한 1950년대 중반 이후이다.

(1) 시장의 상황

이 시기는 일본이 한국전쟁 이후 공업화를 통한 고도성장을 이루고 있던 시기로 대도시에는 일자리가 넘쳐 났고, 노동자는 부족해졌다. 따라서 이 시기에 지방 중소도시 및 농촌지역의 노동자들이 단기간에 대도시로 대규모 유입했다.

노동자들의 단기 대량 유입은 대도시 지역의 임대주택 부족을 초래했으며, 이후 정부는 대규모의 공공임대주택을 공급하기 시작하였으나 수요에는 턱없이 부족했다. 따라서 민간임대주택에 대한 수요가 크게 늘어나게 되었으며, 민간은 아파토(apartment house) 형태의 임대주택을 대량 공급하기 시작하였다.

(2) 초기 임대주택사업의 형태

초기 임대주택사업자는 전문적인 업체가 있었던 것이 아니고 단순히 토지소유주가 직접 임대주택을 관리하는 형태였다. 따라서 다른 직업을 가지고 있으면서 자신이 소유한 임대주택을 관리하는 겸업소유자 등도 상당수 있었다.

하지만 이 시기에는 임대주택의 수요는 넘쳐 났지만 임대주택의 공급은 턱없이 부족한 상황이어서 소유자가 직접 임대주택을 관리하는 데 큰 어려움이 없었기 때문에 임대주택관리업에 대한 필요성을 크게 느끼지 못하였다.

(3) 임대주택관리업의 등장

임대주택의 공급이 급속도로 늘어나면서 소유자들에게 세입자관리, 대관 업무,

세금 관련 업무 등 임대주택관리에 따른 번거로운 업무들이 점차 늘어나게 되었다. 따라서 일부 소유자들로부터 임대주택관리에 따른 업무들을 누군가에게 위탁하고자 하는 니즈가 생겨났다. 이러한 임대주택관리업체에 대한 수요는 인위적인 것이 아니라 소유자들의 자발적인 의지로 생긴 것이다.

결국 시장(소유자)의 자발적인 수요에 의해 일본의 임대주택관리업이 탄생하게 되었다. 하지만 이 시기의 임대주택관리업은 지금과 같은 완벽한 형태가 아니었으며, 단순히 임대주택의 소유와 경영이 분리되는 정도의 수준이었다.

(4) 임대주택관리업의 형태

전술한 바와 같이 이 시기에는 임대주택에 대한 수요가 넘쳐 났기 때문에 소유자가 특별한 노력 없이도 세입자를 구할 수가 있었으며, 임대주택관리도 큰 노력 없이 가능했던 시기이다. 따라서 이 시기의 임대주택관리업은 임대료 수납 업무 등 소유자가 직접하기 번거로운 업무에 대해서만 소유자를 대행하였다.

즉, 단순한 업무에 대해서만 중개업소나 임대주택관리업체에게 위탁하였으며, 특별히 위탁관리에 대한 수수료는 지불하지 않거나 지불하더라도 매우 소액이었다. 대신 소유자는 임대주택관리업체에게 세입자 중개에 대한 전속계약권을 임대주택관리업체에게 부여하였다.

2) 본격적인 임대주택관리업의 등장

1965년 이후부터 1980년대 초반으로 일본의 임대주택관리업이 전문적인 업태로 발전한 시기이다.

(1) 시장의 상황

이 시기에는 민간임대주택의 건설이 본격적으로 촉진되었던 시기로 토지소유자들은 은행의 대출을 통해 임대주택을 건설하기 시작했다. 또한, 단순히 아파토(apartment house) 형태의 임대주택에서 벗어나 만숀(mansion) 형태의 임대주택이 본격적으로 공급되기 시작하여 그 규모도 과거보다 대형화되었고 임대주택의 질도 고급화되었다.

따라서 소유자 입장에서는 임대주택의 관리가 과거보다 매우 복잡하게 되었으며, 임대주택의 건설에 소요된 은행 대출금의 상환을 위한 안정적인 임대수입이 절실하게 되었다.

또한, 이 시기에는 임대주택에 대한 수요가 급증하면서 임대주택관리업체가 임대주택사업에 직접 참여하기 시작하였다. 초기에는 주택건설업체가 건축수주의 수단으로 아파트를 건축하고 건축 후 위탁관리를 하는 방식으로 참여했지만 차츰 사업 범위가 확대되어 개인투자자들의 위탁이 증가하게 되었다.

(2) 임대관리업의 형태

이 시기의 임대주택관리업체도 대부분 중개 업무에 부가된 기본적인 관리와 서비스 제공이 주요 업무였다. 하지만 이후 소유자 및 투자자들의 수요 증가와 요청에 의해 그 업무의 범위가 확대, 전문화되었다. 1975년경부터는 현재의 임대주택관리업과 같은 노하우로 서비스를 제공하고 보수를 받는 체계화된 업무를 수행하는 임대주택관리업체가 생겨나기 시작했다. 하지만 이 시기에도 역시 소유자(임대인) 중심의 시장이었다.

3) 임대주택관리업의 성장

이 시기는 1980년대 중반부터 1990년대 초반까지로 임대주택관리업체가 본격적으로 생겨나기 시작했고, 현재와 같은 임대주택관리업체가 대부분 이 시기에 생겨났다.

(1) 성장배경

일본의 임대주택시장은 이 시기를 기점으로 큰 변화가 일어난다. 일본은 임대주택이 1950년대부터 약 30여 년간 활발하게 공급되었다. 그리고 1980년 중반부터 1990년대 초반까지 임대주택이 과거보다 대량으로 공급되었는데 1991년 「생산녹지법」 개정으로 임대주택의 대량 공급은 1990년도 중반까지 이어지게 된다.

이 시기의 일본은 임대주택이 어느 정도 공급되었고 인구증가세도 크게 둔화되어 임대주택의 수요도 크게 늘지 않았던 시기이다. 결국 이 시기의 대량 공급은 임대주택의 과잉 공급으로 이어졌다. 설상가상으로 이 시기는 일본의 부동산시장이 버블 붕괴 후 장기 침체에 접어든 시기이기도 하여 이러한 임대주택의 과잉 공급 상황은 더욱 심화되기 시작했다. 그리고 이러한 임대주택의 과잉 공급은 일본의 임대주택시장을 크게 바꿔 놓기 시작했으며, 임대주택의 소유자들은 점차 위기의식을 가지기 시작했다.

심화 학습 **「생산녹지법」 개정**

일본이 버블 붕괴 후에도 임대주택의 공급이 증가한 원인에는 1991년 「생산녹지법」의 개정이 크게 작용했다.

생산녹지법은 시가화 구역 내 농지 중 생산녹지로 지정된 농지 이외의 농지에 대해서는 고정자산세, 도시계획세를 대폭 인상하여 과세하였다.

이는 농지의 택지화를 촉진하고, 증가하는 택지 수요에 대응하는 정책으로서 버블이 거의 끝날 시기에 개정되었다.

만약 생산녹지로 지정되면 큰 폭의 과세가 경감되지만, 30년간은 농지 이외의 전용이 엄격히 제한되는 등 세제상의 혜택에 따른 제약도 매우 컸다. 따라서 이 시기에는 생산녹지로의 지정을 희망하지 않고, 택지화 농지를 선택하는 농지가 증가했다.

그리고 세제 부담의 절감을 위해 택지와 잡종지로 전용하여, 임대주택을 건축하는 사례가 급증했다.

따라서 이 시기에는 임대주택의 수요는 증가하지 않았지만, 임대주택의 수는 수요에 비해 급증하는 초과 공급 현상이 심화되었다.

(2) 시장의 변화

임대주택의 과잉 공급과 임대주택에 대한 수요 증가의 둔화는 곧바로 임대주택의 공실로 이어졌다. 임대주택의 소유자가 과거처럼 세입자를 선별하여 선택하던 시기가 끝나고 세입자를 찾기 위해 노력해야만 하는 시기로 바뀐 것이다. 즉, 이제 임대주택시장은 소유자(임대인) 중심의 시장에서 세입자(임차인) 중심의 시장으로 바뀐 것이다.

따라서 임대주택의 소유자 중 특히 은행 대출을 통해 임대주택을 건설한 소유자들은 큰 위기위식에 빠졌으며, 이러한 위기의식은 점차 임대주택시장 전체로 확산되기 시작했다.

이 시기부터 일본의 임대주택시장은 임차인을 구하는 것이 임대주택관리에서 가장 중요한 요인으로 인식되기 시작했으며, 임차인들은 과거에 누리지 못했던 다양한 니즈를 보이기 시작했다. 따라서 임차인을 모집하기 위해서는 이러한 임차인들의 다양한 요구에 대처를 해야 했는데 이를 위해서는 전문적인 임대주택관리업체의 필요성이 증대되었다.

또한, 이 시기부터 임대주택에 대한 다양한 정보가 임차인들에게 공개되기 시작했는데, 임대주택에 대한 정보를 보다 효율적으로 전달하기 위해서도 전문적인 임대주택관리업체가 필요하게 되었다.

(3) 임대주택관리업의 성장

이 시기에 접어 들면서 임대주택의 소유자가 직접 임대주택을 관리하는데 많은 어려움이 발생하기 시작하였다. 과거 단순 업무의 위탁에서 세입자의 모집과 관리, 건물유지 · 관리보다 전문적인 업무로 임대주택관리업체에게 위탁하는 범위가 확대되기 시작하였다. 또한, 임대주택시장에서도 소유자(개인)가 관리하는 임대주택보다 전문 임대주택관리업체가 관리하는 임대주택에 대한 임차인의 만족도와 선호도가 높아지고 있었다.

이러한 시장의 변화에 따른 소유자들의 요청에 따라 1980년대 중반 버블기 이후부터는 전문적인 임대주택관리업체가 등장하기 시작했는데, 현재의 임대주택관리업체의 대부분이 바로 이 시기에 생겼다.

4) 대형(기업형) 임대주택관리업의 성장

이 시기는 1990년대 중반부터 현재까지로 대형 임대주택관리업체가 발전했던 시기이며, 이전과 다른 특징들이 시장에서 발생하게 되었다. 임대주택관리시장의 대변환이 시작된 것이다.

(1) 부동산증권화의 급속한 발전

일본은 버블 붕괴 후인 2000년대 후반부터 J-REITs가 본격적으로 도입되면서 부동산증권화가 급속히 진행되었다. 결국 이 시기부터는 부동산펀드나 부동산증권화를 통해 조성된 자금이 임대주택시장에 유입되기 시작했는데, 이러한 투자자금의 관리를 위해 전문적이고 보다 대형화된 임대주택관리업체의 필요성과 역할이 증대되기 시작했다.

심화 학습 **J-REITs 도입 경위**

- 일본의 장기적인 경기 침체 속에서 부동산신탁(J-REITs)을 도입한 일본 정부
- 부동산의 장기 침체로 인한 부동산가격 급락을 해결하고자 도입
- 부동산 버블 붕괴 이후 대량의 부실채권이 발생하였고 자산디플레로 인한 담보가치의 하락으로 금융 시스템이 위기에 봉착
- 1998년 6월 부실채권과 담보 부동산의 원활한 처리를 위해 「특별목적회사에 의한 특정자산의 유동화에 관한 법률(SPC법)」이 제정되어 1998년 9월부터 시행
- 2000년 11월 「투자신탁 및 투자법인에 관한 법률」의 개정으로 자산유동화기구와 자산운용기구 설치 가능
- 2001년 4월 도쿄 증권거래소에 일본 부동산투자법인과 일본 빌딩펀드의 두 리치가 상장되면서 본격화
- 초기에는 일반 투자자의 인식부족과 제도적 미비로 인해 양적 성장은 이루어지지 않음

심화 학습 **J-REITs 성장과정**

▷ 1단계
- 2001년 9월 ~2002년 9월, 도입 단계

▷ 2단계
- 2003년 9월까지
- 상장리츠 수 6개사, 시가 총액 6천2백억 엔에 불과
- 리츠제도에 대한 이해 부족으로 인한 수요의 한계와 2003년 오피스빌딩 초과 공급 우려
  - 변화: 배상소득세율 20%→10%, 리츠지수 개발, 외국자본 투자확대, 리츠주가 상승으로 투자자 관심 높아짐
- 재간접 투자규정 개정, 주식형 투자신탁 상품 출시(만 엔 단위의 투신상품)

▷ 3단계
- 2003년 9월 이후
- 질적 · 양적 성장: 상장리츠 수와 시가 총액 급성장, 주가도 급상승
- 원인: 2003년 추가적 세제혜택 부여, index 개발 등 리츠 관련 제도 변경
- 리츠의 투자대상이 오피스빌딩 중심에서 상가, 주거용 부동산, 호텔 등으로 다양화

(2) 공실률의 급속한 증가

1990년대 중반부터 일본은 주택 전체의 공실률이 증가했으며, 임대주택의 공실 또한 더욱 증가하기 시작했다. 따라서 세입자를 확보하는 것이 임대주택관리의 가장 중요한 요인이 되었으며, 이를 위해서는 보다 전문화되고 체계적인 마케팅 능력을 보유한 대형 임대주택관리업의 필요성이 증대되기 시작했다. 따라서 이 시기를 기점으로 대형 임대주택관리업체의 수요가 급증하게 된다.

(3) 신축 임대주택의 수요증가

버블 붕괴 이전에는 토지를 소유하는 것만으로도 충분히 의미가 있었으나, 버블 붕괴 후의 토지 소유는 보유세(고정자산세, 도시계획세), 상속세, 증여세 등 과도한 세금부담만을 초래하게 되었다. 따라서 기존 토지소유자들은 절세 방안을 모색하기 위하여 임대주택을 건설하게 된다. 또한, 1991년 「생산녹지법」 개정 이후 택지화 농지를 선택한 소유자들도 절세를 위해 임대주택을 건설하게 된다.

(4) 신규주택에서 기존주택의 시대로

이 시기에 접어들면서 주택시장과 정부의 주택정책이 신규주택 중심에서 기존주택 중심으로 전환되면서 리모델링과 리노베이션의 필요성이 대두되었다. 이에 대한 수요도 증가하자 업무를 수행할 수 있는 대형 임대주택관리업체에 대한 필요성이 증가하게 됐다.

(5) 신규주택 분양의 어려움, 중개 건수 감소

버블 붕괴 후 부동산시장의 침체가 장기화되면서, 대형 주택건설사들은 신규주택 분양에 어려움을 겪기 시작했다. 장기 침체에 회사가 존립의 기로에 직면하자 이를 타계하기 위해 대형 주택건설사들 중 일부는 본격적으로 임대주택관리업에 진출하기 시작했다.

중개업체의 경우에도 부동산거래 건수가 급격히 감소함에 따라 수익 구조가 악화되기 시작하여 이에 대한 타계책으로 임대주택관리업에 본격적으로 진출하기 시작했다.

2. 임대주택관리업의 최근 추이[02]

지금부터 일본 임대주택관리업의 최근 추이에 대해 살펴보기로 하자. 이를 통해 향후 한국 주택임대관리업의 흐름에 대해서 간접적으로 예측할 수 있기를 바란다.

1) 서브리스방식의 확대

최근 임대관리사업자(서브리스사업자)가 임대인(전대자)이 되는 서브리스방식을 대형 임대주택관리사업자뿐만 아니라 중소 임대주택관리사업자도 적극적으로 도입하는 사례가 늘고 있다. 이렇게 서브리스 방식이 확대됨에 따라 임대주택시장에서도 다양한 변화가 나타나고 있다. 대표적인 변화를 정리하면 다음과 같다.

첫째, 정기차가계약을 활용[03]하고 있다.

서브리스방식이라고 해서 모두 정기차가계약을 사용하는 것은 아니다. 하지만 일본의 최근 조사결과에 의하면, 입주자와의 임대차계약을 할 때 정기차가계약으로 하는 사례가 늘어나고 있는 것으로 나타난다.

---

02 부동산유통센터 연구소 (2013. 3). 임대주택사업의 새로운 흐름과 방향성에 대해.

03 계약갱신이 없고 계약기간이 종료 된 시점에서 계약은 종료되며 명도를 할 수 있다.

둘째, 레이킹(礼金), 시키킹(敷金) 등 일시금 수수 행태가 변화하고 있다.

서브리스방식에만 해당되는 것은 아니지만, 레이킹과 시키킹 등의 일시금 수수 행태가 변하고 있다. 이러한 일시금의 수수는 서브리스사업자, 곧 임대인이기 때문에 서브리스사업자 스스로 판단하고 결정하게 된다. 최근에는 서브리스사업자 스스로 경영 상태를 판단하여 일시금 수수에 대해 유연하게 대응하는 경우가 생겨나고 있다.

예를 들면 기존의 시장행태와 같이 이를 수수하는 경우도 있으나, 반대로 상황에 따라서 레이킹을 받지 않는 경우가 생겨나는 등 임대시장의 상황에 따라서 차별화된 경영 전략을 펼치고 있다.

셋째, 입주자(임차인)의 퇴거 시 원상회복에 대한 대응 방안이 변화하고 있다.

입주자의 퇴거 시 원상회복에 대한 대응은 [국토교통성 가이드라인] 또는 [도쿄도 조례]에 개략적으로 명시되어 있다. 이에 따라 원상회복에 대한 비용 중 통상 경과 연수에 의한 노후화 비용은 집주인이 부담한다는 적용기준이 점차 확대되고 있다. 특히 서브리스방식 사업의 경우 서브리스사업자가 임대인이 되기 때문에 [국토교통성 가이드라인] 등에 따른 대응이 점진적으로 확대 적용되는 경향을 보이고 있다.

넷째, 입주자(임차인) 대응 창구를 강화하고 있다.

임대주택관리에 있어서 입주자(임차인)의 불만과 불편 사항에 대해서 신속하게 대응하는 것은 입주자의 모집과 입주자의 장기거주에 중요한 요인으로 작용하고 있다. 또한, 이는 임대주택관리사업의 수익과도 직결되고 있다.

최근 입주자의 불만과 불편 사항에 대한 대응을 위한 입주자(임차인) 불만 24시간 전화 대응 창구의 설치 등을 점차 확대하고 있다. 입주자의 만족도를 높이기 위한 서비스 강화는 서브리스방식뿐만 아니라 최근에는 업계 전체로 확산되고 있다. 하지만 서브리스사업의 방식은 서브리스사업자가 직접 임대인이기 때문에 그 서비스의 제공도 상대적으로 더욱 효율적으로 운영하려는 움직임을 보이고 있다.

2) 상속에 의한 2, 3세대 사업자의 증가

전술한 바와 같이 임대주택의 개인경영자 중 60세 이상이 60.4%로 전체의 절반을 넘는다. 이러한 임대주택 개인경영자의 고령화에 의해 최근에는 부모 등으로부터 상속받아 임대사업을 운영하는 2, 3세대 사업자가 증가하고 있다. 2, 3세대 사업자는 기존의 사업기반을 바탕으로 본인 스스로 새로운 시장 상황과 변화에 적응하기 위해 기존 사업을 활성화시켜 사업을 전개하고 있다.

2, 3세대 사업자는 소유자와 임대주택관리사업자 등 크게 두 가지 형태가 있다. 하지만 최근의 임대주택시장이 매우 어려운 상황에 처해 있고 향후 시장상황도 불투명하기 때문에 새로운 대책과 대응에 대한 구상에 노력하고 있다.

2, 3세대 사업자가 임대경영시장 및 경영 환경에 대하여 새로운 대책과 대응을 구상할 필요성을 절감하는 이유는 소유자와 임대주택관리사업자 모두 선대에게 물려받은 사업이기 때문이다.

또한, 이들 대부분이 70대, 80대 부모로부터 사업을 물려받은 40대, 50대이기 때문에 소유자로서 상속한 임대물건을 매각처분할 것인가, 어떤 방식으로든 활용 · 투자하여 임대경영을 계승하고 재건할 것인가, 아니면 상속받은 임대주택경영자에게는 경영실적이 나쁜 임대사업을 폐업할 것인가, 새롭고 수익성 좋은 안정적인 임대관리 업무를 수행할 것인가 등의 여러 가지 선택 중에 한 가지를 결정해야만 하는 상황이 다가오고 있다.

이러한 변화는 임대주택관리업에 새로운 비즈니스 기회가 되고 있으며, 향후 임대주택관리시장에 있어서도 적지 않은 변화를 가져다줄 것으로 생각한다.

3) 정기차가계약의 적극적인 활용

과거 일본의 민간임대주택시장에 있어서 정기차가계약의 활용은 그리 높지 않았다. 정기차가계약을 활용하는 경우는 전근 등에 의한 단기적 · 일시적으로 거주를 하는 경우와 가까운 시일 내(향후 수년 내)에 주택의 재건축이나 대수선 등이 계획되어 있어 계속 거주가 어려울 것으로 예상되는 경우 등 극히 제한적으로만 이용되었다. 하지만 최근에는 이러한 정기차가계약의 활용이 적극적으로 활용되고 있다.

그 이유는 크게 두 가지로, 첫째, 임차인(입주자) 입장에서는 정기차가계약이 보통임대계약보다 명확하다는 점이다. 정기차가계약은 계약기간을 확정하여 미리 정하고, 공증증서 등 서면에 의해 계약을 하며. 계약기간의 만료와 함께 계약이 종료된다는 것을 임차인에게 설명해야 한다. 만약 임대인이 임차인에게 이에 대한 설명에 태만했을 경우에는 그 계약은 정기차가로서 효력이 없어지며 보통임대계약이 된다.

둘째, 임대시장의 물건은 남아 돌아 공실이 늘어나고 있어 임차인(입주자)을 구하기가 점점 어려워지는 시장상황이다. 따라서 임대인 쪽에서 더 적극적으로 재계약을 원하기 때문에 임차인 입장에서는 재개약 및 장기계약에 대한 어려움이 없다.

또한, 정기차가계약은 입주자가 계약기간 중에도 전근, 요양 등 부득이한 사정이 발생하여 계속 거주가 곤란한 경우에 중도 해약이 가능하다는 이점이 있기 때문에 임차인 입장에서는 더욱 유리한 계약이 될 수 있다.

이렇게 정기차가계약의 활용은 다양한 형태로 이루어지고 있으며, 다음의 사례들을 통해 그 활용에 대해서 이해해 보자.

▶ [사례 1] 가구 · 가전 등이 있는 임대주택에의 정기차가계약 활용

일본은 최근 게스트하우스, 셰어하우스, 먼스리 만숀 등 가구 · 가전 등의 옵션이 포함된 임대주택에 대한 수요가 꾸준히 증가하고 있고, 임대시장에 있어서 그 비중도 점점 커지고 있다. 그런데 이러한 임대주택의 임대차계약에 있어서 상당수가 정기차가계약을 활용하고 있다.

이러한 임대주택에 있어서 정기차가계약이 자주 활용되고 있는 이유는 가전 · 가

구 등의 상태와 그 사용에 대한 사항 등 임대주택의 성격이 기존의 보통임대계약과는 다소 상이한 점이 있기 때문이다. 따라서 임대인과 임차인은 이러한 임대주택의 계약에 있어서 가전 · 가구 등의 상태와 그 사용에 대한 사항 등 사전에 명확히 해두는 것이 매우 중요하다. 이를 통해 사후에 발생할 수 있는 원상회복 등의 문제에 대해서도 미리 예방할 필요가 있기 때문이다.

따라서 임대인과 임차인은 이러한 사항들을 포함한 계약의 내용을 명확히 하고 상호 충분한 이해가 필요하기 때문에 정기차가계약을 활용하고 있다.

▶ [사례 2] 일반 임대차계약에 있어서 정기차가계약의 활용

최근에는 일반 임대차계약에 있어서도 정기차가계약을 적극적으로 활용하는 사례가 서브리스방식뿐만 아니라 다른 경우에도 늘어나고 있다. 일반적으로 임대주택의 일반 임대차계약은 보통임대계약을 활용하는 것이 일반적이었다. 하지만 일반 임대차계약에 정기차가계약을 활용하는 사례가 생기고 있다.

그 이유로는 첫째, 정기차가계약이 임대인과 임차인 간에 상호 대등한 입장에서 이루어지는 계약방식으로 인식이 확산되고 있기 때문이다. 따라서 최근 신규계약에 있어서 임차인은 기본적으로 정기차가계약을 선호한다.

둘째, 실무에서는 정기차가계약을 '정기적으로 계약을 완전히 종료시킨다'는 의미보다는 정기적으로 임대인과 임차인 간에 계약내용의 확인과 임대주택의 사용호실 상황을 확인하고 명확히 한다는 의미로서 더 크게 받아들이고 있다. 따라서 임대인의 입장에서도 이러한 불확실성을 줄일 수 있다는 수단으로 정기차가계약을 선호하는 추세가 늘고 있다.

▶ [사례 3] 계약갱신료를 둘러싼 소송사건의 대응책으로 활용

최근 일본은 갱신료를 둘러싼 소송사건이 늘어나고 있다. 이러한 대응책의 일환으로 정기차가계약의 도입을 검토하는 사례가 늘어나고 있다. 물론 갱신료를 둘러

싼 소송사건이 단순히 보통임대계약에서 정기차가계약으로 바뀐다고 해서 모두 해소되는 것은 아니다.

하지만 정기차가계약에 있어서 재계약을 하기 위해서는 재계약 시에 중개업자 또는 임대인이 임대 업무 내용을 명확히 해야 하며 재계약료를 받는 근거와 의미에 대해서도 임차인에게 충분한 사전 설명과 이해를 얻는 것이 필요하다. 따라서 이러한 정기차가계약은 보통임대계약처럼 재개약 시 임차인과 아무런 교섭 없이 자동갱신을 지속하여 이러한 문제를 무작정 뒤로 미루는 것이 아니라 이러한 문제들을 재계약 시점에 조기 · 사전 검토한다는 데 큰 의미가 있겠다.

심화 학습 **보통임대계약과 정기차가계약**

▣ 보통임대계약

▶ 계약기간

계약기간은 1년 이상이며, 통상 2년으로 한다.

▶ 임차인의 중도해약

중도해약에 대한 특약사항을 정할 수 있다. 해약의 예고기간을 정하거나, 갑자기 해약하는 경우에 지불하는 금액에 대해 정하는 경우가 많다.

▶ 소유자(임대인)의 해약

임차인이 계속해서 거주를 희망하는 경우, 임대인이 해약이나 계약기간 종료 시 계약갱신의 거부는 임대인에게 정당한 사유가 없는 한 불가능하다. 따라서 보통임대계약의 계약기간은 임대인의 사정과 임차인의 의지에 의해 결정된다.

▣ 정기차가계약

▶ 계약기간

계약갱신이 없고, 계약기간이 종료 된 시점에서 계약은 종료되며, 명도를 할 수 있다.

▶ 계약체결 방법

계약기간을 확정하고, 공증증서 등 서면에 의해 계약을 하는 것이 필요하다. 또한, 계약서는 별도로 사전에 서면으로 교부하며 계약의 갱신은 없으며 기간의 만료와 함께 계약이 종료된다는 것을 임차인에게 설명해야 한다. 임대인이 설명에 태만했을 경우에는 그 계약은 정기차가로서 효력이 없어지며, 보통임대계약이 된다.

▶ 중도해약

주거용 건물의 정기차가계약은 계약기간 중에 임차인이 전근, 요양 등 부득이한 사정이 발생하여 그 주택에 계속 거주하기가 곤란한 경우에 임차인이 해약을 신청할 수 있다. 이 경우 해약 신청일로부터 1개월이 경과되면 계약은 종료된다. 단, 이 계약권이 사용 가능한 것은 연면적 200㎡ 미만의 주택에 거주하고 있는 임차인에 한해서다. 중도해약에 관해서 개별적으로 특약을 체결하는 것은 가능하다.

▶ 계약종료 시

계약기간이 1년 이상인 경우에 임대인은 1년~6개월 전에 임차인에게 계약이 종료되는 것을 통지할 필요가 있다. 역시 임대인과 임차인이 합의하면, 재계약도 가능하다.

▶ 보통임대계약의 정기차가계약으로 전환

정기차가제도는 2000년 3월 1일부터 시행되고 있지만, 그 이전에 체결된 주택의 보통임대계약은 임차인을 보호하는 관점에서 임차인과 물건이 바뀌지 않는 경우, 정기차가계약으로 전환하는 것은 인정되지 않는다.

4) 기존 임대주택의 리노베이션을 통한 새로운 수요층의 개발

최근 일본은 기존주택을 중시하는 추세가 강해지고 있다. 이러한 흐름 속에 기존주택 중 건축 연수가 상당히 오래된 노후주택 등을 리노베이션 공사를 통해 재생시켜 새로운 수요층을 타겟으로 한 주택으로 탈바꿈시키는 사례가 증가하고 있다.

대표적으로 기존의 독신자용 주택 · 사택 등을 리노베이션으로 재생시켜 새로운 임대주택의 형태인 게스트하우스, 셰어하우스 등의 사업으로 전환하는 경우를 들 수 있다.

심화 학습 **리폼(Reform)과 리노베이션(Renovation)**

리폼과 리노베이션은 비슷한 개념으로 혼재되어 사용하는 경우가 많다. 하지만 그 의미에는 다소 차이가 있다.

리폼은 노후화된 건물을 건축 당시의 상태(성능)로 회복시키는 것을 의미하며, 일반적으로 주로 거주 중에 주택의 개 · 보수 등의 비교적 소규모 공사를 지칭하는데 주로 내 · 외장의 공사 등으로 도배 등이 대표적이다.

이에 반해 리노베이션은 기존 건물의 대규모 수선이나 개 · 보수 공사를 통하여 용도나 기능을 변경시켜 그 성능을 향상시킴으로써 가치를 높이는 것을 말한다.

5) 임대차계약 시 일시금(레이킹과 시키킹 등)을 가능한 없애려는 움직임

최근 일본의 임대주택시장 상황은 어렵다. 또, 임차인(입주자) 중심의 임대시장으로의 전환 움직임 등으로 입주 시에 임대인이 수령하는 일시금에 대한 입주자들의 불만이 점점 높아지고 있다. 특히 퇴거 시 원상회복을 둘러싼 임대인과 임차인의 마찰은 더욱 심화되어 소송에 이르는 등 그 문제가 심각해지고 있다.

이러한 문제는 결국 임대차계약 시 수령한 일시금과 깊은 관련이 있기 때문이다. 최근에는 계약 시 이러한 일시금의 수수를 줄여나가려는 움직임이 일본 전역으로 확대되고 있는 실정이다.

이러한 최근의 움직임 중에는 임차인과의 마찰을 최대한 줄이고 임차인의 만족도를 높이기 위해 일시금의 수수를 가능한 없애고 월 임대료만을 베이스로 경영해 나가려는 움직임도 생겨나고 있다. 즉, 레이킹 제로, 시키킹 제로, 퇴거 시 원상회복 의무 제로 등의 임대주택이 생겨나기 시작했는데, 물론 이 경우에 임대료는 주변의 비슷한 물건보다는 비싸게 책정되어 있다.

6) 고객인 임차인의 만족도를 최고로 중시

임대관리업자는 소유자와 임대관리 수탁계약을 하고 관련 업무를 수행하기 때문에 자칫 잘못하면 소유자의 직접적인 희망, 요구 등 소유자의 입장에 치우친 업무수행을 하게 될 수도 있다. 하지만 임대주택 사업은 근본적으로 '주거 공간'을 제공하는 서비스업이기 때문에 소유자 입장에만 치우쳐 업무를 수행하는 것은 바람직하지 않으며, 자칫 입주자의 불만을 높이는 원인이 될 수도 있다.

이는 현재 임대주택시장의 경쟁이 치열해지고 입주자를 구하기가 점점 어려워질 것으로 예상할 때 이러한 업무 수행은 고객인 임차인의 만족도를 떨어뜨려 결과적으로 입주율을 떨어뜨릴지도 모른다. 그리고 이는 결국 소유자의 안정적인 수익 확보와 수익의 극대화라는 관리업자의 궁극적인 목표를 달성할 수 없는 결정적인 원인이 될 수 있다.

따라서 고객인 임차인의 만족도를 높이는 것이 입주율 향상에 직결되고 이는 결국 소유자의 수익과 직결되기 때문에 최근에는 임차인의 만족도를 최고로 높이기 위한 관리 업무의 수행이 중요시되고 있으며, 이러한 추세는 더욱 확대되고 있다.

심화 학습 **일본에서 소유자에 대한 관리업자의 의무**

첫째, 임대중개 업무와 관계없이 임대주택관리를 철저히 한다.
둘째, 다른 업자로부터 소개료를 받지 않는다.
셋째, 소유자의 이익과 상반된 행위는 하지 않는다.
넷째, 입주율 향상과 업무의 효율화를 위하여 최대한 노력한다.

7) 입주자 응대 업무의 체계화 · 시스템화

임대주택관리는 특히 임차인인 입주자와의 관계가 매우 다양하고 복잡하기 때문에 이와 관련된 문제가 자주 발생한다. 그리고 이러한 문제를 해결하기 위해서는 상당한 시간과 노력이 필요하다. 물론 과거 소유자 중심의 임대시장에서는 이러한 문제들이 거의 발생하지 않았고, 중요하게도 생각하지 않았기 때문에 이러한 문제를 해결하기 위해 그다지 큰 노력을 기울이지도 않았다.

하지만 최근에는 임대주택시장이 입주자 중심으로 바뀜에 따라 관리업체에게 고객의 만족과 입주율 향상업무는 매우 중요한 업무 중 하나가 되었다. 따라서 현재 임대주택관리업체는 이러한 문제들을 해결하기 위해 적극적인 노력을 기울이고 있다.

그리고 이러한 문제 해결에 대한 노하우를 축적하기 위해 지속적인 노력도 기울이고 있다. 그 일환으로 고객의 아주 작은 요구까지 적극적으로 대응하고 있으며,

또한 입주자의 불만 · 불편 사항에 24시간 연중무휴로 대응하는 고객상담 센터 등도 적극적으로 도입하고 있다. 그리고 최근에는 이러한 고객 응대에 대한 시스템 도입 등 관련 노하우를 축적한 관리회사가 다른 관리회사에게 고객 응대에 대한 노하우를 전수하거나 대행 업무를 수행하는 새로운 비즈니스의 영역으로까지 확장되고 있다.

8) 새로운 형태의 임대주택을 적극적으로 개발

최근 일본은 공급 과잉과 인구 감소 등으로 공실률이 높아지면서 임대주택시장 경쟁이 점점 치열해지고 있다. 따라서 지금까지와 같은 아주 일반적인 형태의 임대주택은 경쟁우위의 확보가 점점 어려워지고 있으며, 입주자 모집도 점점 어려워지고 있다.

따라서 최근에는 과거와 같은 일반적인 형태의 임대주택을 제공하는 형태에서 벗어나 세분화되고 구체적인 고객층을 타깃으로 한 임대주택을 적극적으로 개발하고 있다. 결국 고객의 니즈를 세분화하여 타깃을 정하고 임대주택을 공급함으로써 치열한 경쟁 속에서 보다 안정된 임대경영을 수행하려고 하는 움직임이 늘어나고 있다.

이는 주로 임대주택의 리노베이션을 통해서 수행하는데 이에 대한 사례로는 첫째, 단독주택의 임대주택 활용 확대이다. 일본의 경우 단독주택은 이미 임대주택시장에서 일정 부분의 포지션을 점유하고 있고 그 수요도 꾸준히 증가하고 있다. 하지만 증가하는 수요에 비해 아직까지도 충분한 공급이 이루어지고 있지 않다. 이런 점들을 감안한다면 단독주택의 임대시장은 앞으로도 더욱 확대될 것이며 임대주택 관리업자들에게는 더욱 주목받는 시장이 될 것으로 예상된다.

둘째, 애완동물과 공생이 가능한 임대주택의 개발이다. 일본의 애완동물 관련 시장은 우리가 생각하는 것 이상의 천문학적인 시장이다. 그 이유에는 여러 가지가 있겠지만, 그중 하나는 50%가 넘는 단독주택의 비율에서 찾을 수가 있다. 유년기에 단독주택에서 부모와 같이 생활하면서 애완동물을 키웠던 사람들은 성년이 되어서도 애완동물에 대한 그리움과 애착이 강할 수밖에 없다. 따라서 단독주택에서 애완동물과 같이 유년기를 보낸 아이가 성년이 되어서 독립했을 때 경제적인 사정상 임대주택에 살게 되더라도 애완동물을 키우고자 하는 욕구는 클 수밖에 없다. 이런 이유 등으로 일본에서는 애완동물과 공생할 수 있는 임대주택에 대한 수요가 항상 존재하며 임대관리업자는 이러한 수요자층을 대상으로 한 임대주택을 지속적으로 개발하고 있다.

문제는 이들 수요자층에게 있어서 애완동물이 단순한 붐이라기보다 필수적인 생활조건이 되고 있다. 이에 비해 기존에 공급된 임대주택은 단순한 '애완동물 사육'이라는 측면만 고려해 왔다는 점이다. 결국 기존의 임대주택은 다분히 공실 해결을 위한 궁여지책의 하나로서 개발 · 운영되어 왔기 때문에 이들 수요층에게 외면당하는 경우도 상당수 발생하게 되었다.

하지만 최근에는 과거와 같이 관련 임대주택의 개발에 있어서 단순하게 '애완동물을 사육'하는 것이 아니라 보다 적극적으로 '애완동물과의 공생'의 개념으로 사업을 확대하고 이에 적합한 임대주택을 개발 · 관리경영을 수행하는 움직임이 나타나고 있다.

셋째, 전원생활, 직업, 취미 등을 고려한 임대주택의 개발이다. 일반적인 형태의 임대주택은 단순한 거주의 편리성은 제공할 수 있지만 개인의 취향과 직업, 취미 등 개인적 특성에 따른 편리성과 만족감을 제공하기는 매우 어렵다. 최근 개인적 특성이 더욱 다양화되고 있으며, 이러한 개인의 특성을 만족해 줄 수 있는 임대주택에 대한 수요도 점차 증가하고 있는 추세이다.

따라서 최근 일본에서는 이러한 개인의 취향과 직업, 취미 등 특성에 따른 욕구를 충족하기 위한 임대주택의 개발이 점진적으로 진행되고 있다.

예를 들면 전원생활을 느낄 수 있는 텃밭이 있는 임대주택, 악기를 연주할 수 있는 방음이 되어 있는 임대주택, 트럭 운전자를 위해 대형 주차장이 있는 임대주택, 바이크 애호가를 위해 바이크를 집안까지 가지고 들어 갈 수 있는 임대주택 등 다양한 형태의 임대주택들이 꾸준히 개발되고 있다.

심화 학습 **단독주택형 임대주택**

최근 일본에서는 20대 후반에서 30대 초반까지의 젊은 부부들을 중심으로 자녀 교육 환경, 생활 소음의 불안 해소 등의 이유로 단독주택임대에 대한 수요가 높아지고 있다. 하지만 이러한 수요의 증가에 비해 공급은 매우 적어 수급의 불균형이 매우 심한 상황이다.

이러한 단독주택형 임대주택은 단독주택임대를 희망하는 입주자의 증가뿐만 아니라, 임대주택을 새로 건설하려는 토지소유자 쪽에서도 수요가 증가하고 있는 추세이다.

그 이유는 임대주택을 건설하는 소유자 입장에서는 공동주택과 비교해서 건설 투자비용이 적고, 또한 이전에 임대용 단독주택에 투자했던 다른 소유자들의 투자효과를 직접 눈으로 파악하기가 쉽다는 이점이 있기 때문이다(호수가 적고 밖에서 보아도 공실이 있는지 없는지 눈으로 직접 파악하기가 쉽다).

최근 임대주택의 공실이 높아지고 있어 이미 일부 지역은 공급 과잉 상태이기 때문에 무조건 아파토(apartment house)나 만숀(mansion)을 건축하는 것은 사업 리스크가 매우 크다. 실제 수요가 없는 지역에서 아파토나 만숀 등의 임대주택건설은 공실이 크게 발생해 채산이 나오지 않는 경우도 자주 발생하고 있다. 이에 비해 단독주택의 경우는 입주기간이 비교적 장기인 경우가 많고 공실 리스크도 적어 상대적으로 안정된 수익의 확보가 가능할 수도 있다.

이러한 추세에 따라 최근에는 단독주택형 임대주택을 개발하는 경우 그 형태도 다양해지고 있는데 그중 하나가 텃밭을 만드는 경우이다. 이러한 텃밭도 단순히 개인이 가꾸는 형태에서 벗어난 형태로 개발이 되고 있다. 과거와 같이 단순히 텃밭이 있는 단독주택형 임대주택을 만들 때 각 세대마다 폐쇄된 형태로 밭을 만들거나 정원을 만드는 가정이 있는가 하면, 아무것도 하지 않는 가정도 있어 전체 주거 환경과 미관상 좋지 않을 수 있다. 따라서 오픈된 공동공간의 형태로 만드는 것이 더욱 효과적이다. 이를 통해 입주자 공동작업, 소유자의 공동참가 · 지도 등을 통해 입주자 커뮤니티를 활성화하는 것도 중요하다. 또한, 텃밭을 활용한 CO_2 절감효과, 사계절에 대응한 이벤트 실시, 가족과 친구, 근처 주민과의 커뮤니티의 확대도 기대할 수 있으며, 소유자에게도 단순한 투자뿐만이 아니라 지역공헌의 실현도 가능하다.

심화 학습 **애완동물 공생 임대주택**

애완동물 공생 임대주택은 임차인의 입주 전과 입주 시에 애완동물 사육 규칙의 확인과 이에 대한 충분한 이해가 필요하며, 입주 후에는 애완동물 사육에 대한 지원체제도 매우 중요하다.

최근 일본 애완동물 사육의 특징은 ① 소형화 ② 비만화 ③ 고령화 ④ 실내 사육 ⑤ 여러 마리 사육 등의 추세를 보이고 있으므로 이에 대해 적극적으로 대응하고 있다.

그리고 애완동물을 사육하는 임차인의 경우 개별 소유권이 있는 분양 만숀보다 임대 만숀에서 사육하는 것이 원만할 수 있다. 왜냐하면 분양 만숀의 경우에는 주변의 입주자와 여러 가지 마찰이 발생할 가능성이 높으며 이를 해소하기가 매우 곤란할 수도 있기 때문이다.

최근에는 단순히 애완동물 사육이 가능하다는 것 이외에 함께 뛰어놀 수 있는 광장, 애완동물을 데리고 들어갈 수 있는 카페나 레스토랑, 동물병원 등도 매우 중요시되고 있기 때문에 이러한 시설을 단지 내나 인근 지역에 유치하는 것도 매우 중요하다.

심화 학습 **직업, 취미 등을 고려한 임대주택**

최근 일본의 임대주택시장의 새로운 키워드는 직업, 취미 등을 고려한 콘셉트로 형태는 매우 다양하다.

- ▶ IT 콘셉트의 임대주택
- ▶ 악기 연주가 가능한 임대주택
- ▶ 음악 등의 감상이 가능한 오디오를 설치한 임대주택
- ▶ 고급 대형 바이크를 집 안 공간에 전시 가능한 임대주택
- ▶ 서핑보드 등을 다양하게 집 안에 전시할 수 있는 임대주택
- ▶ 고급 자전거를 집 안에 전시할 수 있는 임대주택
- ▶ 대형 트럭 운전자를 위한 대형 주차장 등이 있는 임대주택 등

9) 고령자 · 장애자 · 외국인 입주자를 타깃으로 한 임대주택의 개발

과거 일본에서는 고령자 · 외국인 · 장애자 등은 겉으로 표현하지는 않았지만, 임대주택관리업자에게 있어서 입주 기피 대상이었던 것은 부인할 수 없는 사실이다. 이는 현재 한국의 경우도 비슷하리라 생각된다.

따라서 이들이 일반 민간임대주택에 입주하기란 매우 어려운 일이었다. 하지만 경쟁이 치열해지고 공실률이 높아지는 등 임대주택시장이 점점 어려워지자 이러한 임대주택시장의 관행도 사라지게 되었다. 오히려 공실이 높은 지역이나 임대주택은 이들을 주요 입주 타깃으로 하여 임대주택경영상의 어려움을 극복해 나가려는 움직임이 생겨나고 있다. 그리고 이러한 추세는 국가의 장래와 사회적 교류, 화합적인 측면에서도 매우 환영할 만한 일이라 할 수 있다.

심화 학습 **일본의 외국인 추이**[04]

▶ 외국인 등록자 수, 국적(출신지)별 현황
2007년 기준 일본에 거주하고 있는 외국인 등록자 수(영주자 수 포함)는 215만 명으로 10년 전과 비교해서 약 1.5배 증가하고 있으며, 일본 총인구의 약 1.7%를 차지하고 있다.

▶ 외국인 등록자의 국적(출신지)을 살펴보면, 중국이 60만 명을 넘어섰고, 전체의 28.8%를 차지하고 있으며, 그 다음으로 한국 · 북한 · 브라질 · 필리핀 · 페루 · 미국 순이다.

① 중국은 1975년부터 계속 증가하여, 2007년 말에는 2006년과 비교하여 16,148명(8.2%) 증가하고 있다(대만, 홍콩을 포함).

② 지금까지 일관되게 최대 구성비를 점하고 있던 한국 · 북한은 2007년 말에는 2006년과 비교하여 4,730명 감소하여, 중국에 이어 2위를 차지하고 있다.

③ 브라질과 페루는 과거 10년 동안의 매년 계속 증가하여 브라질은 등록자 총수의 15% 전후, 페루는 3% 전후를 차지하고 있다.

④ 10년 전인 2007년 말과 비교하여, 등록자 수가 10,000명 이상 증가한 나라는 중국(354,725), 필리핀(109,324), 브라질(83,713), 베트남(24,963), 타이(20,715), 페루(19,302), 인도네시아(13,684), 인도(13,111) 등 이다.

04 안심임대주택추진협회 (2009. 3). 안심임대주택지원사업과 외국인 민간임대 입주 원활을 위한 가이드라인.

심화 학습 **일본의 외국인 임대주택관리 포인트**

▶ 임대차계약은 통상 일본어 계약서에 계약자가 서명(사인)하는 방식

임대계약서는 각 국어로 표시된 것이 당연히 좋으나, 계약내용의 해석에 이견이 생겼을 때의 대응을 고려한다면, 오히려 일본어로 된 통상의 임대계약서에 계약자가 서명(사인)하는 방식이 오히려 문제가 더 적을 수 있다.

▶ 임대차계약의 내용, 임대주택에서의 생활 규칙은 사전에 전달, 설명

일본어 임대계약서의 경우, 통역자(양국어를 이해하고 있는 자)를 중간에 세우고 계약을 진행하게 되는데 이 경우에도 외국인이 계약조항을 충분히 이해하는 것이 어려울 수 있다. 따라서 외국인 입주자의 안정되고 원활한 거주를 도모하기 위해서는 사전에 일본의 독특한 임대차계약의 포인트[시키킹(敷金), 레이킹(礼金)]의 설명, 전대 금지 등)와 임대주택에서의 생활 규칙(쓰레기 버리기, 소음 등) 등을 충분히 전달하고 이해시키는 것이 필요하다.

▶ 신원 확인, 체제목적, 일본에서의 소득 확인

여권, 외국인 등록증, 소득 증명서, 또한 계약 시의 면담과 청취 등을 통해 신분 · 체재 목적 · 일본 체재 중 소득 등을 확인하는 것도 필요하다.

▶ 임대보증회사 활용

일본에서 외국인의 경우 임대료 체납 등에 대비한 연대보증인의 확보가 매우 어려워 일반 임대주택에 거주하는데 가장 큰 장애가 되고 있다. 따라서 최근에는 민간임대보증회사에 의한 기관보증을 통해 이러한 문제를 해결하는 사례가 늘어가고 있다. 또한, 최근에는 외국인 보증을 전문으로 하는 보증회사도 생겨나고 있다.

▶ 일상의 커뮤니케이션에 의한 트러블의 사전 방지, 조기 해결

쓰레기 버리기, 소음, 전대, 계약자 이외 거주, 무단 퇴거 등 이전부터 있어 왔던 외국인의 임대거주에 따른 문제들의 사전 방지와 조기 해결을 위해서는 입주 전 상세한 설명과 입주 후 일상 커뮤니케이션의 확보가 필요하다. 외국인 입주자는 입주 후 주변 거주자들과 커뮤니케이션을 전혀 하지 않는 경우가 많기 때문에 이러한 문제의 파악이 더욱 어렵다.

따라서 평소에 생활하는 데 문제점이 없는지 등에 관한 수시의 연락과 커뮤니케이션이 이루어진다면, 이러한 문제의 발생을 사전에 예방하는 데 효과가 있다.

일반적으로 소유자와 관리회사가 언어문제 때문에 계약 전 · 후에 외국인과의 커뮤니케이션 확보가 어려울 경우에는 이러한 업무에 대해서 외국인 거주자를 대상으로 지원하는 단체나 회사를 활용하는 것도 효과적이다.

10) 여성의 니즈가 임대주택경영 전략의 핵심

전술한 게스트하우스, 셰어하우스, 애완동물 공생 임대주택 등의 주 고객층은 여성이며 이들은 여성들의 지지를 받고 확대되고 있는 임대주택이라고 말할 수 있다.

최근 일본의 임대주택시장은 '여성에게 사랑받는 상품은 반드시 시장이 확대되고, 반대로 여성에게 외면받는 상품은 실패한다'는 것은 거의 일반화된 공식으로 자리매김을 하고 있다. 이런 의미에서 여성의 감성과 영업 센스를 활용하고, 또한 여성에게 사랑받는 임대주택공급을 경영 전략의 핵심과 기본으로 하는 것은 향후 임대주택의 방향성을 고려할 때 빠뜨릴 수 없는 중요한 요소이다.

일본에서 이러한 예로 게스트하우스를 들 수가 있는데, 게스트하우스의 초기 단계는 외국인을 주 타깃으로 사업을 시작했지만 이후 그 생활 환경과 스타일에 20대~30대 여성층이 점점 관심을 가지기 시작했다. 결국 여성의 게스트하우스 입주가 점점 늘어나게 됨으로써 시장에서 게스트하우스에 대한 인기가 높아지게 되었고, 수요도 증가하여 게스트하우스의 공급이 시장 전체로 폭넓게 확산되었다.

이후 임대주택관리업체들은 직업여성의 소득수준을 고려하여 도쿄에서 안전 · 쾌적 · 편리한 삶을 누릴 수 있고, 여성들의 자아실현이 가능한 임대주택과 거주 환경 창조를 키워드로 한 상품 개발에 한층 더 주력하고 있다.

11) 지역밀착형 사업추진 강화

미래의 기업은 지역사회와 융화를 이루고 지역사회의 발전에 공헌을 통하여 더욱 발전하게 될 것이다. 그리고 기업의 이익은 결국 이러한 지역사회 이익과 일치할 때 더욱 극대화된다. 특히 임대주택관리업과 같이 그 지역의 토지와 주민들을 기반으로 하는 사업의 경우에는 더욱 그렇다.

최근 일본의 임대주택관리업체, 특히 지역사회를 기반으로 하는 지역밀착형 기업의 경우에는 이러한 지역사회와의 융화와 발전에 공헌하기 위한 일환으로 지역과 조화를 이루고 지역의 매력을 높이기 위해 임대주택의 건물 건축에 있어서 많은 신경을 쓰고 있다. 그리고 최근에는 과거와 같이 획일적이거나 개성 없는 임대주택의 건설은 하지 않는 편이며 지역과 조화를 이룰 수 있는 창의적이고 개성 넘치는 임대주택을 지향하고 있다.

또한, 지역밀착형 중소업체는 과거와 같이 영업지역을 지나치게 확대하지 않고 지역 내와 그 주변에 한정하여 이를 중점적으로 영업하고 있다. 이러한 영업 방식은 물건관리의 효율성을 높이고 시장 변화에 빠르게 대응할 수 있기 때문이다. 그리고 이들의 목표는 지역 내의 1등 업체가 되는 것이다.

최근 대형 사업자의 시장점유율이 점점 높아지고는 있으나, 대형 사업자가 지방도시에 본격적으로 진출하는 것은 그리 쉽지만은 않은 일이기 때문에 중소형 관리업체의 입장에서는 지역 내에서 사업의 입지를 확고히 해 나가는 것이 오히려 현명한 사업 전략일 수 있다.

그리고 다양한 방법으로 지역사회의 발전에 공헌을 하기 위한 노력도 지속적으로 확대하고 있다. 이의 일환으로 회사의 사옥 일부를 학생 및 아동보육공간으로 할애하고 지역의 환경미화와 통학 교통지도 등 지역에 필요한 활동 등을 폭넓게 수행하고 있다. 이를 통하여 사옥의 보육시설에 자녀를 부탁했던 어머니의 상당수가 이 회사에 입사하는 등 지역 커뮤니티를 더욱 강화해 나가고 있다.

그리고 최근 일본은 지방 중소도시에서 큰 문제가 되고 있는 공가의 정원청소와 손질 등을 하청을 통해 적극 수행하고 있다. 이를 통한 지역의 거주 환경 개선은 장기적으로 지역의 토지나 주택가격에 긍정적인 역할을 하게 될 것으로 기대된다.

12) 외부 네트워크의 적극적인 활용

전술한 애완동물 공생 임대주택, 악기연주가 가능한 임대주택을 운영 · 관리하고 있는 사업자 모두가 애완동물이나 음악을 사랑하는 것은 아니다. 따라서 임대주택을 운영 · 관리하고 있는 사업자가 임대주택을 활성화하기 위해서는 직접 자신의 힘으로 운영하기보다는 차라리 애완동물 · 음악연주 전문가나 관련 애호가 단체 등 외부로부터 도움을 받는 것이 더욱 효과적일 수 있다.

따라서 최근에는 외부 네트워크를 적극적으로 활용하여 사업을 진행하는 사례가 늘어나고 있다. 특히 지역 중소형 관리업체들 사이에서는 이러한 방법의 활용이 매우 효과적이고 경쟁력을 높일 수 있는 최선의 방법이라는 인식이 확산되고 있다.

예를 들면 중소형 관리업체의 경영자가 수년 전에 참여했던 연구회의 멤버들을 모았다. 이 멤버들은 관리회사에게는 하나의 인재 네크워크가 되고 이러한 인재 네트워크는 회사의 큰 자산이 되고 있다. 또한, 해당 지역의 현황에 밝은 지역 상인협회, 행정, 컨설팅 회사, 변호사, 금융기관 등의 외부 네트워크도 회사의 발전과 성장에 중요한 요인이 되고 있다.

13) 인터넷 등 IT 툴을 영업에 적극적으로 활용

최근 인터넷, 스마트 기기 등의 보급이 대중화되면서, 임대주택관리시장에도 새로운 변화가 생겨나기 시작했다. 기존에는 임차인이 오프라인 정보를 통해서 임대주택 관련 정보를 수집하는 것이 일반적이었다면, 최근에는 인터넷을 통해 정보를 검색하고 취득하는 케이스가 크게 늘어나고 있다. 따라서 관리회사에게 있어서 인터넷 등을 통한 영업활동은 매우 중요한 비중을 차지하게 되었다.

인터넷을 활용한 영업활동은 대형 기업도 활발하게 수행하고 있지만, 중소형 부동산사업자도 인터넷을 유효하게 활용한다면 영업기회의 확대에 큰 효과를 거둘 수 있을 것이다.

특히 중소형 임대사업자가 어느 정도 넓은 지역(경우에 따라서는 전국)에서 새로운 고객층의 찾아낸다는 것은 인터넷을 활용하지 않고는 불가능에 가깝거나 많은 비용을 소요할 것이다.

물론 지역밀착형 사업전개의 경우 페이스투페이스(face to face)와 구전 커뮤니케이션(mouth communication)에 의한 정보 전달로 고객층의 확대를 도모해 가는 것도 중요하다. 하지만 이 경우에도 역시 전자 메일, 쌍방향적 인터넷 정보 교환의 활용으로 효과적인 영업활동을 전개해 나갈 수 있다.

그리고 일본에서 인터넷과 정기차가계약의 두 가지 수단은 게스트하우스와 셰어하우스 보급과 확대에 중요한 원동력이 되었으며, 만약 이 수단들이 없었다면 사업실행 자체를 생각조차 할 수 없었을 지도 모른다.

일본에서 성공적으로 임대사업을 수행하고 있는 중소형 업체의 경우 인터넷 용어검색을 통하여 상시 10,000명 정도의 사용자를 확보하고 있다. 확보한 사용자의 니즈에 대응하는 물건의 공급을 적극적으로 수행하고 있다. 한발 더 나아가서 영어, 중국어, 한국어, 포르투갈어, 스페인어 등의 홈페이지도 개설하고 있다. 이러한 인터넷 등을 활용한 입주자와 임대관리업자 간의 쌍방향적 정보 교환과 커뮤니케이션은 업체의 발전과 성장을 지지하는 중요한 수단이 되고 있다. 또한, 관리물건의 입주 · 수금 상황, 클레임 데이터, 비용 · 수익의 정보 등을 인터넷을 통해 소유자에게 제공할 수 있는 체제도 점차적으로 만들어 가고 있다.

14) 입주자 간 교류와 관계를 점점 중요시

이전부터 일본에서는 분양주택과 임대주택 모두 거주자의 프라이버시 확보와 각 세대의 독립성 · 개별성 중시에 중심을 두고 공급 · 운영되어 왔다. 그리고 이러한 개개인의 프라이버시 확보는 향후에도 기본적으로 중요한 요소가 될 것이다.

하지만 최근 일본 임대주택시장의 흐름은 개개인의 독립성과 프라이버시의 확보를 넘어선 새로운 개념이 점차 확대되어 가고 있다.

이러한 개념은 우리에게는 다소 생소한 개념일지 모르나 '거주자 상호 간의 교류 · 정보 교환의 장 제공' 등 커뮤니케이션과 '입주자의 상호 관계와 인간의 온기 회복'의 확대 · 도입이다. 그리고 이러한 개념을 도입한 임대주택의 공급이 최근 꾸준히 증가하고 있으며 이에 대한 입주자의 수요 또한 증가하는 경향을 나타내고 있다.

게스트하우스와 셰어하우스의 꾸준한 공급 증가, 공통의 취미를 가진 거주자를 타깃으로 한 임대주택의 공급, 오래된 기존주택을 리노베이션하여 녹지 · 넓은 공용공간의 확보 등 기존주택의 형태에서 벗어난 새로운 스타일의 임대주택을 개발하여 젊은 수요층에게 인기를 얻고 있다. 이러한 형태의 주택은 앞으로도 임대주택 시장에 새로운 상품으로 자리를 잡아갈 것으로 예상한다.

15) 입주자에 자율적 운영 강화

최근 일본에서는 거주자들의 커뮤니케이션과 상호 관계가 강화됨에 따라 임대주택의 일상적인 관리운영을 거주자 스스로가 자율적으로 결정하고 그 규칙을 만들어서 관리운영에 반영하는 사례도 생겨나고 있다. 또한, 이러한 개념을 주변 지역까지 확대하여 주변 지역과의 커뮤니티 회복과 활성화를 도입한 새로운 개념의 주거공간의 개발도 전개해 나가고 있다.

심화 학습 **최근 일본의 임대주택에 대한 새로운 개념**

- ▶ 주거에 있어서 '커뮤니티의 형성'은 주택의 '추가적인 매력'이 된다.
- ▶ 각 세대의 프라이버시가 너무 강하면 폐쇄감이 생길 수 있다. 알고 지내는 옆집의 생활음은 오히려 거주자들에게 안심을 줄 수 있다.
- ▶ 주택을 만들고 공급하는 것은 업자가 하지만 이를 '새롭게 창조하는 주역'은 거주자이며, 이러한 힘을 이끌어 내는 것은 주택의 가치를 높이는 데 매우 중요하다.
- ▶ 혁신은 경영효율과 금융 등이 대상이 되는 것이 아니라 '거주자 간의 관계'의 회복도 그 대상이 된다.
- ▶ '맞은 편 이웃'과의 커뮤니티 재생은 현재 주택이 프라이버시와 설비기능에만 충실하면서 버려졌던 '공동체'의 따듯함과 안심감이며 이는 다시 회복되고 있다.
- ▶ 최근 임대주택의 리노베이션은 건물의 활용도 등만 고려하는 것이 아니라 건물이 지어진 역사와 마을의 전통과 변화도 고려한 지역 커뮤니티의 활성화까지 고려하고 있다.

16) Collective House(집단주택) 보급 확대

최근 일본에서 거주자의 교류 · 관계 등 커뮤니케이션 등의 확보를 적극적으로 전개하고 있는 이러한 구체적인 사례로서 최근에 주목받기 시작한 것이 Collective House(집단주택)다.

(1) Collective House의 특징

Collective House란 단어는 언뜻 들어도 쉽게 의미가 떠오르지 않으며 다소 생소한 말이다. Collective House는 거주자 간의 커뮤니케이션을 중시하고, 거주자들이 함께 협동생활을 하는 임대주택으로서 일본의 경우 최근 수도권을 중심으로 이러한 형태의 임대주택 사례가 생겨나고 있으며, 지방에서도 이에 대한 관심이 높아지고 있는 새로운 개념의 임대주택형태이다.

① Collective House란

Collective House를 한 마디로 설명하자면 '임대주택에 독립된 전용 호실이 있고, 각 호실 밖 주택 내의 공용부분에 거주자 공동의 부엌 · 식당 · 거실 · 테라스 등의 설비와 시설이 있어 모든 거주자들은 공동 시설과 설비들을 활용하여 공동체적 임대주택의 생활을 영위해 간다'라고 말할 수 있다.

최초의 Collective House는 스웨덴에서 탄생했다고 하지만 이와 비슷한 형태의 주택은 세계 여러 곳에서 오래전부터 존재하고 있었기 때문에 그렇게 단언하기는 어렵다.

일본에도 Collective House와 비교 가능한 주택의 형태로 게스트하우스와 셰어하우스를 생각할 수도 있겠으나 다소 차이가 있다.

그 차이점으로는 먼저 주택구조 면에서 차이가 있는데 Collective House의 경우에는 게스트하우스와는 다르게 각 개별 호실 내에 독립된 부엌, 욕실, 화장실 등

물을 사용할 수 있는 시설이 설치되어 있고, 공용부에 설치된 설비는 여기에 부가된 시설이라는 점이다. 다음으로 운영 시스템 면에서도 차이가 있는데 Collective House의 경우 임대주택의 관리 · 운영에 있어서 거주자들이 자율적으로 결정할 수 있는 사항이 많고 그 범위가 광범위한 반면 게스트하우스는 관리 · 운영에 있어서 대부분의 결정을 임대관리사업자 또는 소유자가 한다는 점이다.

최근 일본에서는 'Collective House, 또는 Co-operatives House' 등의 명칭과 개념으로도 확대되고 있다. 이 둘에는 약간의 차이점이 있는데 먼저 권리형태의 차이로서 Co-operatives House는 거주자가 소유권을 가지고 있는 분양주택인 반면 Collective House는 임대주택이라는 점이다. 다음으로 Co-operatives House는 건설조합이 결성되어 건설된 주택으로서 주택건설의 초기 단계의 설계 · 건설과정에 입주자들의 관계가 중심이 되고 있다. Co-operatives House는 건설 당시보다는 건물완성 후 거주자가 입주했을 때 임대주택 내의 생활과 운영에 있어서의 거주자들의 관계와 커뮤니티에 중점을 두고 있다는 점이 다르다.

② Collective House의 공급 사례

Collective House로 그 범위를 제한하지 않고 거주자들의 관계와 커뮤니케이션의 중시라는 관점까지 폭넓게 확대하자 일본 임대주택은 전역에 걸쳐서 다양한 사례가 생겨나기 시작했다. 그리고 Collective House로 범위를 좁히면 수도권 지역에서 이에 대한 사례가 생기기 시작하고 있다.

③ 최근 공급되고 있는 Collective House 특징

일본에서 공급되고 있는 Collective House는 기존 만숀(mansion) 내의 공공 이용시설을 리노베이션을 통해 재생하여 공급하거나 개인 지주의 토지활용사업을 통해 공급하기도 한다. 또한, 민간 유료 노인홈(home for the aged)과의 복합주택 등의 형태로도 공급되기도 하며 다양한 소유자의 니즈에 대응한 임대주택형태로도

공급되기도 한다.

④ Collective House 거주자의 구성

Collective House의 가장 큰 특징 중 하나는 다양한 세대의 거주자로 구성되어 있다는 점이다. 즉, 젊은 미혼 남성 · 여성 세대부터 어린 아이가 있는 육아 세대, 중년층 세대, 정년 퇴직 후의 부부 세대, 단독의 고령자 세대 등 전 세대에 걸쳐서 다양한 거주자들이 거주하고 있다.

특이한 점은 전체 거주자 중 여성거주자의 비율이 월등히 높다는 점이다(전체의 60~70% 정도를 점하고 있다). 이렇게 개인 프라이버시를 중요하게 생각하는 여성거주자 비율이 월등히 높다는 점은 다소 의외의 결과이다. 결론적으로 주택 내에 거주자 간의 관계와 커뮤니케이션을 공유할 수 있는 Collective House는 어느 세대의 여성에게든 아주 매력적인 임대주택이 되고 있다.

⑤ 임대차계약

Collective House의 경우 임대차계약의 체결은 소유자 · 거주자(임차인) 간에 직접 임대차계약을 하는 경우가 많다. 이런 점에서는 보통임대차계약과 동일하며, 시키킹(敷金)을 제로로 하는 케이스도 있다.

⑥ 임대운영에 전문적인 NPO 협력

Collective House는 관리 · 운영에 있어서 기존의 임대주택과 많은 차이가 있다. 특히 소유자와 거주자 간의 의견 조정과 거주자들에 의한 자율적 임대운영 등에 대해 소유자와 거주자들의 경험과 노하우가 부족한 경우가 많다. 따라서 Collective House의 관리 · 운영에 있어서는 전문적인 NPO가 객관적인 제3자 기관의 입장에서 입 · 퇴거 등의 관리 · 운영 업무를 부동산 회사와 연계하여 운영에 협력하는 사례도 많다.

⑦ 임대주택 일상의 운영관리

Collective House는 다른 임대주택과 비교해서 일반적인 운영관리의 상당 부분이 거주자 자율에 맡겨지고 있다. 예를 들면 주방설비 등 공용설비에 대한 일반적인 관리와 공용 부분에 대한 청소 등은 거주자 스스로가 수행하기 때문에 소유자는 운영 · 관리에 대한 부담이 상당히 경감된다.

⑧ 거주자의 공동체 활동

Collective House는 전술한 바와 같이 공용설비와 부분의 일상적인 운영관리 이외에도 거주자가 스스로 실시하는 공동체 활동이 상당히 많다. 예를 들면 공용주방, 식당, 거실을 활용한 입 · 퇴거 파티, 크리스마스 파티 등의 이벤트 활동은 물론이고 평상시 공동으로 함께 저녁 만들기(Common Cooking)를 실시하거나 공동 텃밭 가꾸기, 리사이클 활동 등 거주자 모두의 생활을 풍요롭게 할 수 있는 일이라면 모두 공동으로 수행하고 있다.

⑨ 거주자 개성과 특기 활용

Collective House의 생활에 있어서 최대 특징 중의 하나는 거주자 각자의 개성과 특기를 최대한 살리면서 생활할 수 있다는 점이다. 거주자들 중에는 IT 관련 기술이 뛰어난 사람, 정원 가꾸기에 뛰어난 사람, 요리의 달인, 이벤트 운영을 좋아하는 사람 등 매우 다양한 장점들을 가지고 있는 사람들이 있다. 따라서 Collective House는 거주자가 가지고 있는 다양한 장점을 살리면서 공동체 생활에 적극적으로 참가해서 공헌할 수 있도록 기회를 부여해 각자 성취감을 높여 줄 수 있다. 예를 들면 인생의 경험이 많은 고령자가 자신의 경험과 지혜를 젊은 세대에게 무리없이 전해 주거나 젊은 층이 고령자에게 컴퓨터 관련 지식을 가르치는 것 등이 있다.

⑩ Collective House는 안심 · 안전

전술한 바와 같이 Collective House는 여성에게 더 매력적이다. 이의 가장 큰 이유는 바로 Collective House의 안심 · 안전 때문이다. Collective House에 거주하는 모든 사람들은 가족처럼 친한 사이이기 때문에 외부의 낯선 사람이 주택에 들어올 경우 한번에 알아차리고 바로 조치를 취하게 된다. 따라서 공용 현관문의 잠금장치가 없어도 모든 사람 안심하고 거주할 수 있다. 이는 다른 임대주택에서는 찾아보기 힘든 상황이다.

⑪ 지역사회와의 다양한 커뮤니티

Collective House에는 다양한 세대의 구성원들이 거주하기 때문에 지역사회와의 관계도 깊어지는 경향이 있다. 아이를 기르는 세대와 지역 아이들 및 부모들과 교류, 지역 봉사활동에 열심인 거주자 지역봉사 활동, 고령 거주자의 지역 고령자들과의 상호 교류 등 지역사회와 다양한 형태의 교류가 이루어지고 있다.

⑫ 임대주택관리업자에게 Collective House란

마지막으로 임대주택관리업자에게 있어서 Collective House는 어떤 의미를 가지고 있을까? Collective House가 임대주택관리업자에게 부여하는 임대주택 경영상 의미로는, 첫째, 먼저 임대주택의 건물과 설비 면에서 임대주택관리업자는 Collective House의 공용 부분 설비는 기본적인 골격만 갖추면 된다. 그 나머지는 거주자가 스스로 판단 및 선정하여 채우게 되기 때문이다.

둘째, 관리 · 운영 면에서도 임대주택관리업자는 최소한의 기본적인 관리 · 운영의 골격만 만들어 놓고 이를 수행하면 된다. 왜냐하면 Collective House는 거주자가 스스로 관리하는 범위가 넓기 때문이다.

셋째, 임대료 수입에 있어서는 공용주방 · 식당 등 거주자가 공용 스페이스로 사용하는 부분에 대해서는 각 세대별로 추가로 임대료를 지불하기 때문에 Collective

House의 임대료는 주변 일반 임대주택의 임대료보다 약간 높게 설정된다. 따라서 임대료 수준은 일반 임대주택보다 다소 높다.

넷째, 입주자 모집에 있어서 Collective House는 Collective한 생활에 흥미를 가진 사람들이 인터넷 등을 통해 상호 정보를 교류하고 있고 NPO에 의해서도 보급 및 홍보활동이 이루어지고 있어, 이들과의 교류와 협력을 통해 안정적인 입주자를 확보할 수 있다.

다섯째, 소유자(관리자)도 Collective House의 거주자가 실시하는 각종 이벤트에 함께 참가함으로써 삶의 기쁨과 귀중한 경험을 얻을 수 있다.

17) 향후 일본 임대주택관리사업의 흐름과 방향

(1) 쉽게 입주자를 구하던 시대는 끝났다.

'임대주택을 만들면 임차인이 들어온다'라는 혜택받은 세대, 시장 환경은 이미 끝났다.

최근 일본의 임대주택을 둘러싼 어려운 시장 상황과 사업 환경, 그리고 인구의 감소와 세대수의 감소가 도래했다. 거시적인 환경 변화를 고려했을 때, 앞으로 '임대주택을 건설하면 임차인은 당연히 들어 온다'는 혜택받던 시대와 시장 환경은 이미 끝났다고 판단하는 것이 적절할 것이다.

따라서 향후 임대주택경영은 이런 시장 환경의 변화를 전제로 하여 수정하고 대응해 갈 필요가 있다. 특히 대형 임대주택관리업체의 시장점유율 증가추세를 고려한다면 중소형 임대주택관리업체는 이러한 시장의 변화에 더 철저하게 대비하여야 하며, 대형 업체들과의 경쟁에서 살아남기 위해 차별화된 전략을 수립해야만 한다.

(2) 지역밀착형 중소형 부동산업자에게는 안정된 비즈니스

'임대관리업은 지역밀착형 중소 부동산 업자에게 있어 경영안정의 기초가 되는 스톡형 사업이다.'

최근 임대주택관리업을 둘러싼 시장과 사업 환경이 어려운 것은 엄연한 사실이다. 하지만 모든 사업자에게 위기만 있는 것은 아니다. 향후 부동산시장을 고려할 때 특히 지역밀착형 부동산업자가 일정 수준의 임대주택호수의 확보 및 관리, 입주율의 유지가 가능하다면 오히려 안정된 비즈니스가 될 수도 있다.

예를 들면 중개업자가 임대관리호수 1,000호를 관리한다면(월 평균 임대료 5만 엔, 관리보수 5%로 상정할 때) 매월 250만 엔, 연간 약 3,000만 엔의 안정된 수입을 확보할 수가 있다.

(3) 임대주택관리업 종사자의 능력 향상

전술한 바와 같이 임대주택관리업은 부동산업에 있어서 매우 중요한 사업으로 자리매김을 하였다. 따라서 임대주택관리업 종사자는 스스로가 임대관리 또는 임대경영에 있어서 프로로서 시장의 니즈에 대응한 적절한 제안과 운영 그리고 코디네이터를 할 수 있는 능력을 갖춰야만 한다. 특히 향후 더욱 어려워지는 임대주택시장 환경 속에서 높은 입주율 확보를 통한 안정된 임대관리와 경영을 위해서는 단순히 정형적인 관리 업무와 현재 업무에 익숙한 것만으로는 부족하다. 시장 상황의 변화를 정확히 파악하고 한발 앞서 가는 업무 전개를 도모해 가는 것이 중요하다.

(4) 고객만족도 향상의 중요성 증대

임대주택관리 업무는 먼저 소유자와 관리업자 간의 관리위탁계약이 기본이기 때문에 관리업자가 수탁자로서 충실히 의무를 다하는 것은 당연한 일이다. 하지만 임대경영에 있어서 최종적 사용자는 결국 임차인이기 때문에 임차인의 고객만족도를 높여서 안정된 입주율을 유지하는 것 또한 소유자의 이익 최대화를 위해서 매우 중요하다.

이러한 고객만족도의 향상과 고객지향적 업무 수행이 지금까지의 임대경영과 관리에 있어서 반드시 필요했다고는 말할 수 없다(임대주택의 수요가 압도적으로 많은 경우에는 굳이 고객지향과 고객서비스 충실을 수행할 필요가 적었다). 향후 임대관리와 경영에 있어서는 계약내용, 서비스의 제공 등 다방면에 있어서 임차인과의 정보 교류 등을 충실히 하여 임차인의 고객만족도를 높이는 운영이 요구되며, 이것이 임대경영의 경쟁력과 직결될 것이다.

(5) 타깃을 명확화한 마케팅 전략의 강화

지금까지의 임대주택은 경영효율성과 수익률 향상의 관점에서 젊은 단독 세대를 타깃으로 한 마케팅 전략에 치우치는 경향이 있었다. 그리고 이러한 전략은 과거와 같이 젊은 단독 세대가 지속적으로 증가하는 시장 상황에서는 적절한 선택이었다. 하지만 향후 인구 및 세대 구성의 변화를 고려할 때 젊은 단독 세대에 중점을 둔 임대경영은 역으로 리스크가 커질 것으로 예상된다.

따라서 향후에는 자녀를 키우는 패밀리 세대를 대상으로 하는 단독임대주택, 임대주택의 오피니언 리더인 여성층의 니즈에 대응한 주택, 외국인이 거주하기 쉬운 주택, 애완동물 애호가의 니즈에 대응한 애완동물 공생 임대주택 등 다양한 임대주택을 사업의 대상으로 확대시키고 사회의 변화와 소비자의 니즈 변화를 철저히 분석하고 자사의 능력과 실정을 고려하여 명확한 타깃을 설정해야만 한다.

3. 임대주택관리에 대한 니즈의 변화

지금까지 한국은 임대주택관리를 개인소유자가 대부분 직접 수행해 왔다. 그리고 아직까지는 소유자 중심의 시장이라고 할 수 있다.

그럼 앞으로 한국의 임대주택관리시장은 어떻게 변화해 갈 것인가?

이에 대한 명확한 해답을 구하기는 어려울 것이다. 하지만 도시 및 사회구조 등이 유사한 일본의 사례를 통해서 이에 대한 간접적인 해답을 어느 정도 구할 수 있을 것이다.

지금부터 일본의 임대주택관리시장의 니즈 변화에 대해서 기술하고자 한다.

1) 전통적인 임대주택관리시장의 축소

일본의 임대주택시장은 오랜 기간 동안 소유자인 임대인이 임차인에 대해서 우월한 지위를 유지하고 있었다. 따라서 이러한 임차인의 권리를 보호하기 위해서 임차인의 권리보호를 위한 법과 제도적 장치가 마련되어 왔다.

하지만 임대주택의 수요가 공급을 훨씬 웃돌았던 과거의 전통적인 임대주택시장에서 임차인의 권리를 찾기란 그리 쉬운 일이 아니었다. 따라서 소유자인 임대인 중심의 시장은 일본에서도 오랜 기간 지속되어 왔다.

이러한 전통적인 시장에서는 임대주택을 찾는 임차인의 수가 많아 임대인은 임차인을 구하기 위해 노력할 필요가 없었으며, 반대로 임차인은 집을 구하기가 어려운 상황에서 다른 집을 구하기보다는 현재의 집에서 장기거주를 희망하고 있었다.

일본의 경우 새로운 집으로 이사를 가기 위해서는 비용이 상당히 많이 들기 때문에 일반적으로 세입자들은 가능하면 기존의 임대주택에 장기거주하기를 희망하고 있었다. 그렇기에 소유자나 건물에 대해서 불평 · 불만을 표출해 소유자와 마찰이 생기는 것을 극도로 자제하였다.

이러한 전통적인 임대시장에서 소유자인 임대인은 큰 노력 없이도 임대주택을 스스로 관리할 수 있었기 때문에 특별히 임대주택관리업체를 필요로 하지 않았다.

단, 본인이 하기 번거로운 임대료 수납 등의 업무에 대해서만 중개업소나 임대주택관리업체에 위탁했는데, 이때 위탁관리 수수료는 대개 지급하지 않았고, 그 대신 그들에게 전속계약의 권리를 부여하였다.

하지만 이후 임대주택의 공급이 증가하여 임차인의 수요보다 임대주택의 수가 초과하고 공실률이 늘어나면서 소유주가 직접 관리하는 전통적인 임대주택시장은 크게 줄어들게 되었다.

2) 전문 임대주택관리의 시대 도래

하지만 시대가 변함에 따라 일본의 임대주택시장에도 많은 변화가 있었다. 그중 가장 중요한 계기는 바로 부동산의 버블 붕괴라고 할 수 있다. 일본은 1991년 이후 부동산의 버블이 붕괴되면서 부동산시장의 장기불황기를 맞이하게 되었다. 이전에는 한 번도 경험하지 못한 부동산 장기불황에 임대주택소유자들은 두려움과 공포에 빠지게 되었다. 업친 데 덮친 격으로 버블 붕괴 직후인 1980년 중반부터 1990년대 초반까지 임대주택이 대규모로 공급되었다.

설상가상으로 일본은 인구증가마저 둔화되기 시작했다. 그 결과 임대인들의 수요는 과거만큼 크게 늘지 않게 되었으며, 과잉 공급된 임대주택들은 남아돌기 시작하였다. 결국 이 시기를 기점으로 임대인은 임차인을 구하기가 매우 어려워지기 시작했는데 임차인을 구하기 위해서는 과거에는 하지 않았던 상당한 노력을 해야만 했다.

반대로 이러한 시장의 변화를 계기로 임대인과 건물에 대하여 임차인들의 다양한 요구와 욕구가 생겨나기 시작했으며, 소유자인 임대인과 동등하거나 혹은 우월적인 입장으로 서서히 바뀌기 시작하였다.

이렇게 변화된 임대주택시장에서 소유주인 임대인이 과거와 같이 스스로 임대주택을 관리하기 위해서는 많은 노력과 어려움이 생기기 시작했다. 따라서 임대인은 이러한 임대주택관리의 어려움을 해결해 줄 수 있는 전문 임대주택관리업자가 필요하게 되었다.

임차인들도 마찬가지로 소유자가 직접 관리하는 임대주택보다 전문 임대주택관리업자가 관리하는 임대주택에 대한 만족도가 높아지고 이에 대한 선호가 높아지게 되었다.

결국 이 시기를 기점으로 일본의 임대주택관리업은 급속도로 발전하게 되었으며, 임대주택시장은 바야흐로 '소유자(임대인)의 시대에서 임차인의 시대'로 바뀌게 되었다.

또한, 이 시기에는 제도적 측면에서도 다양한 임대차계약의 형태가 생겨났다. 따라서 임대주택의 효율적인 활용을 위해서는 어떤 계약을 선택할 것인가도 중요하게 되었는데, 이로 인해 전문적인 지식을 바탕으로 한 전문가의 필요성이 더욱 높아지게 되었다.

한편 개인소유자를 중심으로 한 임대주택시장에만 변화가 있었던 것은 아니다. 1990년대 중반부터 일본은 부동산펀드를 시작으로 부동산증권화가 급속히 진전되었다. 부동산펀드나 증권화를 통해 조성된 자금은 임대주택시장에도 유입되기 시작했는데, 이렇게 투자된 임대주택은 대부분 한 주체가 실질소유자가 아닌 소유권이 불특정 다수의 투자자가 되는 경우가 일반적이었다. 따라서 이러한 불특정 다수의 투자자가 소유자인 임대주택에 대한 관리수요가 증가하기 시작했는데, 이러한 수요에 대응하기 위한 전문적인 임대주택관리업체의 수요도 당연히 증가했던 것이다.

더욱이 이 시기에는 정보화에 의해 임대주택에 대한 정보가 일반인들에게 공개되기 시작했는데 이러한 정보 전달을 효율적으로 수행하기 위해서도 전문적인 관리업체가 필요하게 되었다.

뿐만 아니라 임대주택시장 환경의 변화에 발 빠른 대응, 임대인에 대한 경영 지원, 그리고 투자자들의 안정적 수익확보를 위한 전문적인 관리운영의 필요성이 증대되었다.

결국 시장의 다양한 니즈와 요구에 의해 임대주택관리 업무 전반에 걸쳐서 전문적이고 종합적인 업무를 수행할 수 있는 임대주택관리업체에 대한 수요가 늘어나게 되었고, 이는 임대주택관리업시장의 급속한 발전과 확대를 가져다주었다.

3) 새로운 임대주택관리시장으로 변화

임차인 중심의 임대시장의 변화로 인해 임차인을 소비자로 인식하고 그 권리를 소비자 보호적 관점에서 파악하려는 움직임이 활발해지기 시작하였다. 즉, 임대차계약의 관계를 소비자 보호적 관점에서 파악하기 시작하였고 임대주택관리업체도 임차인의 권리를 보호하기 위해 노력했다.

또한, 신규 임대주택의 대량 공급과 시장의 장기불황 등으로 임차인을 구하기가 어려워지자, 우량한 임차인과 장기계약을 하고자 하는 임대인의 니즈도 커지기 시작했다. 이로 인해 임대주택관리에 있어 임차인의 입장을 보다 중요시하게 되었다.

4) 누구를 위한 임대주택관리인가

이렇게 시대가 바뀌면서 임대주택을 둘러싼 환경과 관리에 요구되는 시각이 크게 변화하는 가운데 임대주택관리는 누구를 위해서, 어떻게 행해져야만 하는가가 최근에 자주 제기되고 있다.

원래 임대주택관리는 '임대인의 임대경영을 위해서'라는 측면이 강조되었으며, 임대주택관리는 임대인에게 관리위임을 받아 임대료 수납 등의 업무를 시작으로 출발했다. 그 후 시장 환경의 변화와 함께 투자자 등을 포함한 임대인의 수익 극대화를 위해 노력해 왔으며, 최근에는 임차인의 권리를 보호하기 위해서도 노력하고 있다.

그러나 임대주택은 단순히 소유자와 임차인만을 위해 존재하는 것이 아니다. 임대주택은 국가의 한정된 유용한 자원이다. 따라서 적절한 이용과 촉진은 입주자와 이용자의 이익은 물론이고, 그 물건을 포함한 주변의 환경과 도시의 발전, 그리고 공공복지에도 공헌하는 것이다. 따라서 임대주택관리를 사회 전체와의 관계로서 파악하는 것도 중요하다.

| Chapter **08** |

주택임대관리 관련 법과 제도

1. 주택임대관리 관련 법과 제도의 이해
2. 민간임대주택 관련 제도

Chapter 08

주택임대관리 관련 법과 제도

1. 주택임대관리 관련 법과 제도의 이해[01]

1) 주택임대사업자 현황

주택임대사업자 등록제도는 1994년 한국에 도입되었다. 이후 1997년 말 IMF사태가 일어나면서 주택경기가 급속히 냉각되었는데, 정부는 얼어붙은 주택경기를 활성화시키기 위해 주택경기 활성화 방안과 전월세 종합 대책 등의 정책을 통해 다양한 세제혜택 정책을 펼치게 되었다.

1998년 [주택경기 활성화 방안]을 통해서는 취득세 및 재산세 감면, 양도소득세 혜택 등을 제시하였으며, 2000년 초반에는 서민주거안정 등을 위해 그 혜택을 더욱 확대하였다.

이후 주택경기가 회복되면서 투기억제 정책과 더불어 주택임대사업자 활성화 대책 등 이원화된 정책을 펼치기 시작하였다. 이와 관련하여 2002년에는 투기지역에

01 KB금융지주 경영연구소 (2013). KB daily 지식비타민: 기업형 주택임대사업의 추진 동향, 13-89. 이상영 (2014. 4. 3). 임대차선진화 방안에 따른 주택관리시장 전망. 대한부동산학회 조찬세미나.

실거래가액을 기준으로 양도소득세를 부과하였으며, 2003년에는 일반 다주택자에게 양도소득세율을 강화하는 등 세제혜택 관련 차별성을 두기 시작하였다. 이에 따라 주택임대사업 등록자 수는 다소 증가하는 추세를 보였다.

하지만 2000년 중 · 후반에 들어서는 금융위기와 더불어 일반 다주택자와 비교했을 때 주택임대사업자와 세제혜택에 큰 차이가 없어 다주택자의 임대사업자 전환은 둔화되기 시작하였다. 특히 다주택자가 주택임대사업자로 등록할 경우 발생되는 임대소득이 공개됨에 따라 소득세 부과 및 건강보험료 인상 등 부가적인 지출 발생에 대한 부담으로 등록을 꺼리는 상황이 발생하게 되었다.

한국에 등록된 주택임대사업자는 약 5만 4천 명이고, 임대호수는 148.7만 호(2012년 기준)이다. 이는 임대 거주가구의 19.1% 수준에 이른다. 또한, 2012년 기준 한국 총전월세가구는 약 779만 가구로 추정되는데, 등록된 임대주택 재고물량은 148.7만 호에 지나지 않아 공급물량이 총임대가구 수에 크게 미치지 못하는 실정이다. 이는 민간임대사업자의 상당수인 다주택 보유자들이 주택임대사업자로 등록하지 않았기 때문인 것으로 추정된다.

2013년 6월 주택임대관리업 도입을 위한 「주택법」 개정안이 국회를 통과하였으며, 2014년부터 등록을 시작하였다. 이후 주택임대관리업에 대한 세제혜택 및 지원을 위한 많은 정책들이 쏟아져 나오기 시작하였다.

주택임대관리업 관련 법 개정은 임대주택의 수요 증가에 따라서 임대주택 분야에 특화된 종합 서비스를 시급히 도입하여 민간투자자 및 운영기관 등이 임대시장에 적극적으로 참여할 수 있는 여건을 조성하여 임대주택 공급을 확대하기 위함이었다. 또한, 주택임대관리업의 등록, 보증상품의 가입, 임대사업자 등록의제, 주택임대관리업자에 대한 감독, 협회의 설립 및 각종 위반사항에 대한 벌칙 등을 법규로 정함으로써 임대인에게 임대주택의 관리에 따르는 각종 부담을 덜어 주고 안정적 수익을 확보할 수 있는 제도적 장치를 마련하였다. 그리고 임차인에게는 공신력 있는 주택임대관리업자로부터 종합적인 임대주택관리 서비스를 제공받을 수 있는 기회를 확대하고자 하였다.

2) 주택임대사업자 등록 요건 및 세제혜택

2012년 전월세 시장의 불안이 가중되자 정부는 주택임대사업 등록 가능 주택 수를 축소하고, 주거용 오피스텔도 포함하는 등 민간임대 공급 활성화를 위해 다양한 방안을 제시하였다. 1994년 도입 당시에는 주택임대사업 기준을 최소 5채 이상으로 규정하였으나, 2011년 1채 이상으로 축소하고, 2012년 주거용 오피스텔도 등록이 가능하도록 개정하였다.

한편 지난 2013년 2월 25일 국세청은 [과세자료 제출법 시행령]이 통과됨에 따라 그동안 월세소득을 제대로 신고하지 않은 주택소유자에 대해 세금을 추징하기로 하였다.[02]

국세청은 국토교통부의 전/월세 확정일자 자료를 받아 조사[03]할 계획이다. 이러한 조치를 통해 월세소득이 과세됨에 따라 향후 다주택자들이 세금절감을 위해 주택임대사업자로 등록할 것으로 예상했으나, 이후 잠정적으로 중단된 상태이다. 국세청에 따르면 2012년 주택임대소득을 자진 신고한 사람은 8만 3천여 명으로 한국 다주택자(136만 5천여 명)의 6%에 불과한 실정이다.

최근 국세청의 임대소득자 세금부과 조치와 더불어 임대시장 선진화 방안을 통해 민간임대사업자에 대한 지원의 확대 및 규제가 완화됨에 따라, 향후 다주택자를 중심으로 주택임대사업자 등록에 대한 관심 증가로 이어질 전망이다.

주택임대사업자로 등록하기 위해서는 공동주택 1세대, 단독주택 1호 이상을 임

---

02 현행법상 2주택 이상 보유자와 기준시가 9억 원이 넘는 주택보유자는 월세 임대수익을 받을 경우 세금납부의 의무가 있음. 또한, 기준시가 3억 원 또는 전용면적 85㎡ 초과 주택을 3채 이상 보유하고 1채 이상 전세로 줄 경우에도 과세대상으로 구분.

03 당초 2011~2013년간 약 400만 건의 확정일자 자료를 받을 예정이었으나, 최근 정부의 임대소득 과세에 따른 불안감 확대로 확정일자 자료활용은 2013년 자료에만 한정하기로 함.

대[04](매입임대주택일 경우)하고 관할 시 · 군 · 구청에 신청, 세무서에 사업자로 등록을 진행하면 된다.

이때 임대주택의 규모는 6억 이하(지방 3억 원 이하), 전용면적 149㎡ 이하이며, 임대개시일로부터 5년 이상 주택임대사업에 사용해야 한다.

임대사업자가 임대를 목적으로 주택을 취득하여 임대사업을 할 경우 취득세 및 재산세 감면, 종합부동산세 합산요건 배제 등의 절세를 기대할 수 있다. 절세효과를 정리하면 다음과 같다.

첫째, 신규 분양되는 공동주택과 오피스텔 취득 시 면적에 따라 취득세 면제 및 감면

둘째, 국가나 지자체 재정으로 건설되는 임대주택이나 국민주택기금 자금으로 영구임대 목적으로 건설되는 주택에 대해 재산세 면제 및 감면혜택

셋째, 임대사업자의 임대주택은 종합부동산세 합산요건에서 배제되어 절세 가능.[05] 이때 매입임대주택의 경우 1채 이상, 건설임대주택은 2채 이상으로 5년 이상 임대

넷째, 임대소득에 대해 소득세나 법인세도 20% 감면이 가능한데, 국민주택 규모 이하 소형주택(3억 원 이하) 3채를 5년 이상 임대 시 적용

또한, 정부는 '서민 · 중산층 주거안정을 위한 주택임대차시장 선진화 방안'을 발표하고, 민간임대 공급 활성화를 위해 임대사업자에 대한 지원을 대폭 확대하였다. 이에 대한 내용을 요약하면 다음과 같다.

---

04 건설임대주택의 경우 단독주택 2호, 공동주택 2세대 이상을 임대.
05 종부세 혜택은 세무서에서 임대사업자 등록을 마쳐야 가능.

첫째, 준공공임대주택[06]의 세제 지원을 강화하고 기존 매입임대사업자의 등록요건을 완화

둘째, 소규모 월세 임대소득은 분리과세로 부담을 낮추는 한편 임대소득 결손금은 종합소득에서 공제를 허용함으로써 소득세 부담을 경감시킴

하지만 주택임대사업자로 등록할 경우 재산세, 종부세, 소득세 등에서 세제혜택을 볼 수는 있지만, 일정기간 내 매매 및 다른 용도로의 사용이 불가하다는 점 등 제약사항도 있다는 점을 감안하여 등록 여부에 앞서 다양한 상황을 고려할 필요가 있다.

첫째, 다주택자 양도세 중과 폐지로 인해 일반 다주택 보유자와 비교할 때 양도세에 대한 차이는 없지만, 주택의 장기보유 시에는 양도세 우대혜택(장기보유특별공제 40%)을 받을 수 있다.

둘째, 임대사업자로 등록할 때 신축 및 분양주택에 대해서는 취득세, 재산세가 감면되지만, 기존주택을 구입할 경우에는 취득세 감면혜택이 없다.

셋째, 주택임대사업자로 등록하게 되면 5년 또는 10년 이내에 매매를 할 수 없으며[07] 개인적 사유로 등록을 취소 및 철회할 수 없다. 위반 시 과태료 및 징역형의 부담이 존재한다.

---

06 준공공임대주택은 2013년 12월에 도입된 매입임대주택의 일정으로 85㎡ 이하 주택, 10년 이상의 무임대, 최초 임대료(시세 이하) 및 임대료 인상률 제한(매년 5% 이내에서 인상) 등 의무를 부여, 2014년 2.26 주택임대차시장 선진화 방안을 통해, 준공공임대주택에 대한 재산세 감면 확대(40~60㎡ 50%→75%, 60~85㎡ 25%→50%), 소득세/법인세 감면 확대(20%→30%), 3년 이내 신규구입 시 양도세 면제

07 일반 임대주택 의무기간은 5년, 준공공임대주택의 경우 10년 이내 매매불가

| 표 8-1 | 임대사업자 등록 시 세제혜택 비교

	임대사업	40㎡ 이하	40~60㎡	60~85㎡	85~149㎡ 이하	비고
취득세	등록	면제	면제	25% 감면	25% 감면	신축 공동주택, 공동주택/오피스텔 최초분양 받은 경우
	미등록	6억 이하 1%, 6~9억 2%, 9억 이상 3%				
재산세	등록	면제	50% 감면	25% 감면	–	국가나 지자체 건설 임대주택, 2가구 이상 5년 이상 임대
	미등록	세제혜택 없음				
종합부동산세	등록	임대주택은 합산배제				1가구 이상, 5년 이상 임대, 임대공시가격 6억 이하(지방 3억 원)
	미등록	임대주택도 합산, 세제혜택 없음				
양도세	등록	양도세 중과배제, 장기보유특별공제[08] 40%				2014.1. 다주택자 양도세 중과 폐지
	미등록	양도세 중과배제, 장기보유특별공제 30%				
소득세/법인세	등록	25% 감면				기준시가 3억 원 이하 3가구 이상, 5년 이상 임대

출처: 국토교통부 자료 정리; KB금융지주 경영연구소 (2014). KB지식비타민: 주택임대사업자 제도변화 및 혜택점검, 14-20호.

| 표 8-2 | 임대주택사업자 등록 시 세제혜택 비교 사례

	임대사업 등록 안 한 경우	임대사업 등록한 경우
재산세	68.4만 원(본인 거주주택), 54만 원(임대주택 3채)	68.4만 원(본인 거주주택), 27만 원(임대주택 3채)
종부세	181만 원(본인 거주주택)	0원
소득세	94만 원	75만 원
세금합계	379만 4천 원	170만 6천 원

* 다주택자 사례: 현재 149㎡(기준시가 5억 원) 아파트 거주, 최근 60㎡(2억 원) 소형주택 3채 추가 매입.

출처: 이데일리 (2014.1.16).

08 현행 세법상 양도차익에 대한 기본세율은 6~38% 적용하며 주택보유 기간에 따라 장기보유특별공제혜택이 차등 적용. 정부는 2013년 8.28대책을 통해 6년째부터 적용하는 장기보유특별공제율을 매년 3~5%로 확대함에 따라, 10년 이상 임대주택 보유 시 40% 공제 가능(준공공임대주택은 60% 공제)

2. 민간임대주택 관련 제도[09]

한국의 민간임대주택과 관련된 제도는 「민법」상의 임대차계약제도, 「주택임대차보호법」(1981년 제정)에 따른 주택임대차에 관한 특례, 「임대주택법」에 따른 임대주택사업자제도(1993년 도입)와 준공공임대주택제도(2013년 도입), 「조세특례제한법」, 「지방세특례제한법」 등에 규정된 임대사업자에 대한 세제특례제도 등이 있다.

또한, 전월세 수요를 매매 수요로 전환하기 위한 대책으로 [서민 주거안정을 위한 주택시장 정상화 종합대책](2013년 4월 1일 발표)과 [전월세시장 안정을 위한 대응방안](2013년 8월 28일 발표) 등에 신규주택 구입자에 대한 세제감면, 대출이자 인하 계획 등이 포함되어 있다.

하지만 민간임대주택시장을 누구의 입장에서 보느냐에 따라 제도에 대한 이해와 처방이 달라질 수밖에 없을 것이다.

첫째, 민간임대주택시장에서 임대사업을 영위하는 임대인은 임대자산의 가치를 증진시키고, 정부의 조세감면 및 임대료 인상 등을 통해 임대수익을 높이는 데 이해관계를 가지고 있다.

둘째, 임차인은 임대차기간의 보장, 임차료의 급격한 인상에 대한 거부감, 임차보증금의 적시 반환여부 등에 대해 깊은 이해관계를 가지고 있다.

셋째, 주택건설 산업계의 입장에서는 임대의 수요가 지속적으로 유지되어 임대주택의 공급이 지속적으로 이루어지도록 하는 데 관심이 있을 것이다.

넷째, 민간임대주택의 거래에 있어 중요한 이해관계를 형성하는 부동산중개업자의 경우, 주택거래가 많아지도록 하는데 강한 이해관계를 가지고 있다.

다섯째, 중앙정부와 지방정부 입장에서는 주택가격의 급등으로 인해 임차인이 겪는 경제적 어려움을 회피하길 바라는 동시에 주택시장의 침체로 인해 경제에 끼

09 국회입법조사처 (2014.8.21). 한국 외 민간임대주택시장제도의 현황과 시사점.

치는 악영향과 조세수입 감소로 인한 재정적 어려움을 겪지 않기를 바란다고 할 수 있다. 그리고 정부 입장에서는 상황에 따라 '규제'와 '진흥'이라는 두 가지 정책카드를 활용하려는 성향을 가지고 있다.

이처럼 민간임대주택시장의 이해관계자 간에 서로 이익이 상충하기 때문에 공정한 입장에서 제도를 설계하고 운용하는 것은 중요한 과제이다. 특히, 주택임대료가 급등하거나, 주택가격 자체가 급락하는 등의 경기변동에 따라 임대인과 임차인 간의 이해관계가 극단적으로 대립할 가능성이 있기 때문이다.

최근 법령 개정을 통해 민간임대주택시장의 임대인과 임차인을 위한 제도개선 작업이 추진되었거나 추진 중이다. 그리고 이러한 제도개선의 큰 골격으로 정부는 임대인의 적정 수익률을 보장해 주기 위한 세제혜택을 통해 민간임대주택 공급을 늘리려 하고 있다. 2013년 「임대주택법」 개정을 통해 도입된 '준공공임대주택제도' 등이 이에 해당한다고 할 수 있다. 다만 준공공임대주택제도의 핵심 구성요소인 조세감면혜택 등이 임대주택의 투자자를 유인할 수 있을지 여부는 좀 더 지켜봐야 할 것으로 보인다.

한편 임차인의 주택점유의 안정성을 확보하기 위해 최소 임대차기간을 기존 2년에서 4~6년으로 연장하기 위한 「주택임대차보호법」 일부 개정법률안이 다수 발의되었다.

이렇듯 민간임대주택시장에서 다양한 이해관계가 상충한다는 점을 감안할 때, 주요 이해관계자의 입장에서 장기적으로 신뢰할 만한 제도를 만들기 위해 필요한 요소가 무엇이고, 이를 위해 입법적으로 검토해야 할 사항이 무엇인지를 살펴보는 노력이 필요한 시점이다.

1) 주택임대차 관련 제도

한국 민간주택의 임대차(시장)에 대한 규정은 「민법」[10]과 「주택임대차보호법」[11]에 규정되어 있다. 관련 주요 내용은 크게 최소 임대차기간과 (묵시적)계약의 갱신 및 임대료 인상(폭) 규제, 임차권 및 임차보증금의 보호(제도) 등 세 가지를 들 수 있다.

(1) 최소 임대차기간과 (묵시적)계약의 갱신

주택의 임대차계약에 있어서 최소 임대차기간이 보장된다. 「주택임대차보호법」 제4조에 의하면 '① 기간을 정하지 아니하거나 2년 미만으로 정한 임대차는 그 기간을 2년으로 본다. 다만, 임차인은 2년 미만으로 정한 기간이 유효함을 주장할 수 있다. ② 임대차기간이 끝난 경우에도 임차인이 보증금을 반환받을 때까지는 임대차관계가 존속되는 것으로 본다.'라고 최소 임대차기간을 보장하고 있다.

또한, 묵시적 계약의 갱신에 대해서도 보장되어 있다. 「주택임대차보호법」 제6조 1항에서는 '임대인이 임대차기간이 끝나기 6개월 전부터 1개월 전까지의 기간에 임차인에게 갱신거절(更新拒絕)의 통지를 하지 아니하거나 계약조건을 변경하지 아니하면 갱신하지 아니한다는 뜻의 통지를 하지 아니한 경우에는 그 기간이 끝난 때에 전 임대차와 동일한 조건으로 다시 임대차한 것으로 본다. 임차인이 임대차 기간이 끝나기 1개월 전까지 통지하지 아니한 경우에도 또한 같다.[12]'라고 묵시적 계약갱신을 정의하고 있다.

---

10 제7절 임대차 제618조~제654조

11 제1조(목적) 이 법은 주거용 건물의 임대차(賃貸借)에 관하여 「민법」에 대한 특례를 규정함으로써 국민 주거생활의 안정을 보장함을 목적으로 한다.

12 이 경우 임대차의 존속기간은 2년으로 본다. 단 2기(期)의 차임액(借賃額)에 달하도록 연체하거나 그 밖에 임차인으로서의 의무를 현저히 위반한 임차인에 대하여는 이를 적용하지 아니한다.

(2) 임대료 인상(폭) 규제

주택임대에 따른 임대료 인상폭에 대한 규제는 「주택임대차보호법」상에 명기되어 있다. 먼저 「주택임대차보호법」 제7조에서 차임의 증감청구권과 월차임 전환 시 산정률에 대한 제한에 대해 명기하고 있다. 다만, 임대료 인상 규제는 임대차기간 동안만 적용되기 때문에 임대차기간이 만료한 후 새로운 임대차계약을 체결할 때에는 본 규정이 적용되지 않아 임대인이 자유롭게 임대료의 인상비율을 설정할 수 있다.

[주택임대차보호법]

제7조(차임 등의 증감청구권) 당사자는 약정한 차임이나 보증금이 임차주택에 관한 조세, 공과금, 그 밖의 부담의 증감이나 경제사정의 변동으로 인하여 적절하지 아니하게 된 때에는 장래에 대하여 그 증감을 청구할 수 있다. 다만, 증액의 경우에는 대통령령으로 정하는 기준에 따른 비율을 초과하지 못한다.

제7조의2(월차임 전환 시 산정률의 제한) 보증금의 전부 또는 일부를 월 단위의 차임으로 전환하는 경우에는 그 전환되는 금액에 다음 각 호 중 낮은 비율을 곱한 월차임(月借賃)의 범위를 초과할 수 없다.

1. 「은행법」에 따른 은행에서 적용하는 대출금리와 해당 지역의 경제 여건 등을 고려하여 대통령령으로 정하는 비율
2. 한국은행에서 공시한 기준금리에 대통령령으로 정하는 배수를 곱한 비율

시행령 제9조(월차임 전환 시 산정률) ① 법 제7조의2제1호에서 "대통령령으로 정하는 비율"이란 연 1할을 말한다.
② 법 제7조의2제2호에서 "대통령령으로 정하는 배수"란 4배를 말한다.

제10조의2(초과 차임 등의 반환청구) 임차인이 제7조에 따른 증액비율을 초과하여 차임 또는 보증금을 지급하거나 제7조의2에 따른 월차임 산정률을 초과하여 차임을 지급한 경우에는 초과 지급된 차임 또는 보증금 상당금액의 반환을 청구할 수 있다.

(3) 임차권 및 임차보증금의 보호(제도)

① 제삼자에 대한 대항력

임차인의 제삼자에 대한 대항력에 대해서는 「주택임대차보호법」 상에 명기되어 있으며, 이에 관련한 세부 규정은 「주택임대차보호법」 시행령과 「민법」상에 명기되어 있다.

[주택임대차보호법]

제3조(대항력 등) ① 임대차는 그 등기(登記)가 없는 경우에도 임차인(賃借人)이 주택의 인도(引渡)와 주민등록을 마친 때에는 그 다음 날부터 제삼자에 대하여 효력이 생긴다. 이 경우 전입신고를 한 때에 주민등록이 된 것으로 본다.
② 국민주택기금을 재원으로 하여 저소득층 무주택자에게 주거생활 안정을 목적으로 전세임대주택을 지원하는 법인이 주택을 임차한 후 지방자치단체의 장 또는 그 법인이 선정한 입주자가 그 주택을 인도받고 주민등록을 마쳤을 때에는 제1항을 준용한다. 이 경우 대항력이 인정되는 법인[13]은 대통령령으로 정한다.
③ 「중소기업기본법」 제2조에 따른 중소기업에 해당하는 법인이 소속 직원의 주거용으로 주택을 임차한 후 그 법인이 선정한 직원이 해당 주택을 인도받고 주민등록을 마쳤을 때에는 제1항을 준용한다. 임대차가 끝나기 전에 그 직원이 변경된 경우에는 그 법인이 선정한 새로운 직원이 주택을 인도받고 주민등록을 마친 다음 날부터 제삼자에 대하여 효력이 생긴다.
④ 임차주택의 양수인(讓受人)(그 밖에 임대할 권리를 승계한 자를 포함한다)은 임대인(賃貸人)의 지위를 승계한 것으로 본다.

---

13 「주택임대차보호법」 시행령 제2조(대항력이 인정되는 법인) 「주택임대차보호법」(이하 "법"이라 한다) 제3조제2항 후단에서 "대항력이 인정되는 법인"이란 다음 각 호의 법인을 말한다.
1. 「한국토지주택공사법」에 따른 한국토지주택공사
2. 「지방공기업법」 제49조에 따라 주택사업을 목적으로 설립된 지방공사

14 「민법」 제575조(제한물권 있는 경우와 매도인의 담보책임)
① 매매의 목적물이 지상권, 지역권, 전세권, 질권 또는 유치권의 목적이 된 경우에 매수인이 이를 알지 못한 때에는 이로 인하여 계약의 목적을 달성할 수 없는 경우에 한하여 매수인은 계약을 해제할 수 있다. 기타의 경우에는 손해배상만을 청구할 수 있다.
② 전항의 규정은 매매의 목적이 된 부동산을 위하여 존재할 지역권이 없거나 그 부동산에 등기된 임대차계약이 있는 경우에 준용한다.
③ 전2항의 권리는 매수인이 그 사실을 안 날로부터 1년 내에 행사하여야 한다.

⑤ 이 법에 따라 임대차의 목적이 된 주택이 매매나 경매의 목적물이 된 경우에는 「민법」 제575조제1항 · 제3항[14] 및 같은 법 제578조[15]를 준용한다.
⑥ 제5항의 경우에는 동시이행의 항변권(抗辯權)에 관한 「민법」 제536조[16]를 준용한다.

② 임차인의 보증금 회수

임차인의 우선변제권(제3조2의 2항)을 포함한 보증금의 회수에 대해서는 「주택임대차보호법」상 명기되어 있다.

[주택임대차보호법]

제3조의2(보증금의 회수) ① 임차인(제3조제2항 및 제3항의 법인을 포함한다. 이하 같다)이 임차주택에 대하여 보증금반환청구소송의 확정판결이나 그 밖에 이에 준하는 집행권원(執行權原)에 따라서 경매를 신청하는 경우에는 집행개시(執行開始)요건에 관한 「민사집행법」 제41조에도 불구하고 반대의무(反對義務)의 이행이나 이행의 제공을 집행개시의 요건으로 하지 아니한다.
② 제3조제1항 · 제2항 또는 제3항의 대항요건(對抗要件)과 임대차계약증서(제3조제2항 및 제3항의 경우에는 법인과 임대인 사이의 임대차계약증서를 말한다)상의 확정일자(確定日字)를 갖춘 임차인은 「민사집행법」에 따른 경매 또는 「국세징수법」에 따른 공매(公

---

15 「민법」 제578조(경매와 매도인의 담보책임)
① 경매의 경우에는 경락인은 전8조의 규정에 의하여 채무자에게 계약의 해제 또는 대금감액의 청구를 할 수 있다.
② 전항의 경우에 채무자가 자력이 없는 때에는 경락인은 대금의 배당을 받은 채권자에 대하여 그 대금전부나 일부의 반환을 청구할 수 있다.
③ 전2항의 경우에 채무자가 물건 또는 권리의 흠결을 알고 고지하지 아니하거나 채권자가 이를 알고 경매를 청구한 때에는 경락인은 그 흠결을 안 채무자나 채권자에 대하여 손해배상을 청구할 수 있다.

16 「민법」 제536조(동시이행의 항변권)
① 쌍무계약의 당사자 일방은 상대방이 그 채무이행을 제공할 때까지 자기의 채무이행을 거절할 수 있다. 그러나 상대방의 채무가 변제기에 있지 아니하는 때에는 그러하지 아니하다.
② 당사자 일방이 상대방에게 먼저 이행하여야 할 경우에 상대방의 이행이 곤란할 현저한 사유가 있는 때에는 전항 본문과 같다.

賣)를 할 때에 임차주택(대지를 포함한다)의 환가대금(換價代金)에서 후순위권리자(後順位權利者)나 그 밖의 채권자보다 우선하여 보증금을 변제(辨濟)받을 권리가 있다.
③ 임차인은 임차주택을 양수인에게 인도하지 아니하면 제2항에 따른 보증금을 받을 수 없다.
④ 제2항 또는 제7항에 따른 우선변제의 순위와 보증금에 대하여 이의가 있는 이해관계인은 경매법원이나 체납처분청에 이의를 신청할 수 있다.
⑤ 제4항에 따라 경매법원에 이의를 신청하는 경우에는 「민사집행법」 제152조부터 제161조까지의 규정을 준용한다.
⑥ 제4항에 따라 이의신청을 받은 체납처분청은 이해관계인이 이의 신청 일부터 7일 이내에 임차인 또는 제7항에 따라 우선변제권을 승계한 금융기관 등을 상대로 소(訴)를 제기한 것을 증명하면 해당 소송이 끝날 때까지 이의가 신청된 범위에서 임차인 또는 제7항에 따라 우선변제권을 승계한 금융기관 등에 대한 보증금의 변제를 유보(留保)하고 남은 금액을 배분하여야 한다. 이 경우 유보된 보증금은 소송의 결과에 따라 배분한다.
⑦ 다음 각 호의 금융기관 등이 제2항, 제3조의3제5항, 제3조의4제1항에 따른 우선변제권을 취득한 임차인의 보증금반환채권을 계약으로 양수한 경우에는 양수한 금액의 범위에서 우선변제권을 승계한다.
1. 「은행법」에 따른 은행
2. 「중소기업은행법」에 따른 중소기업은행
3. 「한국산업은행법」에 따른 한국산업은행
4. 「농업협동조합법」에 따른 농협은행
5. 「수산업협동조합법」에 따른 수산업협동조합중앙회
6. 「우체국예금 · 보험에 관한 법률」에 따른 체신관서
7. 「한국주택금융공사법」에 따른 한국주택금융공사
8. 「보험업법」 제4조제1항제2호라목의 보증보험을 보험종목으로 허가받은 보험회사
9. 「주택법」에 따른 대한주택보증주식회사
10. 그 밖에 제1호부터 제9호까지에 준하는 것으로서 대통령령으로 정하는 기관
⑧ 제7항에 따라 우선변제권을 승계한 금융기관 등(이하 "금융기관 등"이라 한다)은 다음 각 호의 어느 하나에 해당하는 경우에는 우선변제권을 행사할 수 없다.
1. 임차인이 제3조제1항 · 제2항 또는 제3항의 대항요건을 상실한 경우
2. 제3조의3제5항에 따른 임차권등기가 말소된 경우
3. 「민법」 제621조에 따른 임대차등기가 말소된 경우
⑨ 금융기관 등은 우선변제권을 행사하기 위하여 임차인을 대리하거나 대위하여 임대차를 해지할 수 없다.

③ 소액임차보증금의 우선변제권

소액임차인의 보증금에 대한 우선변제에 대해서는 「주택임대차보호법」에 그 보증금 및 임차인의 자격 범위 등을 명시해 놓았다.

[주택임대차보호법]

제8조(보증금 중 일정액의 보호) ① 임차인은 보증금 중 일정액을 다른 담보물권자(擔保物權者)보다 우선하여 변제받을 권리가 있다. 이 경우 임차인은 주택에 대한 경매신청의 등기 전에 제3조제1항의 요건을 갖추어야 한다.
② 제1항의 경우에는 제3조의2제4항부터 제6항까지의 규정을 준용한다.
③ 제1항에 따라 우선변제를 받을 임차인 및 보증금 중 일정액의 범위와 기준은 제8조의2에 따른 주택임대차위원회의 심의를 거쳐 대통령령으로 정한다. 다만, 보증금 중 일정액의 범위와 기준은 주택가액(대지의 가액을 포함한다)의 2분의 1을 넘지 못한다.

시행령 제10조(보증금 중 일정액의 범위 등) ① 법 제8조에 따라 우선변제를 받을 보증금 중 일정액의 범위는 다음 각 호의 구분에 의한 금액 이하로 한다.
1. 서울특별시: 3천200만 원
2. 「수도권정비계획법」에 따른 과밀억제권역(서울특별시는 제외한다): 2천700만 원
3. 광역시(「수도권정비계획법」에 따른 과밀억제권역에 포함된 지역과 군지역은 제외한다), 안산시, 용인시, 김포시 및 광주시: 2천만 원
4. 그 밖의 지역: 1천500만 원

② 임차인의 보증금 중 일정액이 주택가액의 2분의 1을 초과하는 경우에는 주택가액의 2분의 1에 해당하는 금액까지만 우선변제권이 있다.
③ 하나의 주택에 임차인이 2명 이상이고, 그 각 보증금 중 일정액을 모두 합한 금액이 주택가액의 2분의 1을 초과하는 경우에는 그 각 보증금 중 일정액을 모두 합한 금액에 대한 각 임차인의 보증금 중 일정액의 비율로 그 주택가액의 2분의 1에 해당하는 금액을 분할한 금액을 각 임차인의 보증금 중 일정액으로 본다.
④ 하나의 주택에 임차인이 2명 이상이고 이들이 그 주택에서 가정공동생활을 하는 경우에는 이들을 1명의 임차인으로 보아 이들의 각 보증금을 합산한다.

시행령 제11조(우선변제를 받을 임차인의 범위) 법 제8조에 따라 우선변제를 받을 임차인은 보증금이 다음 각 호의 구분에 의한 금액 이하인 임차인으로 한다.
1. 서울특별시: 9천500만 원
2. 「수도권정비계획법」에 따른 과밀억제권역(서울특별시는 제외한다): 8천만 원
3. 광역시(「수도권정비계획법」에 따른 과밀억제권역에 포함된 지역과 군지역은 제외한다), 안산시, 용인시, 김포시 및 광주시: 6천만 원
4. 그 밖의 지역: 4천500만 원

④ 임대차등기

임차인은 임대인의 동의를 얻어 관할 법원에 임대차등기를 할 수 있으며, 임대차등기를 마치면 제3자에 대한 대항력과 수선변제권을 취득하게 된다. 임대차등기는 임차인이 해당 주택에서 이사를 하더라도 제3자에 대한 대항력과 우선변제권을 유지하기 위한 수단이 된다.

만약 임차인이 임대차기간이 종료되어 이사를 해야 하는 상황에서 임대인이 임대보증금을 반환하지 않아 임차인이 불가피하게 임대보증금을 받지 않고 이사를 가게 되면 우선 변제권을 상실할 우려가 있다. 이때에도 임대차등기를 하게 되면 우선변제권을 유지할 수 있게 된다. 이에 대해서는 「민법」과 「주택임대차보호법」상에 명시되어 있다.

[민법] 제621조(임대차의 등기)

① 부동산임차인은 당사자 간에 반대약정이 없으면 임대인에 대하여 그 임대차등기절차에 협력할 것을 청구할 수 있다.
② 부동산임대차를 등기한 때에는 그때부터 제삼자에 대하여 효력이 생긴다.

[주택임대차보호법]

제3조의4(「민법」에 따른 주택임대차등기의 효력 등)
① 「민법」 제621조에 따른 주택임대차등기의 효력에 관하여는 제3조의3제5항 및 제6항을 준용한다.
② 임차인이 대항력이나 우선변제권을 갖추고 「민법」 제621조제1항에 따라 임대인의 협력을 얻어 임대차등기를 신청하는 경우에는 신청서에 「부동산등기법」 제74조제1호부터 제5호[17]까지의 사항 외에 다음 각 호의 사항을 적어야 하며, 이를 증명할 수 있는 서면(임대차의 목적이 주택의 일부분인 경우에는 해당 부분의 도면을 포함한다)을 첨부하여야 한다.

17 제74조(임차권 등의 등기사항): 1. 차임(借賃), 2. 차임지급시기, 3. 존속기간, 다만, 처분능력 또는 처분권한 없는 임대인에 의한 「민법」 제619조의 단기임대차인 경우에는 그 뜻도 기록한다. 4. 임차보증금, 5. 임차권의 양도 또는 임차물의 전대에 대한 임대인의 동의, 6. 임차권설정 또는 임차물전대의 범위가 부동산의 일부일 때에는 그 부분을 표시한 도면의 번호

1. 주민등록을 마친 날
2. 임차주택을 점유(占有)한 날
3. 임대차계약증서상의 확정일자를 받은 날

⑤ 보증금반환 청구소송

임차인은 임대인이 보증금을 반환하지 않을 경우 보증금반환 청구소송을 할 수가 있으며, 이에 대해서는 소액사건심판법을 준용하여 신속한 판결을 도모하고 있다.

현재 우선변제권은 임차보증금을 보호하는 데 많이 취약한 상황이다. 임대차계약이 만료하였으나 임대인이 채무불이행 등으로 임차인에게 임차보증금을 지불하지 못하는 경우, 우선변제권이 있더라고 곧바로 보증금을 돌려받을 수 없기 때문이다. 이 경우 결국 임차하여 거주하는 주택이 경매 또는 공매를 거쳐야 임차보증금을 돌려받을 수 있다. 또한, 이 경우에도 전세가격이 높아 전세금의 전액을 회수하지 못하는 경우도 발생한다.

[소액사건심판법]

제6조(소장의 송달) 소장부본이나 제소조서등본은 지체없이 피고에게 송달하여야 한다. 다만, 피고에게 이행권고결정서의 등본이 송달된 때에는 소장부본이나 제소조서등본이 송달된 것으로 본다.

제7조(기일지정 등) ① 소의 제기가 있는 경우에 판사는 민사소송법 제256조 내지 제258조의 규정에 불구하고 바로 변론기일을 정할 수 있다.
② 제1항의 경우에 판사는 되도록 1회의 변론기일로 심리를 마치도록 하여야 한다.
③ 제2항의 목적을 달성하기 위하여 판사는 변론기일전이라도 당사자로 하여금 증거신청을 하게 하는 등 필요한 조치를 취할 수 있다.

제10조(증거조사에 관한 특칙) ① 판사는 필요하다고 인정한 때에는 직권으로 증거조사를 할 수 있다. 그러나 그 증거조사의 결과에 관하여는 당사자의 의견을 들어야 한다.

② 증인은 판사가 신문한다. 그러나 당사자는 판사에게 고하고 신문할 수 있다.
③ 판사는 상당하다고 인정한 때에는 증인 또는 감정인의 신문에 갈음하여 서면을 제출하게 할 수 있다.

제11조의2(판결에 관한 특례) ① 판결의 선고는 변론종결 후 즉시할 수 있다.
② 판결을 선고함에는 주문을 낭독하고 주문이 정당함을 인정할 수 있는 범위안에서 그 이유의 요지를 구술로 설명하여야 한다.
③ 판결서에는 「민사소송법」 제208조의 규정에 불구하고 이유를 기재하지 아니할 수 있다.

⑥ 임차보증금 보호 상품

임차인의 보증금에 대한 법적인 미비점을 보완하고 이를 보호를 위해 민간보증보험회사인 서울보증보험과 공공기관인 대한주택보증이 보증 상품을 개발하여 운영 중이다.

서울보증보험은 1995년 10월 2일부터 [전세금 보장 신용보험 상품]을 개발하여 운용하고 있다. 이 보증보험 상품은 보증금의 채권자인 임차인이 스스로 보험에 가입하여야 하며, 이때 임차인은 보험계약자 겸 피보험자가 된다. 그리고 보험에 가입한 임차인은 임대인이 임차보증금 반환을 지체하거나 반환을 이행할 수 없게 된 경우에 서울보증보험회사에 임차보증금을 청구할 수 있다. 그리고 서울보증보험은 해당 임차인의 임차보증금 채권을 승계받게 된다. 이 보험상품은 주거용 건물뿐만 아니라 상가 등 일반 건축물도 가입이 가능하며, 2007년부터 2013년 말까지 총 55,540건, 5조 1,442억 원의 실적을 보이고 있다.

이 보험상품은 개인보다는 임차사택을 운용하는 법인의 가입실적이 전체의 90% 이상을 차지하고 있는 것으로 파악되고 있다. 이는 개인의 경우에는 「주택임대차보호법」에 따라 어느 정도 임대보증금을 변제받을 수 있기 때문에 특별한 문제가 없는 경우 보험에 가입을 하지 않는데 비해서 법인의 경우에는 2013년 이전까지 법률의 보호대상이 아니었기 때문이다. 보험료율은 주택유형에 따라 다소 상이하며,

임차보증금액의 연 0.232~0.432% 수준이다.

대한주택보증의 전세금반환 보증 상품은 2013년 8월 28일 정부의 [전월세시장 안정을 위한 대응 방안] 발표로 개발·출시된 상품이다. 정부는 전월세시장 안정과 민간임대주택의 임차인 보호를 위해 공공기관인 대한주택보증에게 전월세보증금 보호를 위한 상품을 개발하도록 하여 2013년 9월 10일 [전세금반환 보증 상품]을 출시하였다.

이 전월세반환 보증 상품은 일정한 전세금 상한이 정해져 있는데 이는 서울보증보험의 전세금 신용보장보험 상품이 별도의 전세금 상한이 없는 것과는 차이가 있다고 할 수 있다.

보증·보험 상품의 가입조건은 전세보증금이 수도권 3억 원 이하, 그 외 지역은 2억 원 이하인 주택의 전세계약체결 시에만 가입할 수 있다. 또한, 주택유형별 적용되는 LTV가 상이한데 아파트 90% 이하, 오피스텔·연립주택·다세대주택은 80% 이하, 단독주택·다가구주택은 75% 이하이다. 이 보증 상품은 개인임차인이 가입하는 상품과 법인이 가입하는 상품이 있으며, 보증 수수료율은 개인 0.197%, 법인 0.297%로 서울보증보험에 비해 개인가입자 수수료율이 낮은 편이다.

이 '전세보증금 반환보증' 상품은 2014년 4월 말까지 2,380건 판매되었는데, 이 중 아파트가 2,290건(96.2%)으로 대부분을 차지하였고. 이어 다세대주택 25건, 연립주택 22건, 단독주택 17건, 오피스텔 14건, 다가구 12건 순으로 판매되었다.

⑦ 임대차 분쟁의 해결 및 임대인의 권리

실제 임대차시장에서는 임대차계약 등과 관련하여 수많은 분쟁이 발생하고 있다. 이러한 임대차 관련 분쟁은 임대료의 산정뿐만이 아니라 임대료의 체납, 임차인의 퇴거, 임차한 주택 등의 손실로 인한 수선책임과 수선비용 책정, 주거설비의 고장 등 매우 다양한 형태를 보이고 있다. 하지만 이러한 분쟁이 발생하는 경우에 「소액사건심판법」이 적용되는 것 이외에 별다른 규정이 마련되어 있지 않다. 서울시의 경우 자체적으로 주택임대차 분쟁조정위원회를 두고 있으나, 이 역시 법적인 구속력이 없어 분쟁조정위원회 조정에 따른 협의는 이루어질 수 있으나 민사조정과 달리 강제성이 없어 문제를 근본적으로 해결하는 데 많은 한계점을 드러내고 있다.

한국에서는 아직까지 임대차시장에서 임차인이 약자인 상황이므로 대부분의 법들이 임차인의 권리 및 보호에 집중되어 있다. 민간임대주택의 임대인에 대한 권리에 대해서는 「민법」과 「주택임대차보호법」의 일부에서 규정하고 있을 뿐이다. 하지만 권리의 남용을 위한 제한 규정도 법규에 동일하게 명시되어 있어 그 권리가 매우 제한적이다.

특히 임대료의 연체로 인한 계약해지에 대해서는 임차인에 대한 통고와 퇴거 등에 관한 절차에 대해 별도의 규정을 두고 있지 않기 때문에, 만약 임대료를 연체한 임차인이 자발적으로 퇴거를 하지 않는 경우, 임대인은 민사소송을 통해 소유권을 회복할 수밖에 없다. 이때 임대인은 소송에 따른 시간과 비용을 부담하여야만 한다.

하지만 임대인이 주택임대사업자로 등록하는 경우에는 양도소득세 등 조세를 감면해 주는 등의 조치가 관련 법규에 명시되어 있다.

관련 법규 – [민법]

제624조(임대인의 보존행위, 인용의무) 임대인이 임대물의 보존에 필요한 행위를 하는 때에는 임차인은 이를 거절하지 못한다.

제628조(차임증감청구권) 임대물에 대한 공과부담의 증감 기타 경제사정의 변동으로 인하여 약정한 차임이 상당하지 아니하게 된 때에는 당사자는 장래에 대한 차임의 증감을 청구할 수 있다.

제640조(차임연체와 해지) 건물 기타 공작물의 임대차에는 임차인의 차임연체액이 2기의 차임액에 달하는 때에는 임대인은 계약을 해지할 수 있다.

[주택임대차보호법]

제7조의2(월차임 전환 시 산정률의 제한) 보증금의 전부 또는 일부를 월 단위의 차임으로 전환하는 경우에는 그 전환되는 금액에 다음 각 호 중 낮은 비율을 곱한 월차임(月借賃)의 범위를 초과할 수 없다.

2) 민간임대주택 투자유인제도

전술한 바와 같이 「주택임대차보호법」상에는 임대인에 대한 권리 사항이 별도로 규정되어 있지 않다. 하지만 주택임대사업자로 등록한 자에 대에서는 조세감면 등의 혜택이 주어지고 있는데, 이에 대한 제도로는 [주택임대사업자 등록제도]와 2013년 「임대주택법」과 「주택법」 개정에 따라 도입된 [준공공임대주택제도]와 [주택임대관리업제도]가 있다.

지금부터 주택임대사업자 등록제도와 준공공임대주택제도에 대해서 살펴보기로 하자.

(1) 주택임대사업자 등록제도

주택임대사업자 등록제도는 1993년 12월 27일 「임대주택법」이 전면 개정되면서 처음 도입된 제도이다. 본 제도의 도입 이전에는 주택임대사업자에게 이전 「조세감면구제법」에 따라 국민주택 규모 이하 주택을 5호 이상 임대하고 있는 임대사업자에 한해 양도소득세를 감면해 주고 있었다. 하지만 이에 대한 효과가 미비하였기 때문에 주택임대사업자를 제도권 임대시장으로 진입을 유도하여 민간임대주택 공급을 확대하고 임대업을 활성화하고자 주택임대사업자 등록제도가 도입되었다.

주택임대사업자 등록제도는 「임대주택법」 제6조와 동법 시행령 제7조, 제8조에 따라 운영되고 있는데, 건설임대주택의 경우 단독주택은 2호, 공동주택은 2세대 이상을 임대하여야 하며, 매입임대주택의 경우에는 단독주택은 1호, 공동주택은 1세대 이상을 임대하여야 한다.

[임대주택법]

제6조(임대사업자의 등록)

① 대통령령으로 정하는 호수(戶數) 이상의 주택을 임대하려는 자는 특별자치도지사 · 시장 · 군수 또는 구청장(구청장은 자치구의 구청장을 말하며, 이하 "시장 · 군수 · 구청장"이라 한다)에게 등록을 신청할 수 있다.

② 제1항에 따라 등록한 자가 그 등록한 사항을 변경하려면 시장 · 군수 · 구청장에게 신고하여야 한다. 다만, 국토교통부령으로 정하는 경미한 사항은 신고하지 아니하여도 된다.

③ 제1항과 제2항에 따른 등록 및 신고의 기준과 절차 등에 필요한 사항은 대통령령으로 정한다.

[시행령] 제7조(임대사업자의 범위 및 등록 기준 등)

① 법 제6조제1항에서 "대통령령으로 정하는 호수"란 다음 각 호의 구분에 따른 호수(戶數) 또는 세대를 말한다.

1. 건설임대주택의 경우: 단독주택은 2호, 공동주택은 2세대
2. 매입임대주택의 경우: 단독주택은 1호, 공동주택은 1세대

② 법 제6조제1항에 따라 임대사업자로 등록할 수 있는 자는 다음 각 호와 같으며, 2인 이상이 공동으로 건설하거나 소유하는 주택의 경우에는 공동 명의로 등록하여야 한다. 다만, 등록신청일부터 과거 5년 이내에 임대주택사업에서 부도(부도 후 부도 당시의 채무를 변제하고, 임대주택사업을 정상화시킨 경우는 제외한다)의 발생사실이 있는 자(부도 당시 법인의 대표자나 임원이었던 자와 부도 당시 법인의 대표자나 임원 또는 부도 당시 개인인 임대사업자가 대표자나 임원으로 있는 법인을 포함한다)는 임대사업자로 등록할 수 없다.

1. 「주택법」 제9조에 따라 등록한 주택건설사업자
2. 「주택법」 제10조제1항 및 제3항에 따라 임대를 목적으로 주택을 건설하는 토지소유자 또는 고용자
3. 임대를 목적으로 주택을 건축하기 위하여 「건축법」 제11조에 따라 허가를 받은 자
4. 임대를 목적으로 주택을 소유하고 있거나 이를 매입하기 위한 계약(분양계약을 포함한다)을 체결한 자
5. 제14조제4항 각 호의 어느 하나에 해당되는 회사 등

제8조(임대사업자의 등록절차)
① 법 제6조제1항에 따라 임대사업자로 등록하려는 자는 국토교통부령으로 정하는 바에 따라 등록 신청서를 특별자치도지사 · 시장 · 군수 또는 구청장(자치구의 구청장을 말하며, 이하 "시장 · 군수 또는 구청장"이라 한다)에게 제출하여야 한다.
② 시장 · 군수 또는 구청장은 제1항의 등록 신청서를 접수하면 제7조제2항에 따른 등록기준에 적합한지를 확인한 후 적합한 경우에는 임대사업자 등록부에 이를 올리고 등록증을 신청인에게 발급하여야 한다.
③ 제2항에 따라 등록증을 발급받은 자는 등록 사항이 변경된 경우에는 변경 사유가 발생한 날부터 30일 이내에 시장 · 군수 또는 구청장(변경 사항이 임대사업자의 주소인 경우에는 전입지의 시장 · 군수 또는 구청장을 말한다)에게 이를 신고하여야 한다. 다만, 등록 사항의 변경이 법 제6조의2에 따른 준공공임대주택의 등록 및 등록 사항의 변경신고로 인한 경우는 제외한다.
④ 제2항의 임대사업자 등록부는 전자적 처리가 불가능한 특별한 사유가 없으면 전자적 처리가 가능한 방법으로 작성 · 관리하여야 한다.

그리고 최소 임대기간에 대해서는 「임대주택법」 제16조와 동법 시행령 제13조에 규정이 되어 있는데, 건설임대주택과 매입임대주택 모두 5년이다.

[임대주택법]

제16조(임대주택의 매각 제한 등)
① 임대주택은 다음 각 호의 기간(이하 "임대의무기간"이라 한다)이 지나지 아니하면 매각할 수 없다.

1. 건설임대주택 중 국가나 지방자치단체의 재정으로 건설하는 임대주택 또는 국민주택기금의 자금을 지원받아 영구적인 임대를 목적으로 건설한 임대주택은 그 임대주택의 임대개시일부터 50년
2. 건설임대주택 중 국가나 지방자치단체의 재정과 국민주택기금의 자금을 지원받아 건설되는 임대주택은 임대개시일부터 30년
   2의2. 장기전세주택은 그 임대주택의 임대개시일부터 20년
3. 제1호와 제2호 외의 건설임대주택 중 제26조에 따라 임대 조건을 신고할 때 임대차계약기간을 10년 이상으로 정하여 신고한 주택은 그 임대주택의 임대개시일부터 10년
4. 제1호부터 제3호까지의 규정에 해당하지 아니하는 건설임대주택 및 매입임대주택은 대통령령으로 정하는 기간

② 임대주택을 매각하는 매매계약서에는 임대주택을 매입하는 자가 임대주택을 매각하는 자의 임대사업자로서의 지위를 승계한다는 뜻을 분명하게 밝혀야 한다.
③ 제1항에도 불구하고 임대의무기간 이내에 임대사업자 간의 매매 등 매각이 가능한 경우와 매각 요건 및 매각 절차 등에 필요한 사항은 대통령령으로 정한다.
④ 부도임대주택등을 다른 임대사업자가 매입하려면 임대주택의 향후 관리계획, 「주택법」 제60조에 따른 국민주택기금 융자금의 변제계획 등 대통령령으로 정하는 요건을 갖추어 시장 · 군수 · 구청장에게 매입허가를 신청하여야 하며, 시장 · 군수 · 구청장이 매입허가신청을 받은 경우에는 제33조에 따른 임대주택분쟁조정위원회의 심의를 거쳐 부도임대주택등의 매입허가 여부를 결정하여야 한다.
⑤ 오피스텔은 임대의무기간 이내에 주거용이 아닌 다른 용도로 사용할 수 없다.

[시행령] 제13조(임대주택의 임대의무기간 등)
① 법 제16조제1항제4호에서 "대통령령으로 정하는 기간"이란 다음 각 호의 구분에 따른 기간을 말한다.
1. 준공공임대주택: 임대 개시일부터 10년
2. 그 밖의 임대주택: 임대 개시일부터 5년
② 법 제16조제3항에 따라 다음 각 호의 경우에는 임대의무기간 이내에 매각할 수 있다.
1. 국토교통부령으로 정하는 바에 따라 시장 · 군수 또는 구청장에게 신고한 후 다른 임대사업자에게 매각하는 경우
2. 임대사업자가 부도, 파산, 그 밖의 경제적 사정 등으로 임대를 계속할 수 없는 경우로서 다음 각 목의 구분에 따른 분양전환허가 또는 분양전환승인을 받은 경우
가. 국가 · 지방자치단체 · 한국토지주택공사 또는 지방공사가 임대하는 임대주택의 경우에는 국토교통부장관의 허가
나. 가목 외의 공공건설임대주택의 경우 법 제21조제3항에 따른 승인
다. 가목 및 나목 외의 임대주택의 경우에는 해당 임대주택이 있는 곳을 관할하는 시장 · 군수 또는 구청장의 허가
3. 법 제16조제1항제3호 및 제4호에 해당하는 임대주택으로서 임대 개시 후 해당 주택의 임대의무기간의 2분의 1이 지난 경우로서 임대사업자와 임차인이 해당 임대주택의 분양전환에 합의하여 임대사업자가 국토교통부령으로 정하는 바에 따라 시장 · 군수 또는 구청장에게 신고(임대사업자가 국가, 지방자치단체, 한국토지주택공사 또는 지방공사인 경우는 제외한다)한 후 임차인에게 분양전환하는 경우. 이 경우 공공건설임대주택은 법 제21조제1항 또는 제2항에 해당하는 임차인에게만 분양전환을 할 수 있다.
4. 국민주택기금의 융자를 받아 주택이 없는 근로자를 위하여 건설한 임대주택(1994년 9월 13일 이전에 사업계획승인을 받은 경우에 한정한다)을 시장 · 군수 · 구청장의 허

가를 받아 분양전환하는 경우. 이 경우 법 제21조제1항 또는 같은 조 제2항의 요건을 충족하는 임차인에게 우선적으로 분양전환하여야 한다.

③ 임대사업자가 제2항제2호나목 및 다목에 따라 임대사업자가 그 밖의 경제적 사정 등으로 임대를 계속할 수 없어 시장 · 군수 또는 구청장의 승인 또는 허가를 받으려는 경우에는 다음 각 호의 어느 하나에 해당하는 서류를 제출하여야 한다.

1. 2년 연속 적자가 발생한 사실을 입증할 수 있는 해당 기간의 손익계산서
2. 2년 연속 부(負)의 영업현금흐름이 발생한 사실을 입증할 수 있는 해당 기간의 현금흐름표

④ 임대사업자는 제2항제2호가목 및 나목에 따라 임대주택을 분양전환할 경우에는 법 제21조제1항 또는 같은 조 제2항의 요건을 충족하는 임차인에게 우선적으로 분양전환하여야 한다.

⑤ 다음 각 호의 주택을 제외한 공공건설임대주택을 제2항제2호 또는 제3호에 따라 분양전환하는 경우 그 분양전환가격의 산정 기준은 국토교통부령으로 정한다.

1. 국가 · 지방자치단체 · 한국토지주택공사 또는 지방공사가 아닌 임대사업자가 건설한 전용면적 85제곱미터를 초과하는 주택
2. 국가 · 지방자치단체 · 한국토지주택공사 또는 지방공사가 아닌 임대사업자가 건설한 전용면적 85제곱미터 이하의 주택으로서 공공택지 외의 지역에 건설한 임대의무기간이 10년인 주택
3. 국가 · 지방자치단체 · 한국토지주택공사 또는 지방공사가 건설한 전용면적 85제곱미터를 초과하는 주택

⑥ 제2항제2호부터 제4호까지의 규정에 따른 허가, 승인 및 신고에 필요한 사항은 국토교통부령으로 정한다.

⑦ 법 제16조제4항에서 "대통령령으로 정하는 요건"이란 다음 각 호의 요건을 말한다.

1. 분양전환계획을 포함한 임대주택의 향후 관리계획
2. 국민주택기금의 융자금 및 임대보증금 등의 변제를 위한 재원 조달계획
3. 부도임대주택등의 정상화를 위한 법 제17조제1항에 따른 보증가입 또는 특수 목적 법인 등의 설립계획

① (임대사업자) 등록 및 등록 말소

임대사업자의 등록과 말소에 대해서는 「임대주택법」에 명시되어 있다. 먼저 임대사업자 등록은 해당 지자체에 등록을 신청할 수 있으며, 등록한 자가 그 등록한 사항을 변경할 때에도 시장 · 군수 · 구청장에게 신고하여야 한다. 또한, 등록된 임대사업자가 규정된 위반사항을 위반할 경우에는 등록을 말소할 수 있다.

[임대주택법]

제6조(임대사업자의 등록)

① 대통령령으로 정하는 호수(戶數) 이상의 주택을 임대하려는 자는 특별자치도지사 · 시장 · 군수 또는 구청장(구청장은 자치구의 구청장을 말하며, 이하 "시장 · 군수 · 구청장"이라 한다)에게 등록을 신청할 수 있다.

② 제1항에 따라 등록한 자가 그 등록한 사항을 변경하려면 시장 · 군수 · 구청장에게 신고하여야 한다. 다만, 국토교통부령으로 정하는 경미한 사항은 신고하지 아니하여도 된다.

③ 제1항과 제2항에 따른 등록 및 신고의 기준과 절차 등에 필요한 사항은 대통령령으로 정한다.

제15조(임대사업자의 등록말소)

① 시장 · 군수 · 구청장은 임대사업자가 다음 각 호의 어느 하나에 해당하면 등록을 말소할 수 있다.

1. 거짓이나 그 밖의 부정한 방법으로 등록한 경우
2. 제6조제3항의 등록 기준을 갖추지 못한 경우
3. 제16조의 매각 제한을 위반한 경우

3의2. 제16조제5항의 용도제한을 위반한 경우

4. 제20조의 임대 조건을 위반한 경우

4의2. 제21조제8항에 따라 6개월 이상 분양전환에 응하지 아니하는 경우

4의3. 제26조의2에 따른 임차인 현황을 신고하지 아니하거나 거짓으로 신고한 자

5. 이 법 또는 이 법에 따른 명령이나 처분을 위반한 경우

② 시장 · 군수 · 구청장은 제1항에 따라 등록을 말소하면 해당 임대사업자의 명칭과 말소 사유 등 필요한 사항을 공고하여야 한다.

③ 제1항에 따라 임대사업자의 등록이 말소된 경우라도 말소 이전에 이미 체결된 임대차계약의 기간이 끝날 때까지는 그 임대사업자와 임차인에게 이 법을 적용한다.

② 임대조건 등 규제

임대사업자의 임대조건에 대한 사항의 신고 및 임대차계약의 갱신에 대한 거절에 대한 사항은 「임대주택법」상에 명시되어 있다.

[임대주택법]

제26조(임대 조건 신고)

① 임대사업자가 임대주택을 임대하려면 임대차계약기간, 임대보증금, 임대료, 해당 임대주택을 매입하기 위한 대출금 등 대통령령으로 정하는 임대 조건에 관한 사항을 시장 · 군수 · 구청장에게 신고하여야 한다. 신고한 내용을 변경(대출금이 감소하는 경우는 제외한다)하려는 경우에도 또한 같다. 〈개정 2011.8.4〉

② 시장 · 군수 · 구청장은 제1항의 신고 내용이 인근의 비슷한 임대주택에 비하여 현저히 부당하다고 인정되는 경우 등 대통령령으로 정하는 경우에는 그 내용을 조정(調整)하도록 권고할 수 있다.

③ 제1항에 따른 신고의 절차나 그 밖에 필요한 사항은 대통령령으로 정한다.

제27조(임대차계약의 갱신거절 등) ① 임대사업자는 해당 임대주택에 거주 중인 임차인이 거짓이나 그 밖의 부정한 방법으로 임대주택을 임대받는 등 대통령령으로 정하는 사항에 해당하는 경우에는 임대차계약을 해제 또는 해지하거나 임대차계약의 갱신을 거절할 수 있다.

② 임대주택에 거주 중인 임차인은 시장 · 군수 · 구청장이 임대주택에 거주하기 곤란할 정도의 중대한 하자가 있다고 인정하는 경우 등 대통령령으로 정하는 사항에 해당하는 경우에는 해당 임대주택 임대사업자와의 계약을 해제 또는 해지하거나 임대차계약의 갱신을 거절할 수 있다.

③ 주택임대사업자에 대한 세제혜택

임대주택 관련 세제혜택 등은 「조세특례제한법」과 「지방세특례제한법」상에 명시되어 있다. 이를 참고하기 바란다.

(2) 매입 및 준공공임대주택제도[18]

① 매입임대주택제도

매입임대주택은 5년 이상의 기간을 의무적으로 임대사업을 해야 하는 임대주택이다. 단, 임차인과 체결한 임대차계약을 모두 인수하는 조건에서는 다른 임대사업

18 현무준 (2014). 준공공임대주택제도 시행의 적절성에 대한 연구. 대한부동산학회, 2014년 춘계학술대회 논문집.

자에게 매각이 가능하다.

매입임대주택의 사업자는 시 · 군 · 구청에 임대사업자로 등록하고, 세무서에도 사업자로 등록을 해야 한다. 그리고 임대차계약을 체결한 후에는 시 · 군 · 구청에 주택임대 신고를 해야 한다. 만약 이러한 절차를 준수하지 않으면 매입임대사업자로서 받게 되는 세제혜택을 받을 수 없을 뿐 아니라 법령에 명시된 벌칙을 받을 수도 있다.

이러한 의무 및 제재 사항이 있는 반면에 매입임대주택의 사업자에게는 여러 가지 세제혜택을 받게 된다. 신축주택을 구입하여 임대사업을 할 경우에는 취득세혜택과 재산세의 감면, 종합부동산세 합산배제, 양도소득세 · 임대소득세혜택 등이 주어진다.

| 표 8-3 | 매입임대주택 규제와 지원

<table>
<tr><th colspan="3">구분</th><th>매입임대주택</th><th>비고</th></tr>
<tr><td rowspan="7">규제</td><td colspan="2">의무임대기간</td><td>5년</td><td>매각 제한</td></tr>
<tr><td colspan="2">임대사업자 등록</td><td>시 · 군 · 구청</td><td>거주지</td></tr>
<tr><td colspan="2">사업자 등록</td><td>세무서</td><td>거주지</td></tr>
<tr><td colspan="2">임대주택 등록</td><td>시 · 군 · 구청</td><td>거주지</td></tr>
<tr><td colspan="2">임대조건 신고</td><td>시 · 군 · 구청</td><td>물건지</td></tr>
<tr><td colspan="2">주택임대 신고</td><td>세무서</td><td>물건지</td></tr>
<tr><td colspan="2">임대차계약서 양식</td><td>표준임대차계약서</td><td></td></tr>
<tr><td rowspan="8">지원</td><td rowspan="2">취득세</td><td>60㎡ 이하</td><td>면제</td><td>신축주택</td></tr>
<tr><td>60~85㎡ 이하</td><td>25% 감면</td><td>신축주택 20호 이상</td></tr>
<tr><td rowspan="2">재산세</td><td>60㎡ 이하</td><td>50% 감면</td><td rowspan="2">2호 이상</td></tr>
<tr><td>60~85㎡ 이하</td><td>25% 감면</td></tr>
<tr><td>종합부동산세</td><td></td><td>합산배제</td><td></td></tr>
<tr><td rowspan="2">양도소득세</td><td>장기보유특별공제율</td><td>40% 이내</td><td></td></tr>
<tr><td>본인거주 1주택</td><td>면제</td><td></td></tr>
<tr><td>임대소득세</td><td>국민주택 규모</td><td>20% 감면</td><td>3호 이상</td></tr>
</table>

출처: 현무준 (2014). 준공공임대주택제도 시행의 적절성에 대한 연구. 대한부동산학회, 2014년 춘계학술대회 논문집.

② 준공공임대주택제도

준공공임대주택은 매입임대주택 중에서 〈표 8-4〉에서 보는 바와 같이 의무임대기간을 확대하고 임대료를 제한하여 민간임대주택의 공공성을 높인 임대주택인데 이는 의무임대기간을 확대하여 임대주택의 재고를 안정적으로 유지하고, 임대료를 통제하여 임차인의 부담을 줄임으로써 임차인의 주거권을 높여 주기 위해 도입되었다. 즉, 준공공임대주택은 임대시장의 안정과 무주택 서민의 주거안정, 주택거래 활성화 등을 위해 자발적 의사로 임대료 규제 등 공공적 규제를 적용받는 주택이라고 할 수 있다. 하지만 임대료 결정 등의 규제를 받는 대신에 각종 조세감면과 주택기금 융자 등 인센티브가 부여된다.

준공공임대주택은 거주지 시 · 군 · 구청에 임대사업자 등록이나 등록사항 변경 시 매입임대주택을 등록 · 변경하는 행정 처리와는 별도로 임대주택 소재지 시 · 군 · 구청에 준공공임대주택으로 등록해야 하고, 등록사항에 변경이 있을 때에도 변경신고를 하여야 한다.

준공공임대주택은 임대료 통제를 받는데 최초로 임대할 때 임대료는 해당 준공공임대주택과 규모와 생활여건 등이 비슷한 주변 지역 임대주택의 임대료를 고려하여 정하도록 하고 있으며, 「임대주택법」 시행규칙에서 정한 금액을 초과할 수 없다. 아직은 특정한 금액을 정하고 있지는 않지만 주변 지역 평균 실거래가 이하여야 하고, 특정한 금액이 정해질 경우에는 해당 금액 이하로 제한된다. 또한, 임대료 인상은 5% 이내로 제한된다. 이는 강행규정은 아니지만 양도소득세 등 세제혜택을 받으려면 준수해야 하는 조건이다.

| 표 8-4 | 임대주택 등록에 따른 규제와 지원

구분			준공공임대주택 시행 중	준공공임대주택 변경(안)	매입임대주택	미등록 전 · 월세 주택
규제	임대기간		10년		5년	2년
규제	최초 임대료		평균 시세 이하		–	–
규제	임대료 인상		5% 이하		–	–
규제	임대사업자 등록		등록		등록	–
규제	사업자 등록		등록		등록	–
규제	임대주택 등록		등록		등록	–
규제	준공공임대주택 등록		등록		–	–
규제	임대조건 신고		신고		신고	–
규제	주택임대 신고		신고		신고	–
규제	표준임대차계약서 사용		의무		의무	–
지원	취득세	$60m^2$ 이하	면제(신축)		면제(신축)	–
지원	취득세	$60 \sim 85m^2$ 이하	25% 감면		25% 감면	–
지원	재산세	$40m^2$ 이하	면제		50% 감면	–
지원	재산세	$40 \sim 60m^2$ 이하	50% 감면	75% 감면	50% 감면	–
지원	재산세	$60 \sim 85m^2$ 이하	25% 감면	50% 감면	25% 감면	–
지원	종합부동산세		합산배제		합산배제	합산
지원	양도소득세	장기보유 특별공제율	60% 이내		40% 이내	30% 이내
지원	양도소득세	본인거주 1주택	면제		면제	–
지원	양도소득세	3년 이내 구매	면제		–	–
지원	임대소득세	국민주택 규모	20% 감면	30% 감면	20% 감면	–
지원	매입자금융자	$85m^2$ 이하	1.5억 원 (지방 7천) 이율 2.7%(10년)	신규분양주택 포함	–	–

출처: 현무준 (2014). 준공공임대주택 제도시행의 적절성에 대한 연구. 대한부동산학회, 2014년 춘계학술대회 논문집.

정부는 준공공임대주택의 등록을 활성화시키기 위해 2014년 2월 26일 [주택임대차시장 선진화 방안][19]과 2014년 3월 5일 [주택임대차시장 선진화 방안 보완조치][20]를 통해 준공공임대주택에 대한 지원을 강화하였다.

재산세는 임대주택 규모가 40~60m²의 경우 감면률이 50%에서 75%로, 60~85m²는 25%에서 50%로 확대하기로 하였다. 임대소득세는 감면률을 20%에서 30%로 확대하기로 하였다. 매입자금 융자 지원 대상을 기존에는 미분양주택과 기존주택만 포함하였으나 신축 분양주택도 포함하기로 하였다.

특히, 신규 · 미분양주택 및 기존주택을 향후 3년간 구입하여 준공공임대주택으로 활용할 경우, 임대기간 중 발생한 양도소득에 대한 양도소득세를 면제하기로 하였다. 기존에는 2013년 4월 1일 이후에 취득한 주택에 대해서만 준공공임대주택 등록이 가능하였다. 선진화 방안에서는 이를 2013년 4월 1일 이전에 취득한 주택도 준공공임대주택으로 등록할 수 있도록 허용하기로 하였다.

또한, 매입임대주택[21]을 준공공임대주택으로 전환하여 등록할 때에는 기존 임대기간의 50%를 최대 5년 한도 내에서 준공공임대주택 임대기간으로 인정하여, 매입임대주택의 준공공임대주택 전환을 유도하기로 하였다.

---

19 기획재정부 · 법무부 · 안전행정부 · 국토교통부 · 금융위원회 (2014). 서민중산층 주거안정을 위한 임대차시장 선진화 방안.

20 기획재정부 (2014). 주민임대시장 선진화 방안 보안조치.

21 여기서 말하는 '매입임대주택'이란 등록한 민간 매입임대주택을 말한다. 즉, 등록한 임대사업자가 매입하여 공급하는 임대주택 중 준공공임대주택을 제외한 임대주택이다. 이하 '임대차시장 선진화 방안 및 평가'에서는 같다.

별첨 1 리츠를 활용한 임대주택 공급 활성화 방안

(출처: 국토부)

1. 추진 배경

□ 현황

○ 최근 전세가격의 지속적 상승으로 임대주택 공급 확대 및 소득계층별 다양한 품질의 임대주택 요구가 증가

○ 이에 따라, 보편적 주거복지 실현을 위해 행복주택 등 연 11만 호의 공공임대주택을 공급할 계획이며, 이 중 약 75%를 LH가 담당

〈임대주택 공급계획(준공기준) 〉

계	건설임대					매입 · 전세
		국민	영구	공공임대		
				공공	민간	
정부 11.0만 호	7.0	3.8	1.0	1.2	1.0	4.0
LH 8.3 만 호	4.8	3.0	0.8	1.0	–	3.5

□ 문제점

○ (공공부문) 현행 LH 직접 건설방식은 LH 부채 증가가 불가피하여 안정적인 임대주택 공급이 불투명

* 부채/부채비율 : '12년 138조(466%)

* LH는 국제 신용등급 하락을 우려해 '부채동결선언'('13.11.4)

○ (민간부문) 임대주택 공급 확대를 위해 민간자본을 활용해야 하나 임대주택 사업의 저조한 수익률 등으로 민자 유치에 애로

☞ LH 부채의 증가 없이 무주택 서민의 주거안정을 달성하기 위해 민간 · 공공 협력을 통한 새로운 임대주택 공급모델 구축 필요

2. 추진 방안

◈ 연기금 · 보험사 · 시중은행 등과 공동투자협약을 맺고, 리츠를 설립하여 민 · 관 협력을 통해 임대주택 공급
–(공공택지) 주택기금과 LH 중심으로 리츠를 설립하여 민자유치
–민간제안 사업) 사업제안자가 출자하여 리츠를 설립하고, 필요시 주택기금 출자 · 융자 지원

가. 공공임대리츠

◇ LH 직접건설과 리츠방식 병행을 통해 임기 중 4~8만 호 10년 공공임대주택을 공급하여 서민 주거안정과 LH 부채 감축 도모

1 기본방향

○ (주택) LH 건설 임대주택 중 사업기간이 짧고 수익성이 양호하여 민자유치가 가능한 10년 임대주택에 우선 적용

○ (용지) 10년 공공임대 용지를 대상으로 하되, 자산 매각을 통한 LH 부채 조기 감축을 위해 미매각 분양용지도 함께 활용

* 사업성이 낮은 악성 분양용지와 사업성이 양호한 용지로 포트폴리오를 구성하여 토지매각을 촉진하고 전체적인 사업성도 제고

○ (재원조달) 주택기금과 기관투자자(연기금, 보험사, 은행 등)가 공동투자협약을

맺고 프로젝트별로 투자여부 결정

– 개별 프로젝트별 투자방식(출자, 융자, 출자 & 융자*)은 주택기금과 기관투자자가 협의하여 탄력적으로 선택함으로써 조달구조 최적화 도모

* 최소 금리를 보장하면서 주주이익도 일부 공유하는 이익공유형 융자

[공공임대리츠 투자협약 구조]

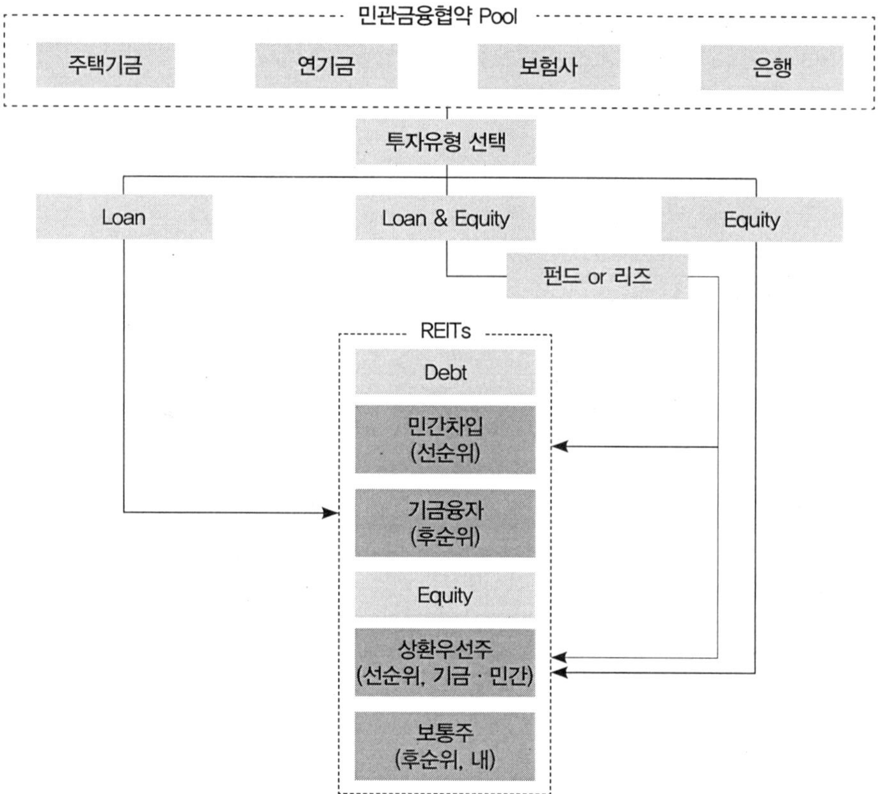

○ (자금구조) 리츠 출자는 주택기금 · LH 등 공공부문 위주로, 융자는 주택기금 및 민간자금을 통해 조달

【공공임대리츠 자금조달 기본구조】

	합계	출자금		기금융자(후순위)	기관투자(선순위융자)	임대보증금
		기금	LH			
비율(%)	100.0	12%	3%	20%	30%	35%

※ 사업지구별 사업성에 따라 기관투자자의 공동 출자방안도 모색

2 사업구조 및 추진절차

○ (사업구조) 리츠가 사업시행자로서 LH로부터 택지를 매입하여 10년 공공임대 주택을 건설 · 임대

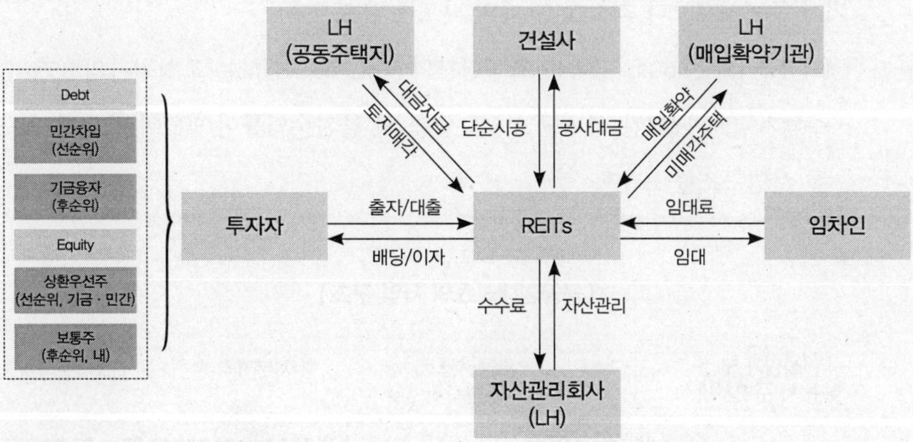

○ 사업 추진절차

공동투자협약 ⇨ 사업대상지 선정 ⇨ 리츠 설립 및 영업인가 ⇨ 택지 매매 계약 및 매입확약 ⇨ 주택건설 및 임대운영 ⇨ 분양전환 및 매입확약 이행

– (공동투자협약) 공공임대리츠 투자를 위한 기관간 투자협약 체결

– (택지 매매계약 및 매입확약 체결) 적정한 사업대상지를 선정하여 리츠를 설립

하고, LH와 택지 매매계약 및 매입확약* 체결

* 시세 감정가액에 기초한 매입확약 제공

– (주택건설) 리츠가 주택건설 사업계획 승인을 받아 건설 시행

– (임대운영) 임대료는 공공임대의 표준임대보증금 및 표준임대료 기준을 적용하고, 임대주택관리는 자산관리회사인 LH가 수행

– (청산) 임대기간 종료 후 분양전환 (미분양시 LH 매입확약 이행)

3 안정적 투자수익 확보방안

○ (출자자 수익) 조성원가 이하의 택지공급*(필요 시 추가 할인) 등을 통해 건설원가가 주변시세보다 최소 15% 내외 낮도록 유도

* (택지공급기준) 60㎡ 이하는 조성원가의 60%, 60~85㎡는 조성원가의 85%

– 주택가격이 13년간 연평균 1.5% 상승 시 출자수익률이 5% 이상 달성되도록 사업구조를 표준화

【공공임대리츠의 사업 구조】

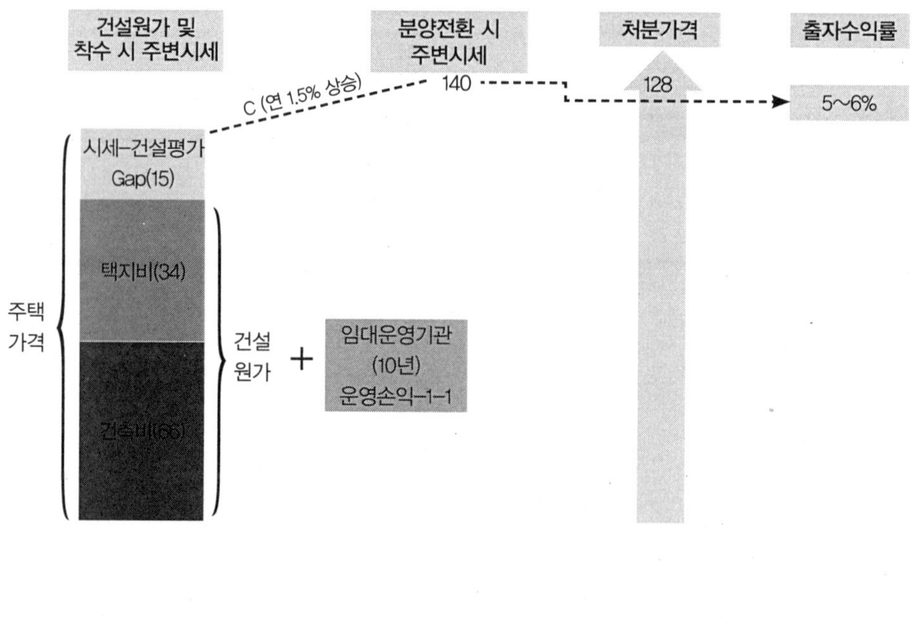

ㅇ (안정적 융자수익) 건설 즉시 시세 차익을 15% 확보할 수 있는 임대사업에 LTV 20~30%를 최우선 순위로 융자하므로 안정적

– 실질적으로 무위험 채권이면서 10년 만기 국채 금리(3.6%) 이상 기대

* 필요 시 민간 융자에 대한 대주보 지급보증 도입도 검토

【공공임대주택 재원조달 · 채권담보 구조】

주택 가격 100%	25%	기관투자 (선순위 융자)	전체 시세 대비 45% (시세차익+주택기금 출 · 융자의 buffer를 안고 안정적으로 수익가능
	30%	임대보증금	
	17%	기금융자 (후순위 융자)	
	13%	주택기금 + LH 출자	
	15%	시세 차익 (시세–건설원가)	

【저리 민간자금 조달방안】

1 (대주보 보증활용) 사업단계별(건설/임대) 또는 사업기간 전체에 대하여 지급보증으로 저금리의 대출 · 유동화 가능

방안 1	① (건설단계): PF보증 및 PF유동화 보증 활용 ② (임대운영단계): 모기지보증(담보대출보증)
방안 2	③ (전사업기간): 가칭 '임대리츠 보증' 등 신규 상품 개발

ㅇ 보험사의 경우 RBC*이슈가 금리인상의 요인이 되고 있으며, 대주보(AAA)의 지급보증 시 RBC이슈 해소 및 저금리 대출 가능

* Risk Based Capital(가용자본/필요자본) 은행의 BIS와 유사한 개념

ㅇ 유동화(ABS, ABCP)방식 활용시 PF유동화 보증으로 우수등급 대출채권으로 평가되어 안정성 확보 및 금리인하 가능

2 [펀드방식(출자&융자)활용] 출자와 융자를 일정비율로 병행하여, 조달금리 인하와 주택기금 리스크 저감효과 도모

* 예) 20억 원 출자 + 400억 원 대출(4%) → 펀드 수익률 3.8% + @

【참여유형별 비교】

구 분	중간배당 (이자)	사업이익 (청산시)	비 고
• 출자방식	×	○	– 배당수익(유동화: ABS, ABCP 등)
• 융자방식	○	×	– 융자이자수익(론, 유동화, 펀드 등)
• 출자 & 융자방식	○	○	– 배당수익 + 융자이자(메자닌 기능) – 기관투자자는 펀드에 투자, 펀드가 리츠에 출자 및 융자(전환사채 등)

4 시범사업 추진방안 (*사업성 모의 분석)

A. 하남미사 보금자리지구(A29블록, 임대용지) 1401세대

○ (소요재원) 총 4,446억 원 (기금 · LH 출자, 민간차입 등으로 조달)

구분	총사업비	출자금		임대 보증금	기금융자 (후순위)	기관투자 (선순위융자)
		기금	LH			
금액	4,446억 원	533	133	1,534	907	1,339
비율(%)	100%	12%	3%	35%	20%	30%
조달금리	–	–	–	–	–	–

* 기금 융자금리 2.7%(60㎡ 이하), 3.7%(60~85㎡)의 가중평균

** 3.5% (10년 만기 국고채 금리, '13.2) + α (스프레드)

○ (사업성) 저가*의 택지공급과 건설원가보다 높은 주변 시세로 인하여 집값이 1.5%만 상승하여도 9.61% 출자 수익 발생

* 60㎡ 이하 조성원가의 60%, 60~85㎡ 조성원가의 85%의 평균

【민감도 분석 결과】

구분	주택가격 변동률					
	△0.5%	0%	1%	1.5%	2%	3%
사업손익(억 원)	370	632	1,204	1,517	1,849	2,574
출자자 수익률	3.48	5.30%	8.31%	9.61%	10.82%	13.00%

【하남미사 시범사업지구 사업성 분석】

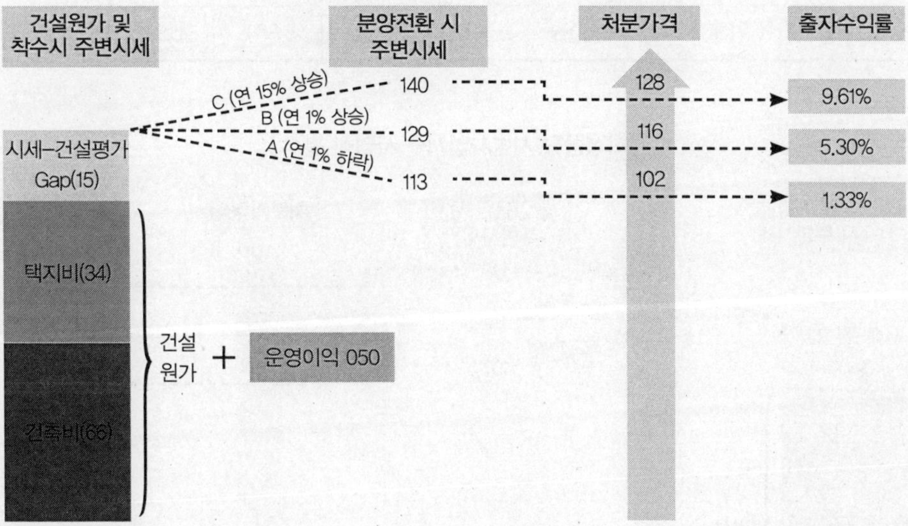

B. 화성 동탄2(A40블록, 분양용지) 620세대

ㅇ (소요재원) 총 2,455억 원(기금 · LH 출자, 민간차입 등으로 조달)

구분	총사업비	출자금		임대 보증금	기금융자 (후순위)	민간차입 (선순위)
		기금	LH			
금액	2,455억 원	294	74	684	465	938
비율(%)	100%	12%	3%	28%	19%	38%
조달금리	–	–	–	–	–	–

* 기금 융자금리 3.7%(60~85㎡)(60㎡ 이하 2.7%)

** 3.5% (10년 만기 국고채 금리, '14.2) + α (스프레드)

○ (사업성) 저가*의 택지공급과 건설원가 보다 높은 주변 시세로 인하여 집값이 1.5%만 상승되어도 5.3% 출자 수익 발생

【민감도 분석 결과】

구분	주택가격 변동률					
	△0.5%	0%	1%	1.5%	2%	3%
사업손익(억 원)	△181	△59	206	352	506	843
출자자 수익률	△5.0%	△1.3%	3.5%	5.30%	6.8%	9.6%

【화성동탄 시범사업지구 사업성 분석】

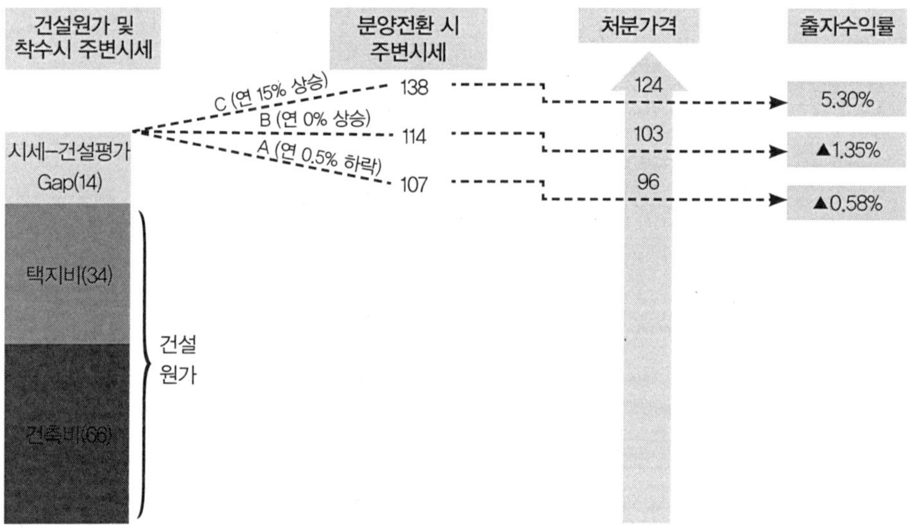

나. 민간제안 임대주택리츠

◈ 주택기금과 연기금 등 기관투자자 간 공동투자협약을 체결하고 母子리츠를 활용해 프로젝트별 심사 후 투자

Ⅰ 기본방향

○ (주택기금의 메자닌 금융) 주택기금이 임대사업에 출자함으로써, 사업 위험을 줄이고 수익성을 개선하여 민간자금 투자 유도

○ (임대주택 다양화) 공공택지 일변도의 주택공급을 벗어나 도심지 재개발 지역 등 다양한 입지내 다양한 형태의 임대주택 공급

* 재개발 임대, 역세권 주거용 오피스텔, 미분양 임대주택 리츠 등 가능

○ (재원조달) 주택기금과 기관투자자가 공동투자협약을 체결하고, 민간의 사업 제안을 받아 母子형 리츠 구조로 사업 추진

–개별 프로젝트별 투자방식(출자, 융자, 출자&융자*)은 주택기금과 기관투자자가 협의하여 탄력적으로 선택함으로써 조달구조 최적화 도모

【협약 및 리츠를 활용한 임대주택 공급구조】

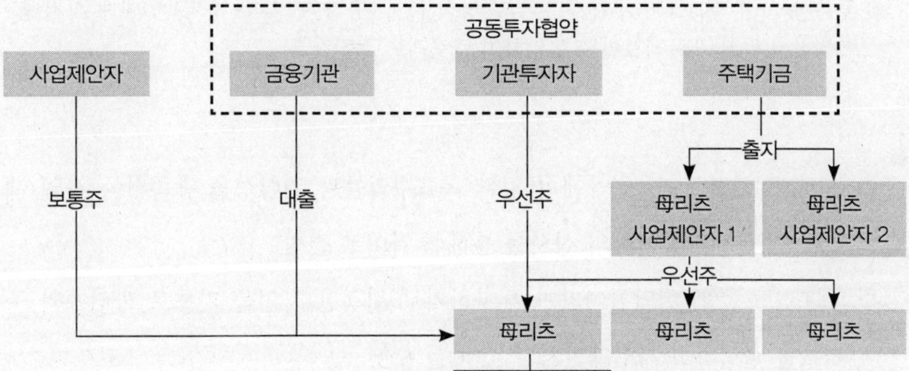

[2] 사업 추진절차

협약 체결 ⇨ 제안사업 평가 · 선정 ⇨ 금융주간사 선정 ⇨ 母子리츠 설립 ⇨ 추가사업 발굴 및 子리츠 설립

○ (협약체결) 주택기금과 기관투자자가 임대주택 사업 제안에 대해 심사를 거쳐 투자(blind fund-capital call)하기로 공동투자협약 체결

【공동투자협약 주요내용(예시)】

① 협약 구속력: 개별사업에 대한 투자참가 의무가 없는 양해각서(MOU) 수준의 협약이며, 협약당사자에게 사업제안 검토의 우선권 부여
② 투자조건: 사업제안자가 보통주(子리츠), 주택기금과 기관투자자가 우선주로 투자하되, 기관투자자에게 필요시 선순위 보장
③ 투자대상: 주택가격 상승하지 않아도 equity IRR이 일정수준(예, 5.5%) 이상을 달성할 수 있는 프로젝트를 선별
④ 투자방식: 주택기금과 투자자는 투자 방식(출자, 융자, 출자 & 융자)에 대해 사전에 확정하지 않고 프로젝트별로 협의하여 탄력적으로 결정

○ (민간제안사업 평가) 협약에서 정한 목표수익률과 위험성을 충족하는 사업 제안에 대해 협약참여자의 심사를 통해 투자여부 결정

○ (母子리츠 설립) 협약참여자가 투자하기로 결정한 사업을 기초로 母리츠와 子리츠를 설립하고 사업제안자가 AMC를 수행

-母리츠는 주택기금이 단독으로 구성하고, 다른 협약 참여자는 子리츠에 직접 출자 또는 대출 실행

※ 주택기금은 子리츠에 상환우선주로 참가하나 기관투자자보다 후순위로서 중순위가 되는 구조 ☞ 협약 당사자와 민간 보통주를 연결하는 메자닌 기능

【개별 프로젝트(子리츠)별 자금조달구조】

사업비 100%	50%	기관 투자자 · 주택기금 융자	1순위	주택기금과 제안자가 30% buffer를 제공하고, 사업에 따라 시세보다 저렴하게 매입하여 추가 buffer 확보
	20%	기관 투자자 선순위 출자	2순위	
	10%	母리츠(주택기금) 우선주	3순위	
	20%	제안자 보통주	4순위	

ㅇ (추가사업 발굴) 母리츠를 운용 중인 AMC가 제안한 사업은 심사를 거쳐 子리츠를 설립한 후 母리츠에 편입

– 새로운 AMC가 제안하는 사업은 제안된 사업의 규모 · 수를 감안하여 새로운 母리츠를 구성하거나 기존 母리츠에 편입

3 안정적 투자수익 확보방안

ㅇ (투자대상) 임대수익으로 투자기간 중 배당이 가능하고, 집값이 상승하지 않아도 요구수익률을 달성할 수 있는 사업 선별

* 요구수익률(예시): 기관투자자 5~6%, 주택기금 4% 내외

– 참가적 우선주로 발행하여 추가 수익이 발생하는 경우 이익의 일부를 우선주가 가져가는 구조도 검토

ㅇ (도덕적해이 방지) 참여자의 리스크를 줄이기 위해 사업성에 반비례하여 사업제안자의 보통주 참여 요구

【사업 리스크에 따른 프로젝트(子리츠)별 자금조달구조】

사업 리스크 大		사업성 양호
융자		융자
협약당사자 우선주		협약당사자 우선주
사업제안자 보통주	⇨	사업제안자 보통주

4 시범사업 추진방안(*사업성 모의 분석)

A. 노량진 오피스텔/도생(547세대) : 학생, 직장인

○ (사업구조) 동작구 노량진 일원(지하철 연결), 547세대를 시행사가 개발한 후 리츠가 매입하여 임대로 제공

– 리츠는 시행사와 시세의 78% 수준으로 선매입 계약을 체결하고, 시행사의 대주주는 리츠에 보통주(사업비의 20%)로 참여

○ (자금조달) 총사업비 1,086억 원을 투자협약 및 민간출자로 조달

【자금조달구조】

구분	합계	자본금			금융기관 (선순위)
		기관 우선주	母리츠 우선주	민간 보통주	
금액(억 원)	1,086	200	120	225	541
비율(%)	100	18	11	21	50
조건(%)	–	5.6 (예시)	4.0 (예시)	–	–

※ 우선주(기관, 母리츠) 요구수익률 평균 5.0%

○ (사업성) 집값이 오르지 않아도 보통주 IRR 11.01% 달성 가능

【민감도 분석 결과(10년 운영)】

주택가격 변동율(연)	△2.4%	0%	1%	2%	3%
우선주 IRR	기관 5.6%, 주택기금(母리츠) 4.0% (예시)				
보통주 IRR	4.41%	11.01%	12.96%	14.77%	16.47%

※ 기관투자자가 이익 참가형 우선주로 투자할 경우 5.6% 이상 수익 확보 가능

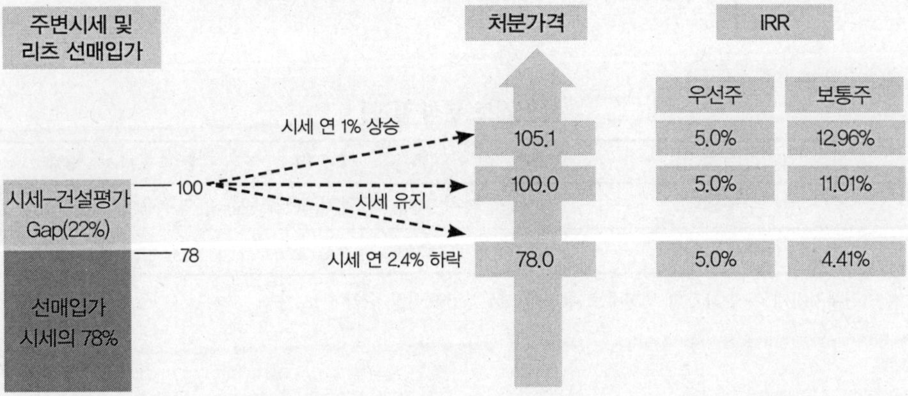

B. 천안 오피스텔/도생(1,135세대): 산업근로자, 학생

○ (사업구조) 천안시 두정동 일원, 1,135세대를 시행사가 개발한 후 리츠가 매입하여 임대로 제공

– 리츠는 시행사와 시세의 85% 수준으로 선매입 계약을 체결하고, 시행사/건설사 등이 리츠에 보통주(사업비의 20%)로 참여

○ (자금조달) 총사업비 1,149억 원을 투자협약, 민간출자로 조달

【자금조달구조】

구분	합계	자본금			금융기관 (선순위)
		기관 우선주	母리츠 우선주	민간 보통주	
금액(억 원)	1,149	200	144	230	575
비율(%)	100	17	13	20	50
조건(%)	–	5.6(예시)	4.2(예시)	–	–

※ 우선주(기관, 母리츠) 요구수익률 평균 5.0%

○ (사업성) 집값이 오르지 않아도 보통주 IRR 7.82% 달성 가능

【민감도 분석 결과】

주택가격 변동율(연)	△1.6%	0%	1%	2%	3%
우선주 IRR	기관 5.6%, 주택기금(母리츠) 4.2% (예시)				
보통주 IRR	2.44%	7.82%	9.42%	11.02%	12.62%

※ 기관투자자가 이익 참가형 우선주로 투자할 경우 5.6% 이상 수익 확보 가능

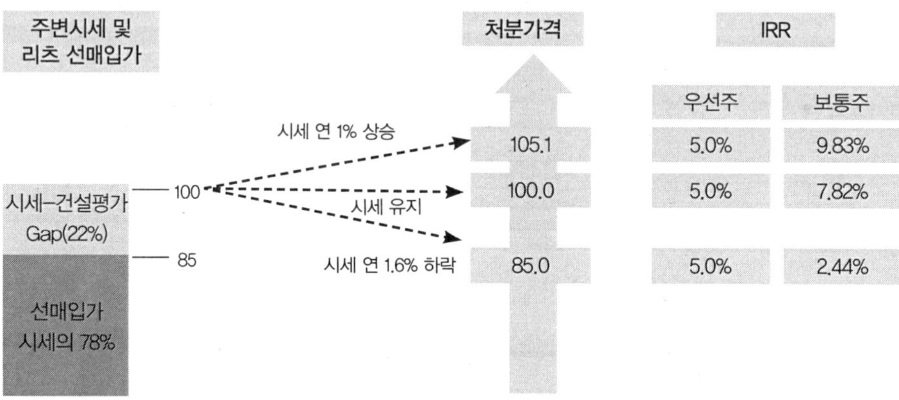

3. 사업추진 기반 구축

1 기금 출자 업무 전담기관 지정

○ 융자 업무와 달리 출자는 원금손실 가능성이 있기 때문에 정밀한 사업성 분석이 필요

⇨ PF 보증 · 분양 보증 등 주택사업 분석에 대한 전문성이 있는 대주보를 기금 출자 업무 전담기관으로 지정

* 대주보는 향후 주택기금이 주택도시기금으로 확대 개편시 전담기관으로서 출자 · 메자닌 금융 등의 기능을 수행할 예정

2 공공건설임대리츠 추진 기반 마련

○ 주택기금의 리츠출자 및 투융자 근거 마련(주택법 개정)

○ 주택기금이 출자하는 공공임대리츠의 감리는 LH가 수행하고, 사업계획 승인도 국토부가 하도록 법령 개정(주택법 시행령 개정)

* 현재도 사업주체가 국가, 지자체, LH, 지방공사인 경우에는 직접 감리를 허용하고 있으며, 국가 및 LH는 사업승인 여부를 국토부가 직접 심사

○ 공공임대리츠에 토지 수의계약 매각 허용(택촉법 시행령 개정)

* 현재도 국가, 지자체, LH, 지방공사 등의 경우 수의계약 매각 가능

3 민간제안 임대주택리츠 활성화 관련

○ 주식의 공모 · 분산 의무가 배제되는 리츠를 확대하고*(리츠법 개정), 투자자 보호장치 강화와 함께 상장기준 완화**(거래소규정 개정)

* 임대주택에 투자하는 비율: (현행) 총자산의 전부 ⇒ (개선) 50% 이상

** 자산요건: (현행)실물부동산 70% → (개선)리츠주식 등 간주부동산 포함 70%

○ 임대주택리츠에 부동산을 현물출자 할 경우 해당 주식을 처분할 때까지 양도차익에 대해 과세 이연(조특법 개정)

4. 기대효과

□ 전월세난 완화

○ (공공임대 공급확대) 직접건설과 리츠방식을 병행해서 10년 공공임대 공급물량을 '17년까지 당초계획보다 최대 4만 호 추가 공급

※ (당초) '17년까지 4만호 → (변경) 4~8만 호

– 이 중 최소 30% 이상은 리츠방식으로 공급

○ (도심내 임대공급) 민간제안사업의 경우 도심지 내 다양한 형태의 임대주택(아파트, 도생주 등)을 시세 이하로 공급

□ 민간임대산업 육성

○ (임대산업 기반확대) 공적자금의 신용보강을 통해 시중자금의 임대주택사업 투자를 유도하여, 성공적인 비즈니스 모델 창출

– 임대주택을 매력적인 투자상품으로 전환하여 민간 임대주택 확충

○ (관련 산업 육성) 리츠산업의 성장 촉진 및 주택임대관리업의 조기 활성화를 도모하여 일자리 창출에도 기여

* (리츠산업규모) 12조('14.2월) → 향후 매년 2~3조 규모 성장 기대

□ LH 재무구조 개선

○ 택지비 조기회수, 건축비 등 사업비 절감을 통해 LH 부채 감축 효과 도모

⇒ LH는 주거취약계층을 위한 행복 · 영구 · 국민임대에 보다 역량을 집중할 수 있는 여건 마련

5. 향후 추진계획

□ 공동투자협약 추진

○ 투자 설명회 개최 및 공동투자 협약 체결(3~4월)

□ 출자 업무 전담기관 지정

○ 국토부↔대주보 위수탁 계약(4월)

□ 법령 개정 추진

○ 주택기금 출자근거 마련, 입주자모집 승인 제외('14.上)

※ 주택법 개정안 기제출('13.12, 의원발의)하여 국회 상임위 상정대기 중

○ 공공임대리츠 추진 관련 주택법 및 하위규정 개정(8월)

– 국토부장관의 직접 사업계획승인, 토지수의매각 허용 등

○ 임대주택 리츠 투자규제 완화를 위한 리츠법 등 개정('14.上)

– 현물출자 시 과세이연 관련 조특법 개정

□ 시범사업 추진

○ (공공임대리츠) 하남미사 · 화성동탄 공공임대리츠 설립(6월)

* (하남미사) 사업설계 및 각종 인허가 준비(3월~10월) → 투자협약(4월) → 리츠설립(6월) → 사업계획승인(11월) → 착공('15.2)

* (화성동탄) 사업설계 및 각종 인허가 준비(3월~7월) → 투자협약(4월) → 리츠설립(6월)→사업계획승인(8월) 및 착공(11월)

○ (민간제안 임대리츠) 母–子리츠 설립 및 영업인가(6월)

* (노량진 · 천안) 리츠↔시행사 임대주택 선매입계약(7월) → 임대주택 준공 ('15.8) → 임대운영('15.9~)

Q&A 공동투자협략

1. 공동투자협약의 성격 및 주요 내용은?

□ (협약 구속력) 개별사업에 대한 투자참가 의무가 없는 양해각서(MOU) 수준의 협약이며, 당사자에게 사업제안 검토의 우선권 부여

□ (투자대상) 공공임대리츠 및 민간제안 임대리츠 모두 투자대상

○ (공공임대리츠) 주택가격이 향후 연 1.5%씩 상승하면 5~6% 출자수익이 발생 가능한 표준화된 공공임대사업을 선별하여 투자

○ (민간제안 임대리츠) 주택가격 상승하지 않아도 출자수익이 일정수준 (예)5.5% 이상을 달성 가능한 프로젝트를 선별하여 투자

□ (투자조건) 공공임대리츠의 경우는 LH, 민간제안사업의 경우는 사업제안자가 보통주로 참여

○ 주택기금과 기관투자자가 우선주(또는 선순위 융자)로 투자하되, 필요시 기관투자자에게 주택기금보다 선순위 보장

□ (투자방식) 주택기금과 투자자는 투자 방식(출자, 융자, 출자&융자)대해 사전에 확정하지 않고 프로젝트별로 협의하여 탄력적으로 결정

2. 공동투자협약의 참여할 기관들은?

□ 비공식적인 접촉을 통해, 공동투자협약에 참여할 의향이 있는 기관은 보험사 · 공제회 · 연기금 · 시중은행 등 10개 기관 내외 확인

【임대리츠 비공식 투자설명회 개최 결과(2.13)】

ㅇ 참석기관(20개): 연기금 · 공제회(7개), 보험사(7개), 은행 · 증권사(6개)

ㅇ 투자자 반응

-(투자의향) 참석한 투자기관 전반적으로 임대주택 리츠의 사업성에 대해 긍정적 판단(투자의향 강함(17%), 투자의향 있음(33%), 보통(50%))

-(투자희망 유형) 임대리츠 투자 시 주로 융자가 선호되나 상당수 출자 의향도 있는 것으로 나타남(융자(57%), 출자(30%), 미정(14%))

ㅇ 추후 공식 투자설명회를 개최(3월)하여 공동투자할 기관투자자를 모집하면, 4월까지 공동투자협약을 체결할 계획임

3. 공동투자협약에서 주택기금이 낮은 수익률로 참여하여 민간에 특혜를 주는 것 아닌지?

ㅁ 기관투자자 등 민간이 그동안 임대주택 투자를 기피했던 것은 낮은 수익률으로 투자 선례가 없기 때문임

ㅇ 따라서, 임대주택에 대한 투자가 활성화되기 전까지는 주택기금이 출자나 공적 신용보강을 통해 민간자금의 마중물 역할을 할 필요

ㅁ 또한 주택기금이 마중물 역할을 한다고 해도 민간에게 과도한 특혜를 주는 것은 아님

ㅇ 개별 프로젝트의 수익성 · 안정성을 검증하고 참가 투자자간 금리 경쟁을 통해 조건이 결정

ㅁ 결론적으로 주택기금이 신용보강을 한 주택사업이므로 일반적인 부동산 투자보다 낮은 요구수익률로 자금조달이 가능

* 개별 프로젝트별로 기관투자자의 요구수익률은 5~6% 수준으로 설정할

계획이며, 이는 오피스 수익률 7~8%에 비해 낮은 최소 수준의 수익률임

Q&A 공공임대리츠

1. 리츠방식 도입이 구체적으로 어떤 효과가 있는지?

□ (안정적 임대주택 공급) 당초 LH 10년 임대 공급 목표 달성하고 분양용지도 활용하여 추가공급도 가능 ('17년까지 4만 → 4~8만호)

※ 임대용지 외에 미매각 분양용지도 활용 → 공급 확대 가능

□ (투명성 · 책임성 강화) 사업지구별로 철저한 구분회계를 통해 임대주택사업의 투명한 관리 · 감독이 가능해짐

□ (LH 부채감소) 택지비 조기회수 및 건축비 민간자본 활용으로 LH 부채감축 ⇒ LH는 행복 · 국민 · 영구임대 집중 가능

□ (임대 · 리츠산업 성장) 임대주택리츠의 성공모델을 창출하여 민간자금의 임대사업 투자를 유도하고, 리츠산업 성장도 촉진

2. 기금 부실을 초래하지는 않는지?

□ 공공임대리츠는 공공택지를 조성원가 이하로 매입하여 건설하고, 10년 뒤 LH매입확약 등으로 기금 부실가능성이 거의 없음

□ 또한 체계적인 사업성 심사 등으로 투자위험을 저감

○ 첫째, 분양심사 · PF대출 보증 등 주택사업 분석에 대한 전문성이 있는 대주보를 출자 업무 전담기관으로 지정

○ 둘째, 기관투자자와 공동 심사를 통해 투자분석을 강화

○ 셋째, 최종적으로 기금운용심의회의 심의를 거쳐서 투자여부를 결정하도록 심사 절차를 마련할 계획

* (심의위원) 주택금융 분야 학계, 전문가 11명 및 정부위원 4명으로 구성

3. LH에 대한 간접 지원 아닌가?

□ 리츠방식은 LH 지원을 위한 것이 아니라, 임대주택을 지속적으로 공급하기 위해 도입한 것임

□ 현행 LH 직접 건설방식은 LH 부채 증가가 불가피(임대주택 1호당 약 1억원)하여 더 이상 작동이 어려운 상황

* 부채/부채비율: '12년 138조(466%)

* LH는 국제 신용등급 하락을 우려해 '부채동결선언'('13.11.4)

□ 따라서 기존에 LH가 수행하던 역할을 리츠가 수행함으로써, LH 부채증가 없이 임대주택을 건설하여 공공주택 공급목표 달성

○ 또한 부수적으로 LH의 부채도 감소되는 효과를 가져옴

4. 명목 회사(paper company)인 리츠에 대한 관리 감독 책임은?

□ 주택기금이 출자하는 리츠는 인적 · 물적 자원이 없는 명목 회사이며 실질적인 업무*는 AMC인 LH가 수행할 예정

* 임대주택의 입주자 모집, 임대료 징수 및 보수 · 관리 등

□ 국토부는 여타 LH 공공임대주택과 동일하게 LH 사업수행에 대해 관리 · 감독[국토부(기금)는 리츠의 대주주로서 AMC인 LH 감독]

5. 민간자금 유치가 가능하다고 보는지?

□ (출자) 공공임대리츠는 주택가격이 연 1.5%만 상승해도 안정적으로 5%이상 출자수익을 달성하도록 사업구조를 표준화

○ 따라서, 장기투자를 고려하는 기관에게 안정적인 투자처 제공 가능

※ 기관투자자 투자설명회 (2.13) 결과

- (투자의향) 참석한 투자기관 전반적으로 임대주택 리츠의 사업성에 대해 긍정적 판단[투자의향 강함(17%), 투자의향 있음(33%), 보통(50%)]
- (투자희망 유형) 임대리츠 투자시 주로 융자가 선호되나 상당수 출자 의향도 있는 것으로 나타남[융자(57%), 출자(30%), 미정(14%)]

○ 다만, 사업 초기에는 기본적으로 주택기금과 LH 위주로 출자가 이루어질 것이며, 향후 사례축적을 통해 공공임대리츠의 출자수익 구조가 일반화되면 민 · 관 공동출자도 가능할 것

【공공임대리츠의 출자수익 구조】

○ 조성원가 이하의 택지공급*(필요 시 추가 할인) 등을 통해 건설원가가 주변시세보다 최소 15% 내외 낮도록 유도

* (택지공급기준) 60㎡ 이하는 조성원가의 60%, 60~85㎡는 조성원가의 85%

– 주택가격이 연평균 1.5% 상승 시 출자수익률이 5% 이상 달성

【공공임대리츠의 사업 구조】

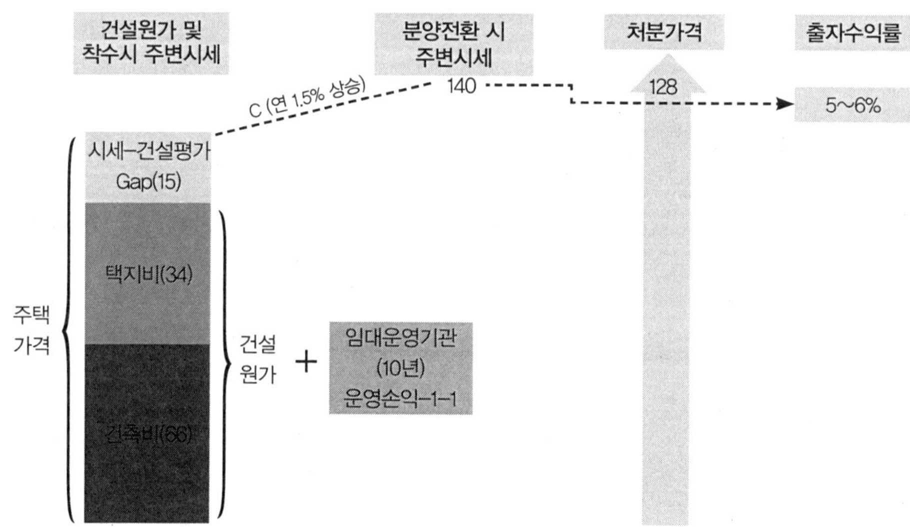

ㅁ (융자) 국고채 이상의 수익을 보장하면서도 안정적인 투자처 제공으로 충분히 민자유치 가능

ㅇ 공공임대리츠에 대한 융자는 건설 즉시 시세 차익을 15% 확보할 수 있는 임대사업에 LTV 20~30% 수준으로 융자하는 것

– 실질적으로 무위험 채권이면서 10년 만기 국채 금리(3.5%) 이상 가능

【저리 민자유치 방안】

1 (대주보 보증활용) 사업단계별(건설/임대) 또는 사업기간 전체에 대하여 지급보증으로 저금리의 대출 · 유동화 가능

방안1	① (건설단계): PF보증 및 PF유동화보증 활용 ② (임대운영단계): 모기지보증(담보대출보증)
방안2	① (전사업기간): 가칭 '임대리츠보증' 등 신규 상품 개발

ㅇ 보험사의 경우 RBC*이슈가 금리인상의 요인이 되고 있으며, 대주보(AAA)의 지급보증시 RBC이슈 해소 및 저금리 대출 가능

* 보험회사의 리스크를 개량적으로 파악하기 위한 지표로 보험금을 지급할수 있는 순자산(은행의 BIS와 동일한 개념)비율로 200%이상이면 우수

ㅇ 유동화(ABS, ABCP)방식 활용시 PF유동화보증으로 우수등급 대출채권으로 평가되어 안정성 확보 및 금리인하 가능

2 [펀드방식(출자 & 융자)활용] 출자와 융자를 일정비율로 병행하여, 조달금리 인하와 주택기금 리스크 저감효과 도모

* 예) 20억 원 출자 + 400억 원 대출(4%) → 펀드 수익률 3.8% + @

【참여유형별 비교】

구 분	중간배당 (이자)	사업이익 (청산 시)	비 고
• 출자방식	×	○	– 배당수익(유동화: ABS, ABCP 등)
• 융자방식	○	×	– 융자이자수익(론, 유동화, 펀드 등)
• 출자 & 융자방식	○	○	– 배당수익 + 융자이자(메자닌 기능) – 기관투자자는 펀드에 투자, 펀드가 리츠에 출자 및 융자(전환사채 등)

6. 공공임대리츠는 공공기관이 되는 것인지?

ㅁ 건설임대리츠는 인적 · 물적 자원이 없으며, 한시적으로 운영(10년 임대 후 청산)되는 특수목적 법인이므로, 공공기관으로 지정되지는 않음

※ 기재부 유권해석(공공기관 운영에 관한 법률): 한시조직은 공공기관 미지정

○ 다만, 공공부문의 출자로 운영되는 법인이므로, 자금 운용과 사업 수행과 관련하여 공적인 감독을 받을 예정

* 국토부(주택기금)는 리츠의 대주주로서 AMC인 LH를 관리 · 감독하고, 리츠법에 따른 영업인가자로서 리츠의 영업활동을 감독

** 필요 시 금융위원회도 리츠법에 따라 영업수행에 대해 감독 가능

7. 리츠가 임대주택을 공급하면 임대료가 상승하는 것이 아닌지?

ㅁ LH가 공급하는 10년 공공임대와 동일하게 임대주택법에 따라 표준임대보증금과 표준임대료 이하로 임대조건이 결정

○ 리츠가 공급하더라도 시세보다 저렴하게 공급함으로 임대료가 상승하지 않음

* 표준임대보증금: (건설원가 – 국민주택기금) / 2,

* 표준임대료: 감가상각비 + 수선유지비 + 화재보험료 + 제세공과금 + 기금이자 + 자체자금이자

8. 임대보증금을 떼일 염려는 없는지?

ㅁ 공공임대리츠는 정부(국민주택기금)와 LH가 출자

○ 공기업인 LH가 자산관리를 수행하게 되어 임차인은 임대차계약 종료 시 안전하게 임대보증금을 돌려받을 수 있음

9. 기관투자자의 요구수익률을 보장하게 되면 비용이 증가되고 이는 임대료 상승으로 전가되는 것이 아닌지?

□ 주택기금과 LH 출자, 주택기금의 후순위 융자, LH 매입확약 등 공공의 신용보강을 통해 민간자금의 위험을 낮추게 되면 오히려 조달비용을 절감됨

○ 또한, 임대조건은 기존 LH 공공임대주택과 동일한 조건으로 결정되므로, 부담이 증가하지는 않음

10. 5년 후 분양전환이 가능한지?

□ 현행 임대주택법상 10년 공공임대주택은 의무임대기간의 2분의 1이 경과하면 임대사업자와 임차인이 분양전환에 합의할 경우 가능

○ 5년 후 조기 분양전환은 정부의 10년 이상의 장기 임대주택 재고 확충 정책과 시장상황 등을 고려하여 추진할 수 있음

11. 자산을 헐값으로 리츠에 매각하는 것이 아닌지?

□ 법령상 임대주택용지는 현재도 주택의 규모에 따라 60㎡ 이하는 조성원가의 60% 이하, 60~85㎡는 조성원가의 85% 이하로 공급

○ 택지 할인공급 등으로 발생된 리츠의 임대수익은 결국 보통주 주주인 LH에게 귀속될 예정임

12. 미분양주택 매입확약으로 LH 부담이 더 커지는 것이 아닌지?

□ 10년 공공임대주택은 분양전환가격이 주변시세보다 저렴한 감정가격이므로 대부분 분양될 예정이며, LH 부담은 거의 없음

※ (LH '13년도 분양전환 실적) 2,256세대 → 2,140세대 분양('13년 연말 95%)

○ 매입하게 되더라도 시세보다 낮게 매입하여 임대운영 수익을 얻을 수 있으므로 LH 부담은 제한적

□ 한편, 리츠방식으로 민간자본을 활용하여 임대주택을 건설 · 공급하면 LH 부채가 감축되는 효과를 가지며

○ 주택가격이 오를 경우에는 보통주 배당을 통해 추가수익을 얻을 수도 있고, 공공사업에 재투자할 수 있는 기반을 강화하는 선순환 구조도 가능

13. 분양주택용지까지 리츠를 통해 임대주택을 건설, 공급하는 것은 민간의 사업기회를 박탈하는 것은 아닌지?

□ 리츠방식도 건설사는 시공사로 참여할 수 있고, 재무적 투자자에게는 투자기회를 제공하게 되므로 오히려 민간의 역할이 활성화

* 분양수요는 없으나 임대수요는 있는 용지 다수 존재 ⇒ 건설물량 확대효과

□ 한편, 정부기조는 민간 분양시장 침체를 정상화하고, 무주택 서민의 주거안정을 위해 공공분양을 축소하고, 임대공급을 확대하는 것임

○ 리츠가 분양용지 일부를 공공임대로 전환하여 공공임대주택 물량을 확대하는 것은 서민주거안정과 주택시장 정상화에 기여하는 것임

14. 공공임대리츠에의 투자가 수익성과 안정성이 확보된다면 일반 국민(입주자 포함)도 투자기회가 있는지?

□ 초기에는 원활한 사업추진을 위해 연기금, 보험사 등 기관투자자를 대상으로 재원을 조달

○ 향후 일반 국민도 리츠에 투자할 수 있도록 관계 부처와 협의를 통해 세제상 혜택 등 다양한 방안을 강구할 계획임

15. 리츠방식을 통해 상대적으로 임대료가 높은 공공임대 공급을 늘리고 임대료가 저렴한 영구 · 국민임대는 줄이려는 것은 아닌지?

□ 재정 · 기금 · 민간자금이 역할을 분담하여, 한정된 정부 재정이 행복 · 영

구 · 국민임대에 보다 집중하도록 하기 위해

○ 10년 공공임대에 대하여 기금 · 민자 합동의 리츠방식을 도입

□ 영구 · 국민임대의 공급은 정부목표에 따라 관리되어 결국 공공임대주택 공급 총량은 확대될 것임

Q&A 민간제안 임대리츠

1. 임대주택은 공공성도 어느정도 필요한데 민간자금을 유치하면 임대료 통제가 어려워 공공성이 훼손되는 것 아닌지?

□ 이번 리츠를 활용한 임대주택 공급방안에 따라 임대료 통제 등의 규제를 받는 공공임대주택은 오히려 확대(4~8만 호 추가 공급)

○ 민간제안 임대리츠를 통해서는 민간의 창의성과 자금을 활용해 다양한 입지 내에 다양한 가격의 임대주택을 공급하는 효과가 있기 때문에 공공성 훼손을 우려는 없음

* 민간제안 임대리츠도 주택기금 융자를 받을 경우 매입임대 · 준공공임대로 분류되어 임대료 규제, 의무임대기간 등의 규제를 받게 됨

2. 주택기금이 민간임대리츠에 출자 시 주택기금의 손실을 전제로 민간투자자에게 특혜를 주는 것은 아닌지?

□ 민간의 창의적인 사업제안이 현실화될 수 있도록 주택기금이 일부 신용보강을 제공하는 것은 맞음

○ 민간제안사업에 대해서는 사업성 분석을 거쳐 사업성이 낮을수록 제안자의 후순위 참여비율을 높여 도덕적 해이를 방지

○ 사업제안자가 해당 사업의 자산관리회사(AMC)를 수행하여, 사업의 최종적인 위험의 주체가 되도록 할 계획임

3. 母-子리츠 구조가 복잡한데 반드시 필요한지?

□ 母-子리츠구조가 다소 복잡한 측면이 있으나, 다양한 장점이 있음

○ 첫째, 母리츠는 일종의 블라인드 펀드*로, 민간에서 참신하고 좋은 사업을 발굴하면 별도의 비용 없이 자금을 쉽게 조달할 수 있기 때문에 임대주택 프로젝트 발굴을 촉진하는 효과가 있음

* 사업발굴 후 자금을 조달하여 투자하는 일반적인 방식이 아니라, 자금을 먼저 조달하고 투자대상을 확정한 후 즉각적으로 투자하는 방식

○ 둘째, 개별 사업의 위험이 母리츠를 통해 분산되는 효과가 있음

○ 셋째, 母리츠를 상장할 경우 다수 子리츠를 상장하는 효과가 있어 자금의 조달과 회수가 용이

○ 넷째, 母리츠를 운용하는 AMC나 사업제안자 간 경쟁을 통해 사업의 효율성이 제고

별첨 2 기업형 주택임대사업 육성을 통한 중산층 주거혁신 방안

(출처: 국토부)

I. 추진 배경

□ 집에 대한 인식이 '소유'에서 '거주'로 변함에 따라, 자가점유율*은 지속적으로 감소하는 반면, 임대주택에 대한 수요는 꾸준히 증가

* 자가점유 비중(%): (06년)55.6 (08년)56.4 (10년)54.3 (12년)53.8 (14년)53.6

□ 반면, 임대주택 공급은 저금리, 낮은 집값 상승 기대감 등으로 인해 전세에서 월세*로 빠르게 전환

* 월세는 대부분 보증부월세이며, 순수월세는 1~2인 가구용 오피스텔 등에 국한

○ '12년 주거실태조사에서는 전체 임차가구중 월세 가구 비중(49.9%; 보증부 42.9%, 순수 7.0%)이 전세가구 비중(50.1%)보다 낮았으나,

–'14년 월세비중(55.0%, 보증부 50.2%)은 전세비중(45.0%)을 크게 초과

○ '14년 11월 누계 전월세 거래량 중 보증부월세*가 차지하는 비중은 41.0%로, '11년 같은 기간 대비 8.0%p 증가

* 전월세거래 통계는 확정일자를 기준으로 작성되어, 순수월세 통계는 미포함

□ 월세시대에 진입하면서, 서민 및 중산층의 주거 불안이 증가

□ 전세 〈 보증부월세 〈 월세 順으로 주거비 부담*이 증가

* 소득대비 임대료 비중('14 주거실태조사): (전세)10.1%, (보증부)14.0%, (월세) 18.3%

○ 잦은 이사*로 인해 주거 안정성이 약화

* 2014년 11월 누계 전월세거래는 134만 건으로, 2013년 동기 126만 건 대

비 6.9% 증가

□ 주거불안을 줄이기 위해서는 장기간 거주 가능하고 임대료도 안정적으로 관리되는 등록(제도권) 임대주택 재고가 충분히 확보될 필요

○ 그러나, '13년 기준으로 약 800만 임차가구(총 1,800만 가구의 44.4%) 중에서 20.1%인 161만 가구만 등록 임대주택*에 거주

* 본은 전체 임대주택(총 1,445만 호, '13년)의 80%를 전문기관이 위탁 관리

□ 특히, 등록 임대주택 중 서민층이 주로 거주하는 공공부문의 임대주택 재고는 '06년 49만호에서 '13년 97만 호로 98.0% 증가한 반면,

○ 중산층을 대상으로 하는 민간부문의 등록 임대주택 재고는 같은 기간 84만호에서 64만 호로 오히려 23.8% 감소*하였음

* 민간부문은 잦은 분양전환(최근 5년간 연 3.4만 호) 등으로 등록임대 재고 감소

구 분	'06	'08	'10	'12	'13
임차가구	656만 호	667	747	769	800e
등록임대	133만 호	134	139	148	161
(공공부문)	(49만 호)	(62)	(76)	(89)	(97)
(민간부문)	(84만 호)	(72)	(63)	(59)	(64)

□ 중산층을 대상으로 하는 민간 임대주택은 재고도 부족하지만, 각종 규제로 인해 품질도 떨어져* 중산층이 거주를 기피하는 경향

* 민간이 건설한 공공임대 하자민원은 '14년 2,289건으로 '13년 대비 22.2% 증가

□ 이에 따라, 임차거주를 희망하는 중산층은 상대적으로 사적인 임대시장에 더 많이 의존*하게 되어 주거불안이 더 커지는 경향

* 5~8분위 가구 중 임차가구는 45.5%이며, 이 중 90.3%가 민간임대에 거주('14년)

□ 사적 임대주택에 거주하면서 느끼는 불안요인은, 계약만료 후 임대료 상승

(49.4%), 짧은 계약기간(29.4%), 임대기간 중 퇴거요구(24.9%) 順

◈ 우선, 서민층을 위한 공공임대주택 재고를 지속 확충

ㅇ '15년에는 공공임대주택 입주물량을 연 11만호에서 12만호로 늘리고, '16년 이후에도 입주물량을 지속 확대

◈ 그동안 상대적으로 지원이 부족했던 중산층에 대해서는, 민간의 활력을 통해 임대주택 재고를 획기적으로 늘릴 필요

ㅇ 특히, 규모의 경제를 갖추고 수준 높은 주거서비스를 제공할 수 있는 기업형 주택임대사업을 집중적으로 육성할 필요

참고 1 등록된 민간 임대주택 현황

ㅁ 등록된 민간임대는 취득 방식에 따라 건설임대 및 매입임대로 구분

ㅇ 건설임대는 다시 기금이나 택지를 지원받아 건설하는 민간건설 공공임대와 별도 지원이 없는 민간건설 일반임대로 구분되며,

– 민간건설 공공임대는 임대의무기간이 5년 또는 10년이며(각 2.5년 및 5년 후 분양전환 가능), 입주자격, 초기 임대료, 분양전환가격 등에 있어서 LH 등 공공이 건설하는 임대주택과 동일한 규제 적용

– 민간건설 일반임대는 임대의무기간(5년, 중간에 분양전환 없음) 및 임대료 상승률 제한(연 5%) 外는 별도의 규제가 없음

ㅇ 매입임대는 임대기간이 10년인 준공공임대와 5년인 민간임대로 구분되며, 준공공임대가 상대적으로 세제 · 기금혜택이 큼

ㅁ 등록된 민간임대('13년 말)중 민간건설 공공임대 재고는 총 14.7만 호, 민간건설 일반임대는 총 16.5만 호, 매입민간임대는 32.6만 호 수준

* 준공공임대는 '13.12월 도입되었으며, '14.12월 현재 503호 등록

	건설		매입
	민간건설 공공임대	민간설설 일반임대	
임대의무기간	5년 / 10년	5년	준공공매입 10년 임대
분양전환시기	25년 / 5년	×	
기금지원	○	×	
세제지원	○	○	민간매입 5년 임대
임대조건 규제	강	약	

II. 기업형 임대사업 육성 전략

◈ 기업형 임대사업자는, 직접 임대주택을 건설하거나 기존주택을 매입하는 방식을 통해 대규모로 임대주택을 관리해 나가며,

○ 직접 또는 위탁의 방식으로 임차인의 수요에 맞게 세탁, 청소, 이사, 육아, 수선 등 종합 주거서비스를 제공할 수 있는 사업자

1. 기업형 임대사업 현황

□ 한국의 민간임대사업자('13년말, 8.0만명)는 대부분 영세한 규모

○ 매입임대사업자(6.8만명)가 관리하는 임대주택은 평균 4.7호, 건설임대사업자중 소규모 건축업체(9,917개)는 평균 14.4호에 불과하며, 기업형태의 주택업체(1,947개)도 평균 87.5호를 관리(전체 평균 7.9호)

* 일본의 임대사업자 평균 관리호수 4,765호, 상위 10개사는 평균 30만호 관리

□ 주택업체가 공급하는 임대주택 수는 최근 증가 추세이나('12년 1.9만 → '13년 2.7만호), 분양주택 물량에 비해 크게 낮은 수준이며,

* 연 주택건설 물량 중 임대 비중: '10년 1.5%, '11년 1.3%, '12년 4.5%, '13년 5.2%

○ 대부분 장기임대보다는 임대의무기간(5년 임대는 2.5년, 10년은 5년) 이후 분양전환에 초점을 두고 있어, 재고물량* 확충이 곤란

* 주택업체의 임대주택 재고물량: '10년 23.7만호, '11년 19.9, '12년 17.2, '13년 17.0

□ 또한, 주택업체가 건설하는 임대주택은 품질측면에서도 분양주택에 비해 떨어지고 노후화도 빨리 진행되어, 부정적인 이미지 형성

○ 건설업체도 일부 중견업체 위주로 참여하고, 대형업체 참여는 저조

□ 기업형 매입임대사업자 육성을 위해 도입한 주택임대관리회사는 현재 100여 곳이 등록되어 있으나, 총관리호수는 2,600호에 불과

2. 기업형 임대사업 부진 원인

□ 시장이 아직 초기 상태

○ 임차인들은 여전히 월세에 대한 심리적 거부감이 강하고,

○ 보증금 비중이 높은 월세가 지배적(월세의 150배가 평균적인 보증금)이라서 안정적인 임대수익 흐름 확보가 곤란하여,

○ 투자자 목표수익률은 5~6%인데 반해, 실제수익률은 2~3%에 불과

□ 규제는 과도한 반면, 인센티브는 부족

○ 민간건설업체라 하더라도 기금을 지원받거나 공공택지에서 임대주택을 건설하는 경우, LH 등 공공부문과 동일한 임대 규제 적용

○ 임대사업자로 등록 시 세원노출, 건보료 증액 등의 부담이 늘게 되나, 세제지원 등은 미미(준공공임대 세제혜택은 연 평균 54만원 수준)

□ 임대주택 지을 땅이 부족

○ 공공택지는 도심외곽에 주로 공급되어 수익성 확보가 어렵고, 민간택지는 땅값이 비싸고 택지개발에 과도한 시간 소요

□ 건설사들은 아직 분양사업에 집중

○ 대부분의 건설사들은 단기적인 수익흐름이 가능한 분양시장에 집중하고, 장기적인 리스크 관리가 필요한 임대시장에는 소극적

○ 특히, 대기업은 브랜드 이미지 훼손과 민원발생을 우려, 진입 기피

□ 수익률이 높은 주거서비스 기반 미흡

○ 적정한 임대수익률 확보를 위해서는 부가가치가 높은 서비스 제공이 필요

하나, 업체들이 아직 소극적이고 일부 업종은 진출 제한

* 일본은 건설업, 주택관리업, 중개업 간 장벽이 없어 기업형 종합임대관리 활성화

3. 기업형 임대사업 육성 필요성

□ 안심하고 장기거주 가능

○ 2년 단위로 과도한 보증금 증액, 비자발적 퇴거 위험에 노출되는 사적 임대시장과 달리, 기업형 임대는 장기간 안정적으로 거주 가능

□ 수준 높은 주거 서비스를 저렴하게 제공

○ 맞벌이 부부, 은퇴층 등을 위한 청소, 육아, 세탁 등 차별화된 주거 서비스를 제공 가능하며, 규모의 경제를 통해 서비스 비용도 절감

□ 선진화된 임대차 문화 정착

○ 사적인 임대시장과는 달리 기업형 임대주택에서는 집주인과 갈등 없이 시설물 하자보수, 물품 교체 등의 서비스를 받을 수 있으며,

○ 소위 '깡통전세' 등에 따른 보증금 미반환 리스크를 낮출 수 있고, 신혼부부 등 목돈 마련이 어려운 계층의 보증금 부담도 최소화

□ 중산층 주거선택권을 넓혀 전세압력 완화

○ 고액전세에서 거주하는 중산층을 보증부 월세형태의 기업형 임대로 이동을 유도하고, 이를 통해 간접적으로 서민층 전세공급 확대

□ 분양시장 공급 과잉을 완화하고, 중산층 임대주택 재고도 확충

○ 공급 과잉이 우려되는 신규 분양주택 물량을, 특히 3~4인 가구를 주요 대상으로 하는 기업형 임대주택 물량으로 전환하여, 신규 분양시장 안정 → 기존주택 수요확대 → 전월세값 안정 유도

□ 한국 건설업의 신성장 동력 기반 마련

○ 아직 단순 시공단계에 집중하고 있는 한국 건설업을 계획, 시공, 관리 전 단계를 포괄하는 고부가가치 산업으로 전환 유도

* 일본은 기업형 임대산업의 연 매출액이 20조 원이며, 종사자 수만 25만 명 수준

4. 기업형 임대사업 육성 전략

기업형 임대주택 = 중산층 주거혁신 = 민간임대 정책의 새로운 전환점

□ 기업형 임대사업 육성은, 중산층에게 새로운 주거선택권 제공

◈ 분양주택과 유사한 품질의 임대주택에서,
◈ 수준 높은 주거서비스를 받을 수 있고,
◈ 임대료도 적정수준에서 관리되며,
◈ 비자발적인 퇴거 위험 없이, 장기간 안정적으로 거주 가능

□ 기업형 임대육성은, 주택시장 및 거시경제 전반에도 긍정적 효과

◈ 주택임대차시장 선진화를 유도하고,
◈ 전세압력을 줄여서 전월세 시장을 안정시키고,
◈ 새로운 일자리 창출 등으로 내수시장을 활성화

□ 그러나, 기업형 임대주택은 아직 수요도 초기 상태이고 공급기반도 부족하므로, 충분한 지원을 통해 선제적으로 시장을 육성할 필요

□ 이를 위해, 기존 임대주택 정책 틀을 '규제'에서 '지원'으로 전면 개편

◈ 적정 수익률 확보를 위해 규제는 최소화하고, 지원은 최대화
◈ 특히, 기업형 임대에 대해서는 추가적인 혜택을 제공
◈ 제도개편을 위해, '민간주택임대사업 육성법'을 제정
◈ 법 제정 이전이라도, 지침개정 등을 통해 속도감 있게 추진

ㅁ 기업형 임대사업 육성을 2015년 국토부 핵심 정책과제로 추진하고, 이를, '중산층 주거혁신, NEW STAY 정책'으로 브랜딩

참고 2 '중산층 주거혁신, NEW STAY'

ㅁ 브랜드 의미
- ㅇ '소유'보다는 '거주'의 개념으로서 'Stay'
- ㅇ Home Stay, Temple Stay 처럼 편안하게 거주하는 'Stay'
- ㅇ 임대나 렌탈보다는 수준이 높은 주거개념으로서 'Stay'
- ㅇ 2년 단위로 재계약하면서 생기는 여러 불편을 최소화할 수 있는 새로운 개념의 주거형태라는 점에서 'New' Stay

ㅁ 브랜드 로고

NEW STAY 정책

ㅁ 브랜드 활용
- ㅇ 2015년 경제정책방향 6대 정책과제중 하나이며, 국토부의 2015년 핵심 정책과제인 '기업형 주택임대육성'을 '중산층 주거혁신, New Stay 정책'으로 命名 '기업형 임대사업 육성 = 중산층 주거혁신 = NEW STAY 정책'
- ㅇ 기업형 임대사업자는 각 회사의 분양주택 브랜드에 'Stay' 또는 'Stay 8'(8년 거주)이라는 단어를 추가해서 임대브랜드로 전환 가능

  「△△△ Stay」,「??? Stay 8」, 「ㅁㅁㅁㅁ Stay 8」
- ㅇ 별도의 홈페이지를 구축(www.newstay.go.kr) 해서, 'New Stay' 정책정보 및 기업형 임대주택 입주정보 등 제공

Ⅲ. 기업형 임대사업 육성 방안; (1) 규제 개혁

◈ 민간임대주택에 대한 핵심규제를 6개→2개로 축소

◈ 민간임대를 기업형 임대와 일반형 임대로 단순화

◈ 기업형 임대는 일정 호수 이상의 임대주택을 8년 이상 임대하고, 종합 주거서비스를 제공할 수 있는 사업자

◈ 일반형 임대는 임대기간에 따라 8년 장기임대(=준공공임대)와 4년 단기임대로 구분

1. 규제 최소화(핵심규제 6개→2개로 축소)

구 분	현재	개선
임대의무기간	○	○
임대료 상승제한(연 5%)	○	○
분양전환 의무	○	×
임차인 자격(무주택 등)	○	×
초기 임대료	○	×
임대주택 담보권 설정제한	○	× (임대보증금 반환보증 필요)

□ (현황) 민간이 임대주택을 건설하더라도, 기금이나 택지를 지원받을 경우에는 공공이 건설한 임대주택과 동일하게 핵심 6대 규제 적용

○ 기금이나 택지지원이 없는 민간건설 일반임대는 임대의무기간 및 임대료 상승제한만 적용

□ (개선) 모든 민간임대사업자는 기금이나 택지를 지원 받더라도, 임대의무기간 및 임대료 상승률 제한 외의 공공임대 규제 배제

○ (임대의무기간) 임차인이 희망할 경우 임대의무기간 내에는 계속 거주할 수

있도록 하되, 임대인이 재계약을 거부할 사유* 규정

* (예) 임대료 3개월분 연체, 불법 전대, 임차인에게 상당한 보상을 한 경우 등

○ (임대료 상승률) 연 5% 이내로 제한(직전 계약 금액을 기준)

○ (기타 규제는 폐지) 임대인은 분양전환 의무가 없고, 임차인 자격이나 초기 임대료에 대한 규제를 받지 않음

– 임대주택 담보권 설정제한도 폐지, 임대주택을 담보로 사업자금 대출허용(단, 임차인 보호를 위해 건설임대는 보증금 반환보증 가입 의무화)

2. 민간임대를 기업형 및 일반형 임대로 단순화

□ 일반형 임대사업자(건설 및 매입포함)는 8년 장기임대와 4년 단기임대로 구분하고, 8년 장기임대는 준공공임대와 동일한 개념

□ 기업형 임대사업자는 8년 장기임대주택을 일정 호수 이상 임대하면서, 종합적인 주거서비스를 제공할 수 있는 사업자

□ 기업형 임대사업자는 일반형 임대사업자와 구분하여 등록

현행	
5년/10년 민간건설 공공임대	10년 준공공 매입임대
5년 민간건설 일반임대	5년 민간 매입임대

⇨

개선
8년 장기임대 (=준공공임대) 기업형 임대
4년 단기임대

3. 기업형 임대사업자 육성

① 개념

□ 8년 이상 장기임대주택을 300호(건설임대) 또는 100호(매입임대) 이상 임대하는 사업자로서,

○ 단순한 시설물 · 임차인관리 외에 세탁, 청소, 이사, 육아, 식사제공, 가구 · 가전 렌탈 등 종합 주거서비스를 제공할 수 있는 사업자

* '14.11월 현재 건설임대 사업자 중 300호 이상 관리업체는 298개(건설임대의 2.4%), 매입임대 사업자 중 100호 이상 관리는 252명(매입임대의 0.4%)

② 유형

□ (건설 · 위탁형 임대사업자) 건설업체가 8년 장기임대주택을 건설하고, 직접 관리하거나 주택임대관리회사에 위탁하여 관리

□ (매입 · 위탁형 임대사업자) 매입임대사업자가 8년 장기임대주택을 매입하고, 직접 관리하거나 주택임대관리회사에 위탁하여 관리

□ (리츠형 임대사업자) 건설사 · 투자자 · 주택임대관리회사 등이 공동으로 리츠 등을 설립하여 계획 · 시공 · 관리 업무를 일괄 수행

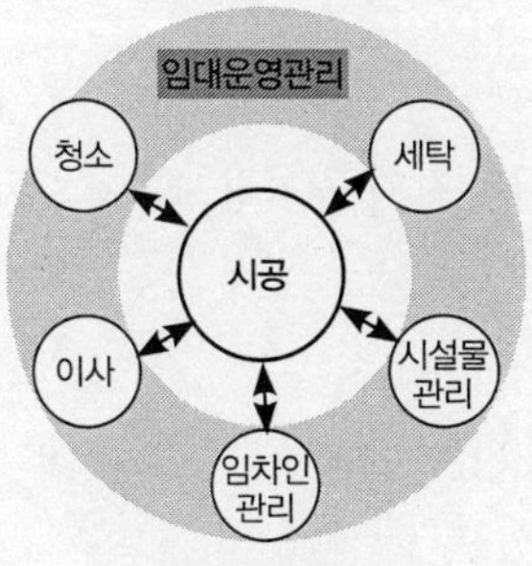

〈건설 · 위탁형〉

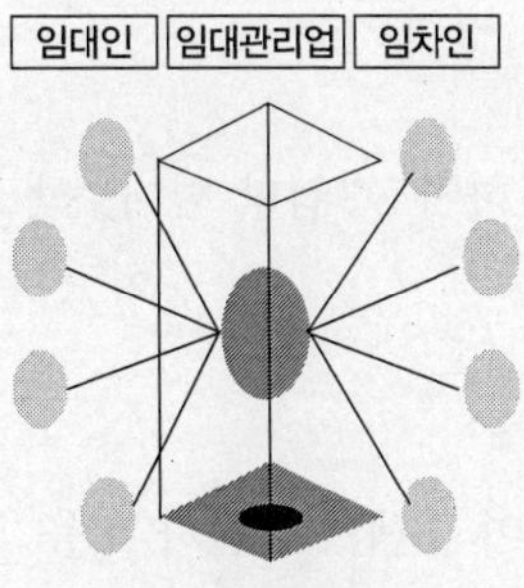

〈매입 · 위탁형〉

〈리츠형〉

③ 기업형 임대사업자 지원 방안

□ 주거서비스 업무 범위 확대

□ (현황) 단순한 시설물관리 및 임차인관리* 외에 이사, 청소, 육아, 세탁 등 주거서비스는 일부 비즈니스 숙소 등에 제한적으로 제공

* 기업형 임대사업자는 자신이 관리하는 임대주택에 대한 임차인 직접 선정 가능

□ (개선) 기업형 임대사업자가 자체 조직 또는 지역내 전문업체와 협업 체계를 구축하여 종합 주거서비스를 제공할 수 있도록 유도

– 특히, '15년중 화물자동차 수급 상황을 점검하고, 공급이 부족하다고 판단될 경우, 기업형 임대사업자 등에 대해 이사업 신규 허가 발급을 검토

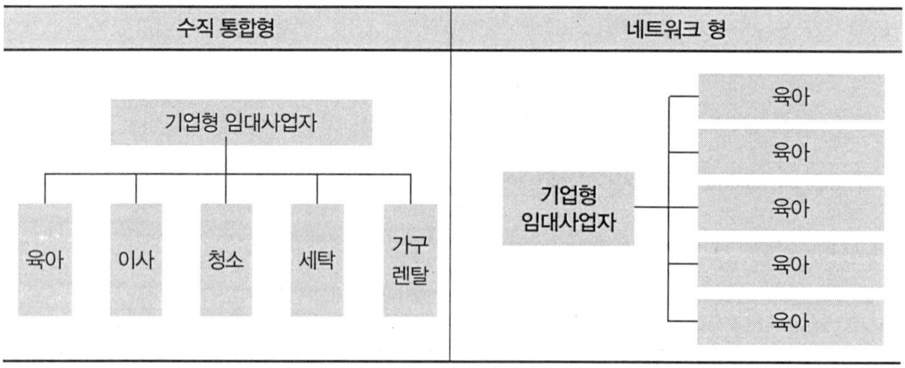

□ 기업형 임대사업자에 대해 택지, 기금, 세제 등 추가 혜택 지원

(☞ 분야별 지원방안 참고)

□ 기업형 임대사업자에 한하여 '기업형 임대주택 공급촉진지구(가칭, New Stay 지구)'사업 시행권 부여

(☞ 17 페이지 참고)

□ 기업형 임대리츠에 한하여 주택기금 출자 허용

(☞ 22 페이지 참고)

ㅁ 기업형 임대리츠주택 중 일부는 LH 매입확약

(☞ 24 페이지 참고)

4. 일반형 임대사업자 육성

ㅁ 장기임대는 8년 이상 임대유도

○ (현황) 기존의 10년 민간건설 공공임대는 사실상 5년 후 분양 전환되어 장기임대 재고확충 효과가 미흡

○ (개선) 10년 민간건설 공공임대는 폐지*하고, '장기임대'는 실제 임대기간이 8년 이상인 준공공임대로 단일화

* 공급된 5년/10년 공공임대 택지는 승인 조건대로 건설하되, 신규 공공택지 공급 중단

ㅁ 준공공임대(= 8년 장기임대) 요건 완화

○ (현황) 준공공 매입임대는 지원에 비해 규제가 과도(임대의무기간, 면적제한, 초기 임대료 규제 등)하여 등록실적 미미('14.12월 누계 503호)

○ (개선) 중산층을 대상으로 하는 임대주택이라는 점을 고려하여 면적제한(85㎡ 이하)을 없애고, 실효성 없는 초기 임대료 규제*도 폐지

* 현재 초기 임대료를 시세수준 이하로 규정하고 있으나 '시세'에 대한 판단 곤란

ㅁ 단기임대는 등록 활성화 및 임대기간 확대

○ (현황) 단기임대 중 기금 등 지원을 받는 5년 민간건설 공공임대는 사실상 2.5년 후 분양전환하고, 지원이 없는 5년 민간임대는 실제는 6년 간(2년 단위 계약 고려 시) 임대함에 따라 사업자 등록 미흡

○ (개선) 임대의무기간을 4년으로 단축하여, 민간임대(건설 · 매입)는 사업자의 자발적 등록을 활성화하되, 민간건설 공공임대는 실제 임대기간을 2.5

년에서 4년으로 확대

□ 단기 및 장기 임대사업자 부담완화

○ 주택임대소득이 일정수준 이하인 경우 건보료 부담 인하 추진

○ 임대의무기간 중 임대사업자 철회 시 과태료 인하(3천만 원→1천만 원)

Ⅲ. 기업형 임대사업 육성 방안; (2) 택지 지원

◈ 국공유지, 재정비지역, 사유지 등을 활용해 도심 내 기업형 임대주택 공급을 늘리고, LH 보유택지, GB 해제지역도 적극 활용

◈ 신속한 택지개발을 위해 「기업형 임대주택 공급촉진지구」를 도입하고, 필요시 도로 · 철도 등 기반시설 설치 우선 지원

◈ 개발가능한 택지에 대한 정보공개 및 투명한 공급 절차 마련

1. 대상부지

① 도심내 공공부지

□ (대상부지) 장기 미집행 도시계획시설용지(미매각 학교용지 등), 국공유지(캠코 관리부지, 동사무소, 우체국 등), 역세권 부지(철도 차량기지 등), 공공기관 지방이전 종전부지 등 가용한 모든 공공부지

□ 공급조건

○ 학교부지*, 캠코부지, 역세권부지, 지방이전 종전부지* 등은 적정가격으로 매각하거나 보유기관이 토지의 일정비율을 현물 출자

* LH가 보유한 수도권 내 미매각 학교용지는 총 17개 지구, 19.5만㎡

* '16년까지 지방으로 이전할 수도권 내 공공기관 부지는 37개 기관, 2.1㎢

○ 철도 차량기지, 동사무소, 우체국 등 특성상 국가가 보유해야 할 토지에

대해서는 장기 임대방식 도입 검토

- 기업형 임대주택을 건설하기 위해 국유재산을 임대*할 경우에는, 최장 50년간 영구시설물 축조 허용 및 연 임대료 2% 적용

  * 현재 국유재산 관리 일반규정은 국가 외 영구시설물 축조 불가, 연 임대료 5%

② 재개발 · 재건축 등 정비사업 부지 활용

□ (사업방식) 정비사업을 통해 공급되는 전체 주택물량의 일정비율(예: 10%)을 기업형 임대사업자에게 장기임대로 공급하는 경우,

  ○ 해당 사업장 전체(조합)에 대해 건축규제 완화* 등 인센티브 제공

    * (예) 복합용도개발을 위한 정비계획 허용, 임대부지에 대한 층고제한 완화 등

□ (사업유형) 조합에게 용지분할, 지분위탁, 분양 등 선택권 부여

  ○ (용지분할) 조합 등이 정비사업 용지 중 일부를 분할하여, 기업형 임대사업자에게 매각하고 이를 기업형 임대단지로 조성

  ○ (지분위탁) 조합원 지분 중 일부를 기업형 임대사업자에게 위탁*하고, 이를 기업형 임대주택으로 관리하면서 임대수익 배당

    * (예시) 정비사업 전: 120㎡→사업 후: 60㎡(본인거주)+60㎡(임대위탁)

  ○ (분양분 매각) 임대리츠 등이 조합과 사전약정을 통해 일반 분양분의 일부 또는 전부를 매입하여 기업형 임대주택으로 활용

    * 재정비사업 준공 후 조합원분 주택을 기업형 임대사업자에게 매각하고, 일정기간(예: 8년) 재임대하는 Sales and Lease Back 방식도 검토

③ 소규모 사유지

□ (대상부지) 주차장, 테니스장, 식당부지 등 소규모 부지* 등

* 서울시내 개인소유 주차장 부지 4.7만㎡, 서울시내 사설 테니스장 32.7만㎡

□ (공급조건) 소규모 부지에 장기임대 공급 시 용적률 완화(10.30 대책 기 발표) 및 기업형 임대사업자에 부지 매각 시 양도세 지원 등

◈ 특히, 금년에 새로이 출범한 주택도시기금의 주도적 역할을 통해

○ 노후화된 도심 내 국공유지나 사유지에서 다양한 지역수요에 맞는 기업형 임대주택을 공급하여 도시재생의 새로운 모델 제시

④ LH 보유 토지

□ (대상부지) LH의 장기 미매각 용지, 사업승인 후 미착공 부지, 공급중단 예정인 민간건설 공공임대 용지 등('17년까지 3만 호 내외)

□ (공급조건) 할인매각, 할부조건 완화 등을 통해 택지비 부담 완화

○ 분양 용지는 임대로 전환하여 실질가격 인하(최대 20% 내외 인하효과)

* 분양용지를 임대전환 시 택지가격은 감정가격→조성원가의 60~85%로 인하

○ 할부기간 연장, 잔금비율 상향, 무이자 할부 등 할부 조건 완화

○ 일부 분양성이 미흡한 장기 미매각 용지는 적정 가격에 할인매각

⑤ 개발제한구역 해제지역

□ (대상부지) 전국 그린벨트 중 해제 가능한 총량(233㎢, 7,048만평) 범위 내에서 기업형 임대사업자가 제안한 지역

합 계	수도권	부산권	대구권	광주권	대전권	울산권	창원권
233㎢	98㎢	23㎢	21㎢	23㎢	24㎢	24㎢	20㎢

ㅁ 해제조건 완화

○ 국토부 또는 지자체가 기업형 임대사업자로부터 지구지정 제안을 받아 선별적으로 GB 해제 및「기업형 임대 공급촉진지구」지정

– 이 경우, 공공기관 출자의무 비율을 '17년까지 한시 폐지(현재 의무적으로 공공기관이 1/3 이상 출자)하되, 2년 내 미착공 시 원상복구 의무

○ 촉진지구가 아닌 GB에 면적의 50% 이상을 기업형 임대로 건설시, 착공 후 공공지분 매각 허용('17년 한시, 다만 사업 승인시는 1/3 유지)

○ 기존 시가지와 인접한 GB 해제구역에 임대주택 개발 시 최소 개발면적 기준(20만㎡) 폐지 및 도로 · 철도 등 기반시설 설치 지원 검토

2. 기업형 임대주택 공급촉진지구 도입

ㅁ (지정요건) 개발면적이 1만㎡ 이상*으로, 기업형 임대사업자가 전체 면적(유상부지)의 50% 이상을 8년 이상 장기임대로 건설하는 경우

* 비도시는 3만㎡ 이상으로 기존 시가지와 연접한 지역(단, 지구단위계획 수립 필요)

ㅁ (지정권자) 개발면적이 5만㎡ 초과할 경우 시 · 도지사, 5만㎡ 이하는 시군구청장이 지정, 필요시 면적에 관계없이 국토부 장관이 지정

ㅁ 사업시행자 요건 완화

○ (현황) 도시개발법에 따른 개발사업을 하기 위해서는, 토지면적의 2/3 이상 확보, 토지소유자의 1/2 이상 동의 필요

○ (개선) 토지면적의 1/2* 이상으로 요건 완화(토지소유자 요건은 동일 단, 토지 소유주들에게는 기업형 임대주택 우선 거주권 부여)

*「기업도시개발 특별법」,「산업입지 및 개발에 관한 법률」수용 요건과 동일

□ 승인절차 간소화

○ (현황) 통상적으로 지구지정 → 개발계획 → 실시계획 → 주택사업계획승인 등 4단계 절차에 1년 6개월~2년 소요

○ (개선) 10만m² 이상 중규모 개발시는 승인단계를 3단계(지구계획 중 개발계획과 실시계획 통합)로 간소화(전체 절차 약 1년 소요),

- 10만m² 이하 소규모 개발시는 사업자가 희망할 경우 2단계(지구지정 통합) 또는 1단계(주택사업승인 통합)로 단축(약 6개월~1년 소요)

지정권자	시 · 군 · 구청장 및 시 · 도지사 (필요시 국토부 장관)		시 · 군 · 구청장
3단계 절차	지구지정	지구계획(개발계획 + 실시계획) 통합	주택사업계획승인
2단계 절차	지구지정 + 개발계획 + 실시계획 통합		주택사업계획승인
1단계 절차	지구지정 + 개발계획 + 실시계획 + 주택사업계획승인 통합		

□ 절차상 특례

○ 지구지정시 도시기본계획 변경절차 간소화(예: 공청회 및 지방의회 의견 청취 절차를 동시에 진행하여 소요기간 단축)

○ 지구계획 승인 시 국계법상 도시관리계획(용도지역 변경 등)의 결정의제 및 산지관리법, 수도법, 하수도법 등 절차 특례를 적용

○ 교통영향 평가 등 심의절차는 도시계획위원회 심의와 통합

□ 도시계획위원회 심의 특례

○ (현황) 일반적으로 지구지정 및 변경을 위해서는 도계위 심의 필요

○ (개선) 주거지역 내 개발면적이 10만m² 이하*인 경우에는, 지구지정 시 도계위 심의 생략

* 국토계획법상 개발면적이 30만m² 이하인 경우 중도위 심의 생략가능하나, 공공주택지구 지정 지역은 예외적으로 개발면적이 10만m² 이하는 심의 생략 가능

□ 지구지정 지역의 인센티브

ㅇ (용적률) 지자체 조례에도 불구하고, 국계법상 상한까지 일괄부여

* 현재는 지자체가 조례로 기준 용적률을 낮게 규정할 경우, 법적 상한 확보 곤란

ㅇ (복합개발 허용) 용도지역이 주거지역이라도 판매, 업무, 문화 · 집회 시설(관람장 등 제외)의 복합건설 허용

ㅇ (사업승인 요건 완화) 주택법상 주택사업승인 요건 완화(녹지비율, 대지 안의 공지비율 등), 기부채납 부담 완화 및 기준 명확화 등

□ 지정절차

ㅇ 민간 및 LH 등 공공기관이 공동 또는 단독으로 제안

ㅇ LH 택지는 별도의 지구지정 절차를 두지 않고, 지구계획변경을 통해 촉진지구지정 지역과 동일한 특례조항(용적률 등)을 적용

3. LH 등 공공부문 택지 공급방식 개선

□ 택지 공급절차 투명화

ㅇ LH 등 공공부문이 보유한 택지 중 기업형 임대주택 건설이 가능한 부지에 대해서는 임대주택 포털을 통해 정기적으로 정보 제공

ㅇ 다만, GB 등 공개로 인해 토지가격 상승이 우려되는 곳은 비공개

□ 기업형 임대사업자에게 LH 부지 우선 공급

ㅇ (현황) LH 부지는 추첨방식에 의한 공급을 원칙으로 하되, 예외적으로 경쟁입찰(주상복합) 및 수의계약(임대리츠)방식으로 공급

ㅇ (개선) 기업형 건설임대사업자(단위사업장별 300호 이상)를 대상으로 참가자격을 제한하여 추첨방식 또는 제한 경쟁입찰 추진

– 특정 택지를 희망하는 기업형 임대사업자가 다수일 경우, 임대주택 공

급비율, 개발계획 사업성, 희망 토지가격 등을 심사하여 선정

□ LH 공공택지 실수요자에 공급

○ (현황) 분양성이 양호한 LH 택지에 대해서는 시행사들이 페이퍼 컴퍼니 설립* 등을 통해 택지를 선점하는 경향

* 예외적으로 공급가격 이하로 매각 시는 소유권 이전등기 전이라도 전매를 허용함에 따라 모회사와 페이퍼 컴퍼니 간 잦은 택지거래 발생 ('08년 이후 매각된 LH 택지 총 252필지 중 60필지가 3개월 내, 100필지가 1년 이내 최초 전매)

○ (개선) 실수요자 위주로 택지를 공급하기 위하여, 당초 공급가격 이하로 매각하더라도 택지등기 이전까지는 전매를 제한

- 다만, 기업이 유동성 확보차원에서 택지 매각이 불가피한 경우,LH에게 당초 공급된 가격보다 할인된 가격으로 택지를 매입할 수 있는 옵션을 부여

Ⅳ. 기업형 임대사업 육성 방안; (3) 자금 지원

◈ 장기 임대사업자에 대한 융자 지원 확대

◈ 기업형 임대리츠에 대한 지원 강화

◈ 기업형 건설임대사업에 대한 종합금융 보증 도입

◈ 기업형 임대리츠에 참여한 기관 투자자 출구 전략 마련

1. 주택기금 융자 지원 확대

□ 기금 융자한도 상향 ('17년까지 한시)

○ (현황) 건설자금은 호당 7천만 원(60㎡ 이하)~9천만 원(60~85㎡), 매입자금

은 호당 7,500만 원(지방)~1.5억 원(수도권) 한도로 융자

○ (개선) 매입 및 건설임대 모두, 8년 장기임대는 호당 8천만 원(60㎡ 이하), 1.0억 원(60~85㎡), 1.2억 원(85㎡ 초과)으로 상향하고, 4년 단기임대는 규모별로 각각 호당 7천만 원, 9천만 원, 1.1억 원으로 조정

□ 85㎡ 초과 주택에 대한 대출 신설

○ (현황) 기금 대출은 85㎡ 이하에 대해서만 지원

○ (개선) 민간임대 활성화를 위해 85㎡ 초과도 지원(단, 135㎡까지)

□ 4년 단기임대 기금 지원

○ (현황) 5년 단기 민간건설 일반임대는 기금융자 없음(5년 민간건설 공공임대 및 5년 매입임대주택은 기금 지원)

○ (개선) 4년 단기 건설임대에 대해서 기금융자를 신설(다만, 금리수준은 8년 장기 건설임대에 비해 높게 설정)

□ 융자금리 인하('17년까지 한시)

○ (현황) 건설자금 융자금리는 2.7~3.3%, 준공공매입자금은 2.7%(15년 한시 2.0%), 5년 매입자금은 4% 지원

○ (개선) 8년 장기임대에 대해서는 조달금리 수준으로 지원하고, 실제 임대하는 기간이 길어질수록 융자 금리 인하(8년 이후 1년 증가 시마다 모든 규모에서 금리 10bp 인하, 최대 10년간 100bp 인하 가능)

- 4년 단기는 8년 장기에 비해 규모별로 금리 100bp 상향

현행		
기간 \ 규모	60㎡ 이하	60~85㎡
5/10년 민간공임	2.7%	3.7% ('15년 한시 3.3%)
10년 준공 공매입	2.7% ('15년 한시 2.0%)	

▶

개선안			
기간 \ 규모	60㎡ 이하	60~85㎡	85㎡~135㎡
4년 (건설, 매입)	3.0%	3.5%	4.0%
8년 (건설, 매입)	2.0%	2.5%	3.0%

ㅁ 상환조건 완화

○ (현황) 실제 임대기간에 관계없이, 건설자금은 10년 거치 후 20년 원리금 상환, 매입자금은 10년 후 만기일시 상환

○ (개선) 임대기간이 종료될 때까지 원금 상환의무 면제(다만, 임대주택 매각 시는 원금 일시상환)

2. 기업형 임대리츠 지원 확대

ㅁ 기금이 출자하는 민간임대리츠를 기업형 임대리츠로 단일화

○ (현황) 기금은 공공임대리츠(기금 및 LH가 100% 출자) 外 민간제안리츠, 수급조절리츠 등의 형태로 민간임대리츠에 출자

○ (개선) 민간제안 임대리츠와 수급조절 리츠를 기업형 민간임대리츠로 통합하고, 사업대상을 확대(매입형 → 개발사업형 등)

ㅁ 주택기금의 보통주 출자

○ (현황) 기금이 우선주로만 참여하여 보통주가 대부분의 리스크를 부담하는 구조로 기관 투자가의 참여 유인이 적고,

- 기금은 준공 이후 잔금 지급시기에만 출자하여 자금여력이 부족한 사업자는 참여할 수 없어 기금의 마중물 효과가 제한적

○ (개선) 기금 출자분의 일부를 보통주에도 출자하여 사업리스크를 분담하고, 준공 이전 계약금 및 중도금 지급시점에도 참여하여, 초기 자금 조달이 용이하도록 지원

ㅁ 기금 출자 확대

○ 기업형 민간임대육성을 위해, 지원대상을 확대(소형→중형아파트)하고, 지원호수도 확대('15년 4천 호→1만 호)

ㅁ 기업형 임대리츠는 출자 외 융자도 지원

ㅇ (현황) 기금이 출자한 민간 제안 임대리츠에 대해서는 융자 없음

ㅇ (개선) 기업형 임대리츠에 대해서는 기금출자 외에 별도로 기금융자도 지원(금리 및 한도는 8년 장기 임대사업자와 동일)

ㅁ 주택기금 투자 협약풀 확대

ㅇ 보험사 · 은행 중심의 기업형 임대리츠 투자 협약풀*을 확대하고, 연기금 등 다양한 장기재무적 투자자 참여 유도

* 임대주택 리츠 공동투자협약('14.4): 40개 금융기관, 14.1조 원 약정

ㅇ 연기금 등이 임대주택에 장기투자할 수 있도록 기금평가 시 대체투자 등 장기투자에 대한 다각화 노력을 평가 중(기금운용평가지침)

3. 기업형 건설임대사업에 종합금융보증 도입

ㅁ 검토배경

ㅇ 비교적 단기(3년)에 자금회수가 가능한 분양주택에 대해서는 대주보에서 PF 보증을 지원중이나('14년 한해 동안 4.5만 호, 2.7조),

ㅇ 건설부터 운영까지 최소 10년간 장기적으로 자금운용이 필요한 임대주택 사업은 보증상품이 없어 자본조달 비용이 높은 실정

ㅁ 보증내용

ㅇ (개요) 기업형 건설 임대사업자에 대해 건설 및 임대기간 중 장기간 저리로 자금을 융자할 수 있도록 「종합금융보증」 도입

ㅇ (보증기간) 건설 및 임대기간을 포함한 전체 사업기간(최소 10년, 현재 분양사업 PF 보증은 3~4년)

ㅇ (보증한도) 총사업비(토지+건설비용)의 최대 70%*까지 자금 지원(현재 분양사업 PF 보증은 총 사업비의 최대 50%까지)

* 준공시 자금이 일시에 회수되는 분양주택과 달리, 임대주택은 임대보증

금으로 일부 자금(30~50%)만 회수되는 점을 감안하여 보증한도 상향

○ (전세금 반환보증) 대출보증 外 임대사업자의 임대보증금 반환보증도 실시하여 LTV의 최대 90%까지* 보증(현재는 분양사업장만 전세금 반환보증)

* 보증 리스크 관리차원에서 임대사업자에 대해 최소 5%의 자기자금 투입 요구

□ 기대효과

○ '종합금융보증' 이용 시의 금융비용(대출금리+보증료 포함 4.5% 내외)은 시공사 연대보증 금융비용(6~7%) 대비 연 2% 이상 절감 가능

○ 연 1조 원 보증 지원시 연 1만 호의 기업형 임대주택 건설 지원 가능

4. 기관 투자자 출구 전략 마련

□ 임대의무기간 종료 후 LH에서 매입확약 검토

○ (현황) 건설사, 재무적 투자자 등은 임대의무기간 종료 후 임대주택 미매각을 우려하여 기업형 임대리츠 참여에 소극적

○ (개선) 기업형 임대사업자의 임대주택이 일정조건(예: 60㎡ 이하 및 2억 원 이하)을 충족하는 경우

- LH가 연간 매입임대 물량, 지역별 분포 계획 등을 고려하여, 임대기간 종료 후 매각 당시 감정평가 금액으로 매입 확약을 결정

□ 임대의무기간 종료 후 지분매각 지원

○ (현황) 임대의무기간 종료 후, 건설사 등 지분 참여자가 지분매각을 통한 자금 회수가 곤란할 것을 우려하여, 장기 투자에 소극적

○ (개선) 건설업체 등이 공사대금 일부만 리츠 등에 출자하고, 의무임대기간 이후 지분을 매각하여 투자금을 회수할 수 있도록 지원

- 이를 위해, 리츠청산 시 재무적 투자자에 우선권을 부여하되, 건설업체

는 기금과 동일한 순위로 잔여재산 분배

□ 임대사업자 유동화 증권 발행 지원

○ 임대사업자가 조기 자금회수를 위해, 운영 중인 임대주택의 미래 현금수입(임대료+분양대금)을 기초로 유동화 증권을 발행

– 대주보에서 증권을 인수하는 투자자에게 원리금 지급을 보증

V. 기업형 임대사업 육성 방안; (4) 세제 지원

◈ 민간 임대주택 틀 개편에 따라 기존 세제 틀 개편

◈ 8년 장기임대 공급 시 추가적인 세제혜택 지원

1. 기존 세제 틀 개편 및 감면 폭 확대

□ 양도세

○ (현황) 단기임대의 경우 매입임대가 건설임대보다 감면율이 높고, 8년 장기임대는 건설임대의 경우 장기보유특별공제 규정이 미비

구분	5년/10년 건설임대	5년 매입임대	준공공임대	
			건설	매입
내용	장기보유특별공제 최대 30%	장기보유특별공제 최대 40%	없음	장기보유특별공제 8년 임대 시: 50% 10년 임대 시: 60% '17년까지 신규구입 시 면제

○ (개선) 4년 단기 건설임대의 장기보유특별공제율을 매입임대와 같은 수준으로 최대 30%에서 최대 40%로 높임.

– 준공공임대(85㎡ 이하)를 10년 이상 임대 시 건설 및 매입 모두 장특 공제율을 60%에서 70%로 확대

구분	4년 단기임대(건설/매입)	8년 장기임대(85㎡ 이하)	
		건설	매입
내용	장기보유특별공제 최대 40%	8년 임대 시: 장특 50% 10년 임대 시: 장특 70% (매입임대는 '17년까지 신규구입 시 양도세 면제)	

ㅁ 취득세

○ (현황) 임대주택 취득 시 60㎡ 이하는 취득세 면제, 60~85㎡는 10년 이상 장기임대주택을 건설 시 25% 감면

구분	5년/10년 건설임대	5년 매입임대	준공공임대	
			건설	매입
내용	60㎡ 이하 면제 60~85㎡ 25% 감면 (10년 이상 장기임대 건설 시)	60㎡ 이하 면제	60㎡ 이하 면제	

○ (개선) 8년 장기임대에 대해서는, 건설 및매입에 관계없이 60~85㎡에 대해 취득세 감면 폭을 25%에서 50%로 확대

구분	4년 단기임대(건설/매입)	8년 장기임대	
		건설	매입
내용	60㎡ 이하 면제	60㎡ 이하 면제 60~85㎡ 50% 감면	

□ 재산세

○ (현황) 장기건설임대의 경우 10년 임대 및 준공공 임대로 구분

구분	5년/10년 건설임대	5년 매입임대	준공공임대	
			건설	매입
내용	60㎡ 이하 50% 감면 60~85㎡ 25% 감면	60㎡ 이하 50% 감면 60~85㎡ 25% 감면	40㎡ 이하 면제 40~60㎡ 75% 60~85㎡ 50%	

○ (개선) 지원 내용은 현행과 동일하되, 임대기간을 단기는 4년, 장기는 8년으로 단일화

구분	4년 단기임대(건설/매입)	8년 장기임대	
		건설	매입
내용	60㎡ 이하 50% 감면 60~85㎡ 25% 감면	40㎡ 이하 면제 40~60㎡ 75% 감면 60~85㎡ 50% 감면	

□ 소득세 및 법인세

○ (현황) 감면대상이 기준시가 3억 이하 주택으로 제한적(전체 91.1%)이고, 세금 감면 폭도 임대소득 세원노출 부담을 완화하기에 부족

구분	5년/10년 건설임대	5년 매입임대	준공공임대	
			건설	매입
내용	20% 감면	20% 감면	50% 감면	

* 85㎡ 이하, 기준시가 3억 원 이하 주택을 3호 이상 임대 시 한정

- SPC 형태의 위탁관리리츠에 대해서는 일정 요건 구비 시 전액 법인세를

감면하고 있으며, 자기관리형태의 리츠에 대해서는 149㎡ 이하 임대주택의 임대소득에 대해 5년간 100% 감면

○ (개선) 감면대상을 기준시가 6억 이하(전체 주택의 98.5%)로 확대하고, 감면폭을 4년 단기임대는 20%에서 30%로, 8년 장기임대는 50%에서 75%로 확대(장단기 모두, 85㎡ 이하 주택을 3호 이상 임대 시)

구분	4년 단기임대(건설/매입)	8년 장기임대	
		건설	매입
내용	30% 감면	75% 감면	

* 85㎡ 이하, 기준시가 6억 원 이하 주택을 3호 이상 임대 시 한정

– 자기관리형태의 리츠가 준공공임대(85㎡ 이하) 시 임대소득에 대해 법인세 8년간 100% 감면

2. 8년 장기임대사업자 추가 세제혜택 지원

ㅁ 개인 소유 토지매각 시 양도세 감면

○ (현황) 개인소유 토지양도 시 보유기간에 따라 10~30%의 장기보유특별공제율 적용

○ (개선) 개인이 보유한 토지를 기업형 임대사업자(85㎡ 이하의 준공공임대주택을 8년 이상 임대)에게 매각 시 양도세의 10%를 감면

ㅁ 법인소유 비사업용 토지매각 시 사업용 토지로 인정

○ (현황) 법인은 토지보유기간 중 80% 이상 기간을 사업에 사용하지 않을 경우 비사업용 토지로 분류하고, 10%p 추가과세적용

○ (개선) 법인이 보유한 토지를 기업형 임대사업자(85㎡ 이하의 준공공임대 주택을 8년 이상 임대)에게 매각 시에는 사업용 토지로 인정하여 비사업용 토

지 추가과세(기본세율 + 10%p) 배제

Ⅵ. 기업형 임대사업 육성 방안; (5) 인프라 구축

◈ 「민간주택임대사업 육성에 관한 법률」을 제정

◈ 주택임대관리업 육성을 위해 LH 임대주택관리 업무 민간개방

◈ 기업형 임대사업자에게 분양절차가 없는 통매각 허용

◈ 임대사업자 통계를 분기별로 작성하고, 전산통계의 기반 마련

◈ 기업형 임대사업 지원을 위한 국토부 내 지원센터 설치

1. 민간주택임대사업 육성 특별법 제정

□ 민간임대 활성화 및 체계적인 지원을 위해 「민간주택임대사업 육성에 관한 법률」 제정(「임대주택법」 전문 개정)

○ 現 「임대주택법」에서 규정하고 있는 공공임대관리 규정은 「공공주택건설 특별법」으로 이관([공공임대 건설 · 관리] 일괄 규정)

2. 연결재무제표 적용여부 명확화

□ (현황) 기업형 임대사업을 위해 설립된 SPC의 재무제표가 건설사인 모회사와 연결*되어야 하는지 여부를 사전에 판단하기 곤란

* SPC의 재무제표가 연결될 경우, 모회사의 연결재무제표상 부채가 증가

○ 이에 따라, 대기업 계열사인 건설사의 기업형 임대리츠 참여 부진

□ (개선) 한국채택 국제회계기준(K-IFRS)에 따라, SPC에 대한 건설사의 지배력이 없는 경우*에는 회계기준원의 신속한 판단을 거쳐 SPC를 건설사 재무제

표 연결대상에서 제외

* (예) 계약에 의해 건설사가 SPC 의사결정 과정에 관여하지 않는 것이 명백한 경우

3. 주택임대관리업 육성

□ LH 임대주택관리 업무 민간개방

○ (현황) LH 임대주택('14.11월 재고 75.1만호)의 34.2%인 25.7만 호는 주택관리공단에서 관리하고, 나머지는 대부분 LH 자체인력으로 관리

○ (개선) 주택관리공단이 관리하는 물량을 포함하여, LH의 임대주택관리 업무 전체를 '17년까지 순차적으로 민간에 개방하되, 임대료 책정, 소득 · 자산 검증 등 핵심 업무는 제외

- '15년에는 상대적으로 공공성이 낮은 5년/10년 임대(2.5만 호), 50년 임대(2.6만), 매입임대(8.5만) 등 총 13.7만 호를 민간에 개방*하고,

  * '15년 시장 규모는 '14년의 주택임대관리시장 규모(2,600호)보다 53배 증가

- '17년까지 순차적으로 영구임대(14.0만 호), 국민임대(38.3만 호) 개방

□ LH 임대주택 관리 업무 민간개방 시 입찰요건 완화

○ (현황) 경쟁입찰 시 사업실적 요구, 소규모 단위 계약* 등으로 인해 신규 및 대형 업체의 입찰 참여가 곤란

* 입찰가격 1억 원 미만은 소상공인, 2.1억 원 미만은 중소기업부터 입찰 참가 가능

○ (개선) 아직 주택임대관리시장이 초기라는 점을 고려하여, 입찰 심사 시 사업실적 요건을 완화하고, 임대관리 계약규모도 대형화하여 기업규모에 따른 제한을 최소화

□ 주택임대관리 제도 선진화

○ (표준계약서 도입) 주택임대관리 시 임대인 및 임차인의 권리와 의무규정을 세부적으로 규정한 표준계약서를 도입

○ 자기관리형 주택임대관리회사가 의무 가입해야 하는 대주보의 임대료 보증 수수료율(1.08~5.15%)을 민간 보증회사 수준으로 인하

4. 분양주택 통매각 허용

□ (현황) 주택임대사업자에게 분양주택 통분양을 허용하고 있으나,

○ 일반적 분양절차에 의해 입주자를 모집해야 하고, 시 · 군 · 구청장의 우선 공급 승인도 받도록 되어 있어 임대사업자의 리스크 증가

□ (개선) 분양주택 전부를 기업형 임대사업자에게 일괄매각하는 경우 별도의 분양절차를 완전히 생략한 통매각 허용

* 다만, 공공택지 등 분양가상한제 적용지역 내에서는 기존 통분양만 허용

5. 민간임대는 주택 공급규칙 전면 배제

□ (현황) 기금 등 지원이 없는 민간 임대주택은 건설 및 매입 모두 입주자 자격에는 아무런 제한이 없으나, 건설임대는 매입임대와 달리 입주자 모집 시 지자체장의 승인*을 받도록 규정

* 이에 따라 일부 업체는 입주자모집 규제가 없는 민간 매입임대를 공급하려는 경향

□ (개선) 민간의 건설임대주택도 민간매입임대주택과 동일하게 지자체장의 입주자 모집승인을 전면 배제

6. 표준건축비 현실화

□ (현황) 공공임대주택의 최초임대료 및 분양전환 가격의 기준이 되는 표준건축비가 '08.12월 이후 동결*되어, 임대주택 품질 개선에 차질

* ('00.8)최초 고시→('02.12)9.2% 인상→('04.9)25.3% 인상→('08.12)16.0% 인상

□ (개선) 건축원가 변화 등 물가 상승요인을 감안하여 표준건축비를 현실화

○ 이를 통해 LH 등 공공이 관리하는 임대주택의 품질을 개선하고, 한시적으로 운영될 5~10년 민간건설 공공임대의 사업성도 개선

7. 임대주택 통계 개선

□ (현황) 임대사업자 및 임대주택 현황 등이 1년에 한번 수기로 집계되어, 시장 모니터링 기능 및 통계의 활용성이 낮음

□ (개선) 임대사업자 통계를 분기단위로 집계하고, 임대주택 포털을 통한 전산 통계 기반 구축

8. 국토부 내 '기업형 임대 지원센터' 설치

□ 민간임대사업자의 사업계획 수립, 택지 확보, 세제 · 기금 지원, 지자체 인허가 등을 원스톱으로 지원하기 위해

○ 국토부 내에 '기업형 주택임대사업 지원센터' 설치

□ 국토부와 LH가 공동으로, 민간임대주택사업을 희망하는 개인 또는 기업을 대상으로 하는 '임대주택 전문가 교육 프로그램' 운영

Ⅶ. 기대효과

□ 기업형 임대주택은 중산층에게 새로운 주거선택권을 제공

○ (현재) 대부분의 중산층은 2년 단위 전월세 계약 시마다 과도한 보증금 상승, 비자발적 퇴거위험(임차가구 평균 거주기간 3.5년) 등에 노출

○ (개선) 기업형 임대주택은 본인이 희망할 경우 최소한 8년 동안 거주 가능하며, 보증금도 연 5%* 이내 상승으로 안정적으로 관리

* 최근 4년간('11~'14), 서울 전셋값은 실거래가 기준으로 연간 7.1% 상승

□ 기업형 임대주택은 전월세 시장 안정을 유도

○ (현재) 저금리 등으로 임대인들은 전세를 줄이는 반면, 임차인들은 주거비 절감을 위해 전세를 희망함에 따라 전세가격은 지속 상승

○ (개선) 중대형 건설업체가 품질 좋은 임대주택을 공급할 경우 고액전세 거주자들의 주거이동을 유도하고, 이를 통해 전세압력 분산

□ 기업형 임대주택은 임대차시장 선진화를 유도

○ (현재) 임차인들은 입주나 퇴거 시 주택보수나 물품교체 등을 집주인과 비공식적으로 협의해야 하고, 보증금 미반환 위험에 상시노출

○ (개선) 입주, 거주, 퇴거 全 단계에서 집주인과 갈등 없이 전문적인 주거서비스를 제공받게 되고, 보증금 리스크도 최소화

□ 기업형 임대주택은 내수시장 활성화를 유도

○ (현재) 과도한 규제, 부족한 지원 등으로 중대형 건설업체의 임대시장 참여가 저조하고, 주택임대관리업 등 연관산업 발전도 미흡

○ (개선) 수익성 개선을 통해 중대형 건설업체가 대규모로 임대주택을 공급해 나갈 경우, 주택임대관리업의 대형화를 유도할 수 있고, 지역 내 소규모 인테리어, 이사업체 등에게 안정적 시장도 제공

Ⅷ. 향후 추진계획

추진과제	조치사항	추진일정	소관기관
1 규제개혁			
• 규제 최소화(핵심규제 6개→2개로 축소)	민간주택임대사업 육성에 관한 법률(이하 민간임대법) · 제정	2월 법안제출	국토부
• 민간임대주택 체계 개편(일반형 · 기업형)	민간임대법 제정	2월 법안제출	국토부
• 이사업 신규허가 검토	화물자동차 운수사업 공급기준 고시 개정	'15년 중 (필요시)	국토부
• 8년 준공공임대 면적, 초기 임대료 제한 폐지	민간임대법 제정	2월 법안제출	국토부
• 소규모 임대사업자 건보료 부담 완화	건강보험법 시행규칙 개정	'15년 중	보건복지부
2 택지지원			
• 국공유지 영구건축물 축조허용	민간임대법 제정	2월 법안제출	국토부
• 정비사업 부지 활용 방안	도정법 개정	2월 법안제출	국토부
• LH 보유토지 공급조건 완화	LH법 시행령 개정	상반기	국토부
• GB 해제사업 민간참여 확대 및 면적제한 완화	민간임대법 제정 및 GB 수립지침 개정	2월 법안제출 및 '15. 3월	국토부
• New Stay 지구 도입	민간임대법 제정	2월 법안제출	국토부
• 택지 공급절차 투명화	LH 임대주택 포털 개편	상반기	국토부
• 기업형 임대사업자에게 LH부지 우선 공급	택촉법 시행규칙 개정	법 시행일	국토부
• LH 공공택지 실수요자 공급	택촉법 시행령 개정	'15. 6월	국토부
3 자금지원			
• 기금 융자 한도 상향	기금운용계획 변경	법 시행일	국토부
• 85㎡ 초과 주택대출 신설	기금운용계획 변경	법 시행일	국토부
• 4년 단기임대 기금 지원	기금운용계획 변경	법 시행일	국토부
• 융자 금리 인하	기금운용계획 변경	법 시행일	국토부
• 상환조건 완화	기금운용계획 변경	법 시행일	국토부

• 기금 출자리츠를 기업형 임대리츠로 단일화	기금출자 업무 처리지침 개정	'15. 3월	국토부
• 주택기금의 보통주 출자	기금출자 업무 처리지침 개정	'15. 3월	국토부
• 기금 출자 확대	기금운용계획 변경	법 시행일	국토부
• 기업형 임대리츠출자 외 융자 지원	기금운용계획 변경	법 시행일	국토부
• 기업형 임대사업 종합금융보증 도입	신상품 도입	'15. 3월	국토부
• 일정조건 주택에 대한 LH 매입확약	LH 내규 변경	법 시행일	국토부
• 임대의무기간 종료 후 지분매각 지원	기금출자 업무 처리지침 개정	'15. 3월	국토부
• 임대사업자 유동화 증권 발행 시 보증	신상품 도입	'15. 3월	국토부
4 세제지원			
• 임대주택에 대한 취득세 · 재산세 감면	지특법 개정	하반기	행자부
• 임대주택에 대한 소득세 · 양도세 감면	조특법 개정	하반기	기재부
• 장기임대사업자에게 토지매각 시 양도세 감면	조특법 개정	법 시행일	기재부
5 인프라 구축			
• 연결재무제표 적용여부 명확화	회계기준원 해석	'15. 2월	금융위
• LH 임대주택관리 업무 민간개방	경쟁입찰 실시	'15. 7월	국토부
• 주택임대관리 제도 선진화	표준계약서 도입	'15. 2월	국토부
• 민간임대주택 공급규칙 전면 배제	민간임대법 제정	2월 법안제출	국토부
• 분양주택 통매각 허용	주택공급규칙 개정	법 시행일	국토부
• 표준건축비 현실화	표준건축비 고시개정	'15. 3월	국토부
• 임대주택 통계 개선	분기단위 통계생산	'15. 3월	국토부
• New Stay 지원센터 설치	조직 신설	'15. 2월	국토부

Reference

참고문헌

국토교통부 통계자료.

국토부 (2014). 리츠를 활용한 새로운 임대주택 공급모델 마련 등 보도자료.

국회입법조사처 (2013). 공공임대주택 재정지원의 쟁점과 과제.

국회입법조사처 (2013). 임대주택 주민의 주거안정을 위한 제도개선방안 토론회 자료.

국회입법조사처 (2014). 국내외 민간임대주택시장 제도의 현황과 시사점.

김근용 외 (2012). 부동산 정책의 과제와 정책방안. 국토연구원.

김목진 (2015). 기업임대주택 육성 방안. 한국부동산경영학회 상반기 학술세미나.

방정식, 장희순 (2011). 부동산학총론(제2판). 서울: 부연사.

이상영 (2011). 일본 민간임대주택시장 발전과정의 특성과 그 시사점. 한국부동산학회. 부동산학보 제45집. pp.222-237.

이상영 (2014). 임대차선진화방안에 따른 주택관리시장 전망. 대한부동산학회 조찬세미나.

전경근 (2013). 임대주택의 분양과 가격결정. 한국집합건물학회. 집합건물법학 제11집. pp.35-70.

주택산업연구원 (2013). 민간임대사업 활성화 방안.

통계청 통계자료.

허진 (2013). 저소득층 주거안정을 위한 임대주택 정책연구. 영남대학교 대학원 박사학위 논문.

현무준 (2014). 준공공임대주택 제도시행의 적절성에 대한 연구. 대한부동산학회. 대한부동산학회지 제32권. pp.51-73.

현무준 (2014). 임대주택시장의 이해. 서울: 범론사.

현안과 과제 (2013). 민간 임대주택 산업 활성화 방안-일본 사례를 중심으로-. 현대경제연구원.

현안과 과제 (2013). 임대주택 시장 현황 및 활성화 방안. 현대경제연구원.

KB daily 지식비타민 (2013). 기업형 주택임대사업의 추진 동향. KB금융지주경영연구소.

KB daily 지식비타민 (2014). 주택임대사업자 제도 변화 및 혜택 점검. KB금융지주경영연구소.

公益財団法人日本賃貸住宅管理協会. ホームページ.

(社)高層住宅管理業協会.「マンション管理集宅主宅受託調査」.

(財)不動産適正取引推進機構 (2009).「宅建業者と取引主任者の統計概要」.

(株)不動産経済研究所.「全国マンション市場動向」.

大東建託 調査資料 (2011).

大東建託 ホームページ.

大和リビング ホームページ.

東京建物 ホームページ.

東急不動産 ホームページ.

法務省 (2012).「法務統計月報」.

不動産流通近代化センター資料.

不動産流通センター資料.

不動産流通センター研究所 (2010). 賃貸住宅事業の新たな流れ. 方向性について.

三菱地所 ホームページ.

三井不動産 ホームページ.

三井不動産株式会社 (2012).「不動産関連統計集2013」. 三井不動産株式会社.

森ビル ホームページ.

有価証券報告書資料.

日本賃貸住宅管理協会 (2012).「民間賃貸住宅市場の実態調査」.

日本統計局資料.

賃貸不動産管理の知識と実務 (2013). 賃貸不動産経営管理士協議会. 大成出版社.

賃貸不動産経営管理士練習テキスト (2012). 賃貸不動産経営管理士協議会.

賃貸住宅経営管理士協議会 ホームページ.

積水ハウス ホームページ.

全国賃貸住宅新聞社「週刊全国賃貸住宅新聞」.

住宅新報社「住宅新報」.

住友不動産 ホームページ.

国立社会保障, 人口問題研究所 (2006年推計).「日本の将来推計人口 」.

国勢調査 (2006年推計).「日本の将来推計人口 」.

国土交通省.「建築着工統計調査報告」.

国土交通省.「月刊住宅着工統計」.

国土交通省. ホームページ. 賃貸住宅管理業者登録制度について.

国土交通省 (2012).「賃貸管理業者の登録状況について」.

国土交通省「住宅市場動向調査結果」.

国土交通省資料.

総務省「家計調査」.

総務省「消費者物価指数」.

総務省「貯蓄動向調査」.

総務省「住宅·土地統計調査」.

総務省統計局「国勢調査」(2011).

あんしん賃貸住宅推進協会 (2009).「あんしん賃貸支援事業と外国人の民間賃貸入居円滑化ガイドライン」.

ウィキペディア資料.

スターツグループ ホームページ.

マンション管理新聞社「マンション管理新聞」各年5月 25日付.

レオパレス21 ホームページ.

■저자 소개

김준환

현) 서울디지털대학교 부동산학과 부교수
일본 메이카이대학 부동산학 박사
대한부동산학회 학술위원장
한국주거환경학회 이사
인천도시공사 기술자문위원
RTN부동산경제TV 해설위원
광명시 도시계획위원

주요 저서

일본도심재개발사업의 이해 (2008). 서울: 부연사.
부동산개발금융의 이해 (2008). 서울: 부연사.
부동산마케팅론 (2013). 공저. 서울: 이프레스.
일본의 임대주택관리업 (2013). 서울: 이프레스.

주택임대관리업의 이해

2015년 9월 5일 1판 1쇄 인쇄
2015년 9월 10일 1판 1쇄 발행
2017년 3월 10일 1판 2쇄 발행

지 은 이 김준환
펴 낸 이 최용구
펴 낸 곳 이프레스

주 소 (04316) 서울시 용산구 원효로 89길 19(원효로1가)
전 화 02) 537-1720 · 1721(편집부) 537-1711(팩스)
이 메 일 epress01@naver.com
홈페이지 www.epress1.com
등 록 2009년 12월 10일 제16-2710호

기획마케팅 최용구 장만동 송대용 최충구
책임편집 석기은 황가연
표 지 SDY

ISBN 978-89-90245-85-4 93320

정가 16,000원

저자와의 협의에 따라 인지는 생략합니다. 파본은 구입처에서 교환해 드립니다.
이 책을 무단 전재 또는 복제 행위 시 저작권법에 따라 처벌을 받게 됩니다.